AF126047

Leopold von Ranke

Der Ursprung des siebenjährigen Krieges

Leopold von Ranke

Der Ursprung des siebenjährigen Krieges

ISBN/EAN: 9783743316645

Hergestellt in Europa, USA, Kanada, Australien, Japan

Cover: Foto ©ninafisch / pixelio.de

Manufactured and distributed by brebook publishing software (www.brebook.com)

Leopold von Ranke

Der Ursprung des siebenjährigen Krieges

Der Ursprung des siebenjährigen Krieges.

Der Ursprung

des

Siebenjährigen Krieges

von

Leopold von Ranke.

Leipzig
Verlag von Duncker & Humblot
1871.

Das Recht der Uebersetzung vorbehalten von der

Verlagsbuchhandlung.

Vorwort.

Ich darf nicht verschweigen, daß die Vollendung und Herausgabe der vorliegenden Schrift mit den Zeitereignissen zusammenhängt.

Sie war nicht allein schon längst entworfen, sondern in der Hauptsache ausgearbeitet, in akademischen Kreisen mitgetheilt und bereits einmal öffentlich vorgetragen, doch kannte ich ihre Mängel zu gut, um nicht noch Anstand zu nehmen, sie durch den Druck der Welt vorzulegen.

Nach dem Ausbruche des Krieges von 1870 nun traten Tage und Wochen ein, in denen es unmöglich wurde, die Aufmerksamkeit auf etwas Anderes zu richten, es hätte denn in einem nahen Zusammenhange damit gestanden. Angesichts der obschwebenden, die Geschicke Deutschlands und Europa's umfassenden Entscheidung, die aus dem von Frankreich an Preußen erklärten Kriege entspringen mußte, wandte sich der Blick des Historikers auf die Begebenheiten älterer Zeit zurück, welche diesen Zusammenstoß vorbereitet hatten. Eine solche aber war der Krieg von 1756: denn am Tage liegt ja, daß derselbe ohne die Parteinahme Frankreichs für Oesterreich unterblieben wäre. Es sei dann nicht verhehlt: indem sich die Jugend um mich her zur Theilnahme am Kriege rüstete, in den Stunden des Abschieds, nahm ich die zurückgelegte Abhandlung vor, deren Inhalt eine gewisse Beziehung zu dem großen Kampfe hatte, zu dem man sich anschickte. Dabei konnte ich verweilen. Die Verwandtschaft des Gegenstandes machte die Verschiedenheit der Zeiten minder empfindlich.

Ich kannte bereits die Beziehungen zwischen Frankreich, England und Preußen aus den Archiven der drei Mächte; aus den preußischen bot jeder Tag noch neue Kunde dar. Verschlossen war mir bisher das österreichische geblieben. Aber soeben erschien die aus den Aktenstücken desselben entnommene Geschichte Maria Theresia's nach dem Erbfolgekriege von Arneth, ein Buch, durch welches das damalige Verhältniß des Wiener Hofes zu Frankreich zuerst ins Licht gesetzt ward und die Forschung darüber zwar keineswegs vollendet wird, aber doch festen Grund und Boden erhält. Bei einem kurzen Aufenthalte in Wien erprobte ich auf's Neue, daß der frühere Bann gebrochen war. Noch manches Unbekannte entnahm ich aus den mir über die Unterhandlungen mit Frankreich vorgelegten Documenten, vornehmlich aber konnte ich nun auch die Verhältnisse Rußland's zu Oesterreich und dadurch zugleich zu den übrigen Mächten authentisch kennen lernen.

Nur einen kleinen Zeitraum umfaßte meine Forschung: aber ein großartiges Schauspiel bot sie mir dar: unerwartete Beschlußfassungen der Mehrheit der großen Mächte allerdings ihrem althergebrachten Staatsinteresse nicht ungemäß, aber doch unter Gesichtspunkten, die etwas Zufälliges hatten, und dem momentanen Einfluß wirksamer und weiter emporstrebender Persönlichkeiten von mancherlei Art entsprachen, — eine innere und zugleich äußere Action, die an jeder Stelle aus besonderen

Ursachen entsprungen, doch wieder zu einem allgemeinen Resultate zusammengriff: die Auflösung der bisherigen politischen Systeme und die Gründung neuer Allianzen, hauptsächlich die Bedrohung der jüngsten unter den Mächten durch die Verbindung der anderen continentalen Potenzen um sie her.

Die Geschichte des Ursprungs des siebenjährigen Krieges ist zugleich die Geschichte einer großen, in ihrer Art einzigen europäischen Krisis. Die Darstellung derselben hat eine gewisse Schwierigkeit darin, daß, was sich auf verschiedenen Punkten gleichzeitig vollzieht und auf einander wirkt, nur successiv mitgetheilt werden kann. Aber Alles erscheint doch wieder in lebendigstem Zusammenhang durch die Haltung des Fürsten, dem die Bedrohungen gelten und der, auf seinen Staat und sein Heer gestützt, den Muth hat, die Gefahren zu bestehen, die sich von den verschiedenen Seiten über ihm zusammenziehen.

Ich darf nun wohl wagen, die Schrift, wie sie nunmehr geworden ist, der Oeffentlichkeit zu übergeben; den großen Ereignissen und Handlungen des letzten Jahres bringe ich mit derselben meinen Tribut dar.

Inhalt.

Seite

Zehntes Capitel.

Elftes Capitel.

Zwölftes Capitel.

Dreizehntes Capitel.

Vierzehntes Capitel.

Fünfzehntes Capitel.

Analekten.

Erstes Capitel.

Rückblick auf die schlesischen Kriege und den Frieden von Aachen.

In seinem Buche über die Größe und den Verfall der Römer, welches im Jahre 1734 erschien, hatte Montesquieu, der große Politiker der Epoche, die Bemerkung gemacht, daß man das rasche Emporkommen Roms in neuern Zeiten kaum begreife: denn in denen wäre es undenkbar, daß ein kleiner Staat mit seinen eigenen Kräften die Schranken durchbräche, in welche die Vorsehung ihn gewiesen habe: so gleichartig seien Bewaffnung und Kriegsübung, und so unverhältnißmäßig die Uebermacht der großen Reiche. Im Alterthum habe die gleichere Vertheilung des Eigenthums und die gesellschaftliche Ordnung es möglich gemacht, von acht Menschen einen ins Feld zu schicken, jetzt komme nur einer auf hundert: ein Fürst, der eine Million Unterthanen zähle, könne, ohne sich zu Grunde zu richten, nicht mehr als 10,000 Mann unterhalten. Nur die großen Nationen, ruft er aus, können Armeen haben[1].

Schon als dies geschrieben wurde, traf es nicht mehr zu; König Friedrich Wilhelm I. von Preußen hielt bei einer Landes-

[1]) Il n'y a donc que les grandes nations qui aient des armées. Considérations sur les causes de la grandeur des Romains etc. ch. III.

bevölkerung von noch nicht dritthalb Millionen 80,000 Mann unter den Waffen. Darunter befand sich freilich eine beträchtliche Anzahl angeworbener Fremder: aber das Land brachte die Mittel auf, sie ohne auswärtige Subsidien zu erhalten; und für die Einheimischen waren die Einrichtungen so sparsam und umsichtig getroffen — die Cantonverfassung ist vom Jahre 1733 — daß das brandenburgisch-preußische Gebiet dabei doch mit allen andern in Wohlstand wetteiferte. Montesquieu konnte das übersehen, weil die preußische Politik damals noch immer eine untergeordnete Rolle spielte.

Ganz anders, als Friedrich II. dem Besitze der Macht auch den Willen sich ihrer zu bedienen hinzufügte, und in ihm selbst der Genius erschien, der dazu gehörte sie selbständig zu führen. Er durchbrach die Schranken, welche seinem Staate gezogen waren: nach der ersten Eroberung, die ihm gelang und die sein Gebiet um ein Drittheil vermehrte, stellte er über 130,000 Mann ins Feld, eine Armee, durch welche er wie an Streitkräften, so an Ansehen den großen Monarchen nahezu gleich wurde.

Fragt man nach den eigenthümlichen Grundlagen der aufkommenden Macht, so lassen sich deren drei unterscheiden: die geographische Ausdehnung der durch die Geschicklichkeit und das Glück der Vorfahren vereinigten Landschaften, deren Beziehung zu den verschiedenen Systemen, welchen die Nachbarn im Norden und Westen angehörten, eine unabhängige Politik nothwendig machte; ferner die Rechte des deutschen Landesfürstenthums, die eine fast ungeschmälerte Selbständigkeit der innern Verwaltung verliehen und dabei zugleich den Anspruch, an der Verwaltung des Reiches Antheil zu nehmen, begründeten; endlich das religiöse Bekenntniß.

Wie tief war der Protestantismus vor hundert Jahren herabgebracht gewesen. Die Landschaften und die Religion schienen einer Gewaltherrschaft zu verfallen, gegen welche sie bisher immer angekämpft hatten, und dem Untergange bestimmt zu sein. Wenn damals nur durch eine große europäische Combination und die Einwirkung fremder Mächte die Rettung derselben möglich wurde, so gewährte nun nach langem neuen Kampfe der preußische Staat dem Protestantismus eine Repräsentation auf dem Continent, wie er dieselbe so solid und bedeutend noch nie besessen hatte.

Vom allgemeinen historischen Standpunkte aus betrachtet, kann es so viel Erstaunen nicht erregen, wenn ein zu selbstständiger Macht gekommenes Prinzip des Denkens und Lebens eine Provinz wiederzugewinnen suchte, in der es einst ohne Frage geherrscht hatte, und die jetzt im Begriff war, unter einem eifrig katholischen Regiment demselben vollkommen entrissen zu werden. Wäre Schlesien bereits so gut rekatholisirt gewesen wie Böhmen, so würde es Friedrich nimmermehr erobert haben. Für ihn bildete das Bedürfniß der politischen Lage, zusammentreffend mit einem bisher zurückgedrängten Erbanspruch, den vornehmsten Antrieb. Indem sich nach Abgang des alten Mannsstammes ein neues Haus Oesterreich erhob, wollte das Haus Brandenburg nicht auch vor diesem zurückweichen, noch die Mißachtung fortgehen lassen, die es bisher trotz seiner inneren und äußeren Bedeutung ertrug. Hatte doch der Vater Friedrichs diesen aufgefordert, ihn für die Unbill, die ihm in der Verwickelung der allgemeinen Angelegenheiten kurz vorher widerfahren war, am Hause Oesterreich zu rächen. Der Unterordnung mußte endlich einmal ein Ziel gesetzt, der alte Druck gebrochen werden.

Daß es damit selbst über die ursprüngliche Intention hinaus gelang, gab der preußischen Macht den Ruf von Unternehmungsgeist und Waffenfertigkeit, der ihr fortan geblieben ist; und welche Erwerbung war für sie dieses Schlesien! Nach allen Seiten hin verstärkt, bekam sie dadurch erst wahrhaftes Gewicht in Europa.

Berühren wir mit einem Worte die Verhältnisse der großen Mächte, welche, indem sie den Erfolg beförderten, zugleich die neue Stellung des preußischen Staates bedingten.

Das Erste war die alte Feindseligkeit zwischen Frankreich und Oesterreich, die insofern eine innere Verwandtschaft mit den Interessen des Protestantismus und des deutschen Territorialfürstenthums hatte, als die Krone Frankreich den westphälischen Frieden, auf dem diese seither beruhten, gewährleistete. Friedrich ist nicht etwa durch ein Bündniß mit Frankreich zu seinem Unternehmen angeregt worden: wenn es die Franzosen auf eine völlige Erniedrigung Oesterreichs und eine Theilung seiner cisleithanischen Provinzen abgesehen hatten, so war Friedrich darin vielmehr ihr Widersacher; denn zu Herren von Deutschland wollte er sie nicht werden lassen, und in dem allgemeinen Ruin noch weiter um sich zu greifen lag ihm ferne; es gab ein Moment der Politik, in dem er mit Oesterreich einverstanden war; man hat ihm selbst, was für den Augenblick nicht unwahr ist, die Rettung dieser Macht als solcher zugeschrieben. Der Preis dafür war die Abtretung von Schlesien.

Noch umfassender und weitausgreifender war das Verhältniß zu England, das eben damals den durch den Frieden von Utrecht und einige folgende Verträge nur unterbrochenen Kampf um die Seeherrschaft und das Uebergewicht in allen Welttheilen mit Frankreich und den Bourbons wieder aufnahm.

Sobald sich die Theilnahme der Franzosen an dem ursprünglich nur spanisch-englischen Zerwürfniß herausstellte, trachteten die Engländer ihrerseits, die große continentale Coalition wieder zu erneuern, welcher die Franzosen im spanischen Erbfolgekriege erlegen waren. Sie richteten von Anfang an ihr Augenmerk auf den jungen König von Preußen, der eben den Thron bestieg; sie wollten Rußland dafür gewinnen; hauptsächlich aber rechneten sie auf Oesterreich, welches früher ihr vornehmster Verbündeter gewesen war: sie nahmen die pragmatische Sanction in Schutz, welche Frankreich vernichten wollte.

Da trat ihnen aber die unerwartete Waffenerhebung des Königs von Preußen gegen Oesterreich in den Weg. Unmöglich konnten sie ihn niederkämpfen; das Einzige, woran sich denken ließ, war eine Pacification mit Oesterreich, durch welche dieses freie Hand gegen Frankreich gewann.

Auf dieser Combination beruht der Friedensschluß von Breslau und Berlin, durch welchen dem König von Preußen Schlesien für alle Zeiten überlassen wurde.

In und mit dem Ereigniß gestaltete sich die politische Stellung des neuemporkommenden Staates auf das eigenthümlichste. Er war im Kampfe mit Oesterreich, das er doch nicht vernichten, und in Verbindung mit Frankreich, das er doch nicht zum Meister von Deutschland werden lassen wollte. Auch sein Verhältniß zu England war in Folge der Zusammensetzung der englischen Regierung nicht ganz einfach. König Georg II. stand wegen seiner hannoverschen Lande zu Oesterreich, welches das Kaiserthum behauptete, in viel engeren Beziehungen, als die großbritannischen Staatsmänner älterer Schule wünschten. Wie oft haben diese, wenn die Angelegenheiten nicht nach Wunsch gingen, ihre Augen nach Preußen gewendet, in dessen genauerer Verbindung mit England sie dann noch ihr Heil zu sehen meinten [1].

Rußland gegenüber meinte König Friedrich nichts wahrzunehmen, was eine ernste Entzweiung herbeiführen könne; aber er wollte doch nicht dulden, daß Polen, das ihn so nahe anging, von Rußland übermeistert würde: er hätte gewünscht, den polnisch-sächsischen Hof für sich selbst zu gewinnen und dadurch unabhängiger von Rußland zu stellen. Zugleich dachte er daran, mit der Türkei eine Verbindung einzugehen, durch welche der Wirkung einer engen Allianz der Russen mit Oesterreich und England ein Gegengewicht erschaffen werden könne.

So trat der preußische Staat in die Mitte der großen Reiche, welche seit Jahrhunderten Europa theilten oder beherrschten: mit keinem unbedingt verbunden, noch unbedingt entzweit — das Letzte selbst mit Oesterreich nicht, obgleich sich Niemand darüber täuschen konnte, daß die Losreißung Schlesiens von dieser Macht und dessen Einverleibung in die preußische der in den Tractaten festgesetzten Abtretung zum Trotz ein Moment unaufhörlichen Streites bilden mußte.

Daß Friedrich auch einmal für Oesterreich gewesen war, hatte man dort in dem Getümmel des Kampfes, welcher der Existenz galt, kaum bemerkt und nahm keine Rücksicht darauf; in dem ferneren Verhalten des Königs erblickte man nichts als entschiedene Feindseligkeit; den Verlust einer großen und schönen Provinz konnte man nicht verschmerzen und wollte es nicht.

Das war nun fortan das Schicksal der deutschen Nation, und ein vielleicht nicht durchaus nachtheiliges. Denn im Gegen-

---

[1]) Horace Walpole an Pelham, Octbr. 1746. „You will say: where is the remedy to this calamitous situation? To which I reply: Prussia Prussia Prussia.“ (Coxe: Horace Walpole II. 167.)

satz miteinander wurden die beiden Staaten angespornt, alle ihre Kräfte möglichst zu entwickeln.

Der König von Preußen richtete sein Absehen darauf hin, daß die verschiedenen Landschaften, die er beherrschte, die neue eingeschlossen, bei aller Schonung ihrer Eigenthümlichkeit doch zu einer Gemeinschaft der Anstrengungen zusammenwuchsen, deren vornehmstes Product die allezeit schlagfertige Armee bildete. Er selbst ließ es sein Tagewerk sein, sie weiter auszubilden und einzuüben, nach der Natur der Kriegführung, die er von dem Gegner erwartete. Der Name Preußen, der nun erst emporkam, bezeichnete zugleich das zu diesem Zweck besonders gegliederte Staatswesen. Die persönlichen Eigenschaften des König-Connetables nahmen bei diesen Bestrebungen ihre charakteristische Färbung an.

Auf der andern Seite suchte nun auch Oesterreich eine energischere staatähnliche Haltung zu gewinnen. In dem Kriege behauptete die Armee, die nach allen anderen Seiten hin, die preußische ausgenommen, Siege erfocht, ihren Ruf: schon während desselben und noch mehr nachher ließ es die Kaiserin ihre vornehmste Sorge sein, die Armee zu verstärken und ihre Erhaltung auf ein verbessertes finanzielles System zu gründen. Sie machte den ersten ernstlichen Versuch, die verschiedenen Provinzen, die sich nur als eine Art von erblicher Conföderation betrachteten, zu dem Gefühl monarchischer Einheit zu erheben; die Minister nahmen dabei vielfach die preußischen Einrichtungen zum Vorbild. Die Ordnung der Dinge bei Friedrich, „dessen Befehle nicht allein befolgt, sondern allsogleich befolgt werden", wie die Kaiserin einmal sagt, war für sie selbst Antrieb und Muster.

Nicht allein aber die Vertheidigung der Provinzen, die ihr geblieben, sondern die Wiedereroberung von Schlesien war dabei ihr Ziel.

Als das große Unternehmen zu diesem Zweck, zu welchem sie sich im Jahr 1745 mit Sachsen vereinigte, gescheitert war, mußte sie, durch die Niederlage ihres Verbündeten und die Drohung Englands, ihr sonst seine Subsidien zu entziehen, genöthigt, im Frieden zu Dresden in eine Erneuerung ihrer Abtretung willigen: aber sie hielt dieselbe auch dann noch nicht für definitiv.

Man hat in Wien nach der Hand behauptet, durch eine mit dieser Drohung zusammen eingegangene Zusage König Georgs II. darin bestärkt worden zu sein: dieser Fürst habe ausdrücklich versprochen, die Cession von Schlesien und Glatz solle nur so lange gelten, bis man sich aus den obwaltenden schweren Conjuncturen herausgewunden; wenn dies einmal geschehen, werde man alles, was es auch kosten möge, versuchen, um diese Besitzungen dem Hause Oesterreich wieder zu verschaffen[1].

Wie dem auch sein mag, die Kaiserin hielt dieses Vorhaben hartnäckig fest. Nur wenige Monate nach dem Dresdner Frieden, 22. Mai 1746, ließ sie sich in einem alle ihre Beziehungen umfassenden Bundes-Vertrag mit Rußland, wo man das Verhältniß zu Preußen anders auffaßte, als in Berlin, das abgetretene Gebiet wieder zusagen, im Falle daß der König nicht etwa wieder sie selbst, sondern auch wenn er Rußland oder Polen angreifen sollte. Die Worte lauten auf Defensive; aber unleugbar war die Absicht der Kaiserin — Niemand hat es damals anders verstanden — sich eine weit über den geschlossenen Frieden hinaus reichende Aussicht zur Wiederaufnahme des Kampfes um Schlesien offen zu halten.

---

[1]) „Die erwähnten Possessiones sollen, es koste auch was es wolle, an das Haus Oesterreich wieder zurückgebracht werden.“ Erklärung des Freiherrn v. Pretlack an den sächsischen Residenten Pezold. Geheimnisse des sächsischen Cabinets I, 186.

Diese schlesische Frage, nicht sowohl an sich selbst als in Bezug auf die Garantie der geschehenen Abtretung, war von allen, welche vorlagen, vielleicht die wichtigste, als bald darauf über die allgemeine Pacification verhandelt wurde.

Im Sommer 1747 bewirkten die Kriegsereignisse, daß die beiden Hauptmächte, Franzosen und Engländer, nach dem Frieden verlangten. Die Franzosen, die sich mit frischem Eifer der Marine zu widmen begannen, waren doch zu verschiedenen Malen zur See geschlagen worden und bedurften einiger Jahre, um Athem zu schöpfen und zu neuen Anstrengungen fähig zu werden. Dagegen behauptete die französische Landmacht in dem niederländischen Kriege, auf den man in England den größten Werth legte, das unzweifelhafte Uebergewicht; sie bedrohte die Republik der vereinigten Niederlande. Im Moment eines entschiedenen Sieges bot der französische General, der Marschall von Sachsen, den Frieden auf Grundlage der Herausgabe der beiderseitigen Eroberungen an; die Engländer gingen darauf ein, nachdem sie einen neuen Unfall erlitten hatten.

Gleich in dem ersten Anschreiben des Marschalls geschah nun neben den Anliegen von Frankreich, über die man sich leicht verständigen konnte, auch noch der Interessen seiner Verbündeten mit Nachdruck Erwähnung. Unter den Bedingungen, die er vorschlug, war die erneuerte Garantie von Schlesien eine der vornehmsten.

Gewiß auch die Kaiserin-Königin war nicht gegen den Frieden; aber sie wünschte zu vermeiden, daß darin die Concessionen, die sie sich im Laufe des Krieges hatte gefallen lassen müssen, bestätigt würden, vor allem, daß die Abtretung von Schlesien nun in einem allgemeinen europäischen Vertrag eine neue Sanction erhielte. Vergeblich hätte sie dagegen die Unterstützung des

Königs von England in Anspruch genommen. Er mochte persönlich geneigt dazu sein; allein so weit war er nicht Meister der Politik von England, um es durchzuführen; die englischen Minister hätten niemals eingewilligt. Als Friedrich eine Besorgniß blicken ließ, daß die Kaiserin durch den Frieden freie Hand gegen ihn erlangen werde, nahmen sie keinen Anstand, ihn darüber zu beruhigen[1]; sie suchten auch Holland, das seinerseits die Garantie noch nicht ausgesprochen hatte, hiezu zu bestimmen.

Der Wiener Hof wandte sich nun an Frankreich, wo er auf die Sympathien der alten Freunde des Hauses Lothringen zählte. Man hoffte eine geheime Abkunft zu treffen, nach welcher die Kaiserin zwar verspräche, den Dresdener Frieden zu halten, so lange Preußen denselben genau beobachte; nur in dem Friedenstractat, den man zu schließen im Begriffe sei, sollte der Interessen des Königs von Preußen, namentlich der Garantie von Schlesien, keine Erwähnung geschehen[2].

Ihr Bevollmächtigter am Friedenscongreß, Graf Kaunitz, der den Artikel vortrefflich fand, so daß er kein Wort daran zu ändern wisse, glaubte nach dem, was er von dem französischen Bevollmächtigten, St. Severin, hörte, gegründete Hoffnung zu haben, wenn auch nicht den Artikel durchzusetzen, doch den Zweck desselben zu erreichen. Auch bemerkte der englische Bevollmächtigte, Sandwich, der bei seinen Vorschlägen beharrte, an St. Severin noch in dem letzten Augenblick ein Zaudern und Schwanken, das ihn in Erstaunen setzte. Allein endlich erwog dieser doch, daß für Frankreich mehr darauf ankomme, die festen Plätze in Amerika, zu deren Herausgabe England sich verstand, in Empfang zu nehmen als weitaussehende Unterhandlungen mit Oesterreich anzuspinnen,

[1]) Lord Chancellor an Newcastle, 29. Dez. 1747.

[2]) Article séparé et secret. Arneth III, 351. 479.

die alles Andere zweifelhaft gemacht hätten. Sandwich hat einmal gedroht, die Verhandlungen abzubrechen und Aachen zu verlassen, wenn St. Severin länger zögere. Erst dann, am 30. April, unterschrieb dieser die Präliminarien, welche die Garantie von Schlesien für Preußen festsetzten[1].

In die größte Aufwallung gerieth Graf Kaunitz, als ihm am andern Tage die Artikel mitgetheilt wurden. Statt sie zu unterzeichnen, legte er einen feierlichen Protest dagegen ein, denn sie seien verderblich für alle Angelegenheiten seiner Souveränin.

Außer der weitern Sicherung von Preußen war es auch die darin ausgesprochene Bestätigung der an Sardinien gemachten Zugeständnisse und die Ausstattung eines bourbonischen Prinzen mit Parma, Piacenza und Guastalla, durch welche sich Oesterreich verletzt fühlte. Maria Theresia ließ vernehmen, man reiße zugleich ihre alten Wunden auf und schlage ihr neue.

Auch nachher sind noch mancherlei Unterhandlungen über eine Abänderung der verabredeten Artikel gepflogen, noch einmal ist zwischen Frankreich und Oesterreich der Entwurf eines besondern Vertrages berathen worden, bei welchem wieder die Zurücknahme der schlesischen Garantie beabsichtigt wurde, alles aber scheiterte an dem Gewichte der einmal getroffenen Festsetzungen und dem Bedürfniß eines unmittelbaren Friedens. Was die Präliminarien enthielten, das wurde auch in dem Friedenstractat selbst wiederholt. Oesterreich konnte nun wohl nicht aufs Neue protestiren; aber um zu beweisen, daß es an den Verhandlungen keinen Antheil habe, enthielt sich Kaunitz, den Tractat mit zu unterzeichnen; er trat ihm nur nachträglich bei.

---

[1]) Sandwich an Newcastle, 1. Mai 1748. In Argensons Memoiren findet sich, den Tag vorher sei St. Severin bereit gewesen, mit Kaunitz abzuschließen.

Friedrich hatte die Genugthuung, in dem Friedensvertrag, der nun ein Grundgesetz des europäischen Staatsrechts werden sollte, die Garantie seines Besitzes von Schlesien zu lesen.

Er hatte es vermieden, seinen eigenen Bevollmächtigten nach Aachen zu schicken, denn er wolle den Congreß nicht zum Richter über seine Angelegenheiten machen; dem französischen Gesandten gab er zu vernehmen, er halte seine Sache dort für besser gewahrt in den Händen des Königs von Frankreich, als in seinen eigenen; nur darauf bestand er, in Bezug auf die pragmatische Sanction nicht weiter verpflichtet zu werden, als es im Frieden zu Dresden geschehen sei. Vollkommen zufrieden mit der Fassung der Präliminarartikel, sprach er nur den Wunsch aus, daß sie ebenso in dem Tractat selbst wiederholt werde, und nahm es hoch auf, als ihm der französische Minister Puysieux die Nachricht gab, daß eben dies geschehen; er erklärte, den Franzosen den meisten Dank dafür schuldig zu sein.

Wie erwähnt, die Franzosen waren nicht so vollkommen sicher gewesen, als Friedrich annahm; nach einiger Zeit wurde er davon in Kenntniß gesetzt, welchen Antheil das englische Ministerium, selbst im Gegensatz mit dem König von England, daran gehabt hatte. Das konnte ihn aber nicht in seinem engen Verhältniß zu Frankreich stören; dem Gesandten wiederholte er oft, das preußische Interesse sei identisch mit dem französischen, und warnte gegen anderweite feindselige Einflüsterungen, durch welche nur Mißtrauen erweckt werde, das dann auch auf ihn selbst zurückwirke[1].

---

[1]) 28. Oct. 1747. Aus dem Memoire von Valori. Als Valori im Aug. 1747 auf eine kurze Zeit nach Paris zurückging, sagte ihm der König: pour peu qu'on réfléchisse sur mes intérêts, on verrait qu'ils sont d'être ami avec le roi (de France). J'en fais ma principale occupation: mais rien n'est plus rebutant que ces méfiances.

Darin lag seine politische Stärke, daß er in einer Allianz mit Frankreich stand, die auch für diese Macht in ihrem Widerstreit mit Oesterreich den größten Werth hatte, und zugleich in England in dem Antagonismus zwischen dem königlichen und dem parlamentarisch-ministeriellen Interesse eine Stütze gewann, die der persönlichen und politischen Abneigung Georgs II. in dringenden Fällen die Wage hielt. Zu der günstigen Erledigung seiner Angelegenheit in Aachen hatten sie beide zusammengewirkt.

Die Kaiserin Maria Theresia war über die Haltung der Engländer nicht wenig verstimmt. Sie legte ihnen zur Last, daß sie in dem Frieden weder gegen Preußen noch gegen Sardinien das Mindeste erreicht und die Aufstellung eines bourbonischen Prinzen in Oberitalien hatte zugeben müssen; sie vergaß darüber beinahe, wie viel sie ihnen für die Aufrechthaltung der pragmatischen Sanction, d. h. den Bestand ihrer Monarchie, schuldig geworden war.

Im Frühjahre 1749 ist man in Wien darüber in aller Form zu Rathe gegangen, ob man an der Allianz mit England festhalten, oder ob man nicht besser thun würde, das politische System überhaupt von Grund aus zu ändern.

Man meinte von allen Seiten gefährdet zu sein: von den Türken, denen Ungarn offen liege, von Frankreich, das, nachdem es von jeher gesucht Oesterreich zu schwächen, ihm zuletzt den gefährlichsten Feind von allen erweckt habe, den König von Preußen, dem denn eine weitere Erwerbung auf Kosten Oesterreichs die gelegenste wäre; so trachte auch Sardinien umsichzugreifen; der in Parma angesiedelte Infant werde sein Gebiet erweitern wollen. Gewiß sei, so sagt Kaiser Franz in seinem Gutachten darüber, das beste Bollwerk dagegen eine starke Armee, und die Herbeischaffung der Mittel, um sie in das Feld zu führen; aber auch Freunde und Verbündete bedürfe man: wer könne das sein?

Kaiser Franz I. gab den Rath, an der Allianz mit den Seemächten — denn in denen liege die mächtigste Hülfe gegen Frankreich — sowie an dem Bunde mit Rußland, das gegen die Pforte und Preußen eine treffliche Unterstützung biete, festzuhalten: wenn man auch Hannover und Sachsen in eine Defensivallianz ziehe, so habe man von dem unruhigen Ehrgeiz des Königs von Preußen und seiner Rache nichts mehr zu fürchten. Auch mit diesem selbst aber, rieth der Kaiser an, gute Nachbarschaft zu halten und ihn nicht durch gehässige Kundgebungen zu reizen: mit Sardinien sei ein Bundesverhältniß einzugehen[1].

Der Sinn des Kaisers war, sich in das Geschehene zu fügen, und den Frieden, wie er nun einmal bestand, zu beobachten. Die meisten Minister sprachen dieselbe Ansicht aus, sie bezeichneten wohl die Seemächte als die natürlichen Verbündeten Oesterreichs.

Aber vor Kurzem war der Friedensbotschafter, Graf Kaunitz, in die Conferenz getreten. Er kannte besser als die Andern die dem äußeren Anschein nicht immer entsprechende Bewegung innerhalb der beiden Mächte, und vor allem: er hielt es für das größte und dringendste Bedürfniß der Monarchie, Schlesien, dessen Verlust die Anderen als das Resultat der letzten Kämpfe zu betrachten und unwiderruflich anzuerkennen schienen, wieder zu erobern. Denn in Schlesien sei dem Staat eines seiner vornehmsten Glieder abgerissen worden; und was fast noch mehr sagen wolle, als der Verlust selbst, das Land sei dadurch in die Hände des gefährlichsten und ärgsten Feindes

[1] Auszug aus einer Note des Kaisers, 18. März 1749, bei Arneth: Maria Theresia nach dem Erbfolgekriege 266; einem Buche, dem wir die mannigfaltigste Aufklärung verdanken.

der Monarchie gerathen, der durch den Besitz desselben in den Stand komme, in ihr Herz einzudringen und ihr den letzten tödtlichen Streich zu versetzen. Während der Kaiser und die übrigen Minister die Beibehaltung des Friedens zur Grundlage ihrer Politik machten, stellte das jüngste Mitglied der Conferenz den Krieg mit Preußen als den vornehmsten Gesichtspunkt, den man im Auge behalten müsse, auf; denn König Friedrich sei ein unversöhnlicher Feind: wer wolle sich auf seine Zusagen verlassen[1]?

Die bei den letzten Unterhandlungen über die Garantie gemachten Erfahrungen ließen aber wenig Hoffnung, daß man England und die Seemächte zu einem Unternehmen dieser Art fortreißen werde. Kaunitz bemerkte, daß zwar König Georg II. und sein damaliges Ministerium voll von Eifersucht gegen Preußen seien, aber nicht die englische Nation. Diese neige sich schon aus Widerwillen gegen die auswärtige Macht ihres Königs auf die Seite von Preußen; aus Rücksicht auf die Religion wünsche sie, daß Preußen in den continentalen Angelegenheiten eben so viel Gewicht erhalte, wie bisher Oesterreich besessen habe.

Dagegen hatten die Franzosen den Anträgen über die Versagung der Garantie-Erneuerung bis auf einen gewissen Grad Gehör gegeben: was Andere für unmöglich erachteten, hielt Kaunitz für sehr ausführbar, Frankreich für Oesterreich zu gewinnen, und dadurch dem König Friedrich die Allianz zu entziehen, auf die er sich in europäischen Angelegenheiten hauptsächlich stützte.

Bei den letzten Verhandlungen waren Entwürfe vorgekommen, welche dazu den Weg bahnen konnten. Man hatte von einer Ausstattung des Infanten Don Philipp, der mit einer

---

[1]) „Die beständige und größte Sorgfalt müsse dahin gerichtet werden, den König zu schwächen und Schlesien wieder herbeizubringen." Bei Arneth 535.

Tochter Ludwigs XV. vermählt war, in der unmittelbaren Nähe der französischen Grenze oder auch in den Niederlanden gesprochen; durch eine Abtretung in den Niederlanden schien Frankreich in jedem Falle zur Verzichtleistung auf die Garantie von Schlesien bestimmt werden zu können. Kaunitz ergriff diesen Gedanken: besonders rieth er die Ausstattung des Don Philipp mit Savoyen durch eine anderweite Abtretung an Sardinien möglich zu machen. Ueber eine Verringerung des österreichischen Einflusses in Italien sah er hinweg, wenn dadurch die Wiedererwerbung der verlorenen Provinz und die Schwächung des großen Gegners erreicht würde. Er wußte recht wohl, daß dessen aufkommende Macht seinen Nachbarn verhaßt war. Auf Rußland konnte er nach dem erwähnten Tractat mit Bestimmtheit rechnen; er zählte aber auch auf Sachsen, dessen letzter Vertrag mit Oesterreich Absichten kundgegeben hatte, die man keineswegs für aufgehoben hielt. Er meinte auch den rheinischen Nachbar Preußens, den Churfürsten von der Pfalz, zu gewinnen, und verzweifelte nicht, sogar Hannover dazu herbeizuziehen.

In der Conferenz konnte damals Graf Kaunitz nicht durchdringen. Die übrigen Mitglieder derselben hielten es für unmöglich, die erbliche Scheelsucht der Bourbons gegen das Haus Oesterreich zu beseitigen. Aber darin stimmten sie bei, daß es von unaussprechlichem Vortheil für Oesterreich sein würde, wenn es geschehen könnte.

Kaunitz erweckte auch durch seine hochfahrende, alle Andern unterschätzende Art und Weise den Widerwillen und die Mißachtung seiner Collegen. Großen Eingang fand er dagegen bei der Kaiserin, die seine Denkschriften mit Vergnügen las, — sie sagt wohl einmal, ihr Kopfschmerz sei ihr bei der Lectüre vergangen, — und ohne Zweifel theilte sie seinen vornehmsten Gesichtspunkt der auf die Wiedereroberung Schlesiens zielte. Die Mittel und Wege aber, die er vorschlug, hat sie damals nicht gebilligt. Inwiefern eine Differenz zwischen ihren Ministern obwaltete, schloß sie sich der Mehrheit derselben an. Wie diese hielt sie noch an der Allianz mit den Seemächten und mit Rußland fest. Einige Jahre später hat sie Kaunitz auch deshalb nach Frankreich geschickt, um ihn von seiner Vorliebe für die Franzosen abzubringen; sie versichert, von derselben ganz geheilt sei er zurückgekommen.

Und auch in der alten Allianz beharrend verzweifelten die österreichischen Staatsmänner nicht, das große Ziel, die Niederkämpfung der preußische Macht, zu erreichen. Wenn nur einmal das Eis gegen sie gebrochen sei, so werde es ihr gehen, wie der schwedischen nach Pultawa[1].

Zunächst aber war von keiner Feindseligkeit die Rede. So lange die beiden Westmächte den Frieden beobachteten, waren auch die deutschen, die von ihnen mehr oder minder abhingen, zu gegenseitigem friedlichen Verhalten veranlaßt; aber sie waren in die Agitationen verflochten, in denen jene allenthalben einander begegneten.

---

[1]) Ein Ausdruck Bartensteins. Vergl. die auf neuen Forschungen im Wiener Archiv beruhende Arbeit von Adolf Beer, Aufzeichnungen des Grafen William Bentinck, S. 142.

Zweites Capitel.

Englisch-französische Interessen und ihre allgemeine Einwirkung. Ausbruch des Seekriegs.

Es ist eine sehr eigenthümliche Phase der Weltverhältnisse, welche nach dem Frieden von Aachen zur Erscheinung kam.

In dem Tractat ist der Streitigkeit zwischen England und Spanien, aus welcher der Krieg hervorgegangen war, gar nicht einmal Erwähnung geschehen. Sie wurde durch anderweite Verständigungen ausgeglichen: statt Gibraltars, welches der König von Spanien zurückforderte, wurde ihm Parma für den Infanten Don Philipp zugestanden, was doch mehr einen Vortheil für die französische Politik bedeutete. Die großen national-commerciellen Gegensätze zwischen England und Spanien blieben unausgetragen.

In dem unmittelbaren Conflict zwischen England und Frankreich war allerdings zunächst ein Verständniß getroffen; den Engländern schien es Vortheil genug, daß Frankreich die niederländischen Plätze, die es in Besitz genommen hatte, wieder herausgab; ihrerseits entschlossen sie sich, ihre nordamerikanischen Eroberungen ebenfalls zurückzugeben.

Diesmal hatten die Franzosen ihr Nordamerika durch continentale Siege gerettet; aber sie waren damit nicht befriedigt; ihr Sinn ging dahin, ihre Kräfte hauptsächlich den maritimen und commerciellen Interessen zu widmen, und sobald sie einigermaßen gesammelt seien, den Kampf um die Seeherrschaft mit England wieder aufzunehmen.

Es war ein Gegensatz, der alle Welttheile umfaßte.

Die alten Streitigkeiten in Nordamerika, wo es schien, als werde sich ein neues Frankreich dem neuen England zur Seite erheben, über die schon mehr als ein Vertrag geschlossen worden, waren erst während des letzten Krieges zu ihrer vollen Bedeutung hervorgetreten. Die Anglo-Amerikaner hatten durch gemeinschaftliche Anstrengung des Mutterlandes und der Colonie die Oberhand behalten: sie hatten Louisburg und Cap Breton erobert. Daß dies im Frieden zurückgegeben wurde, empfanden besonders die Colonisten als eine unerträgliche Beeinträchtigung. Jeden Augenblick aber konnte der Streit aufwachen, da bei der Abkunft die Worte des Utrechter Tractats, welche sehr unbestimmt lauteten, nur eben erneuert worden waren[1].

In Ostindien wurde den Engländern Madras zurückgegeben und den unmittelbaren Feindseligkeiten der beiden Nationen dadurch ein Ende gemacht; — aber schon begannen sich beide in die Streitigkeiten der eingeborenen Fürsten zu mischen, in denen sie die entgegengesetzte Partei ergriffen.

Welche mächtige, weltbeherrschende Interessen aber sind dies: die Ausbreitung der germanischen oder romanischen Nationalität über Nordamerika; Errichtung eines englischen oder eines französischen Reiches in Ostindien; zugleich in Westindien der Ausschlag des alten Gegensatzes der Engländer mit der spanischen Monarchie, über welche jetzt die Bourbonen geboten, zum Vortheil der einen oder der andern Nation.

---

[1]) Dabei kommt es auf die Erklärung eines "ut" oder "comme aussi" an. Mémoires sur l'Acadie I, 279.

Der Geist des Jahrhunderts nahm überhaupt, eben im Zusammenhang mit diesen großen Problemen, eine Richtung auf Handel und Colonien; sie beschäftigte die Welt mehr als der politisch-religiöse Conflict, auf dem bisher das Meiste beruht hatte.

Die französische Colonialmacht wuchs um die Mitte des achtzehnten Jahrhunderts mächtig an und schien noch eine große Aussicht für sich zu haben.

Wer kennt nicht die Namen Dupleix und Labourdonnaye? Der eine bedrohte die noch geringfügigen englischen Ansiedelungen in Ostindien zur See; der andere warf sich in die inneren Streitigkeiten der Eingebornen, und zeigte zuerst den Weg, auf dem dort eine europäische Macht fest begründet werden konnte. Die französischen Pflanzungen in Westindien beherrschten durch ihre Producte, namentlich Zucker und Indigo, den Weltmarkt; die Franzosen haben dort die einheimische Gartencultur auf die Colonialproduction mit Erfolg angewendet. So gewannen sie in dem Fischfang in den nordamerikanischen Gewässern die Oberhand; sie wußten den Kabliau besser zu behandeln: ihr Stockfischhandel war bei weitem der einträglichste. Von großem Werth wurde der Verkehr zwischen ihren nördlichen Colonien und den Antillen.

In Afrika erlangten die französischen Verbindungen das Uebergewicht: der Handel in Guinea fiel in ihre Hand: sie bauten Fort Louis am Ausflusse des Senegal.

In der Levante waren ihnen durch die Einrichtungen für Manufactur und Handel, welche einst Colbert angebahnt hatte, unschätzbare Vortheile zugefallen. Die englische Levantecompagnie klagte, daß ihre an sich bessere und feinere Manufactur doch von der minder guten, aber glänzenderen wie dem Bedürfniß angemessenern der Franzosen von den Märkten verdrängt werde. In Aleppo sank die Zahl der englischen Handelshäuser bis auf ein einziges. In Constantinopel und Smyrna blieben ihre Tuche liegen, während die französischen den besten Abgang fanden.

Dagegen war der Handel der Engländer mit Rußland in dem blühendsten Zustande. Man hatte Factoreien nicht allein in Petersburg, wohin der Handel von Archangel verlegt worden war, sondern an vielen Stellen in dem Innern des Reiches, in Kasan und Astrachan. Die englische Flagge erschien auf dem Kaspischen Meere und erwarb sich Achtung bei den Gewalthabern von Persien. Auf dem Schwarzen Meere begegneten sich beide, die Interessen der Franzosen, die für die Türkei, und die der Engländer, die damals für Rußland Partei nahmen.

Dieser commercielle Wettstreit, eine Art von Krieg, der alle Erdtheile umfaßte, wirkte nothwendig auch auf die andern Verhältnisse der Staaten zurück.

Im achtzehnten Jahrhundert unterschied man neben der militärischen und finanziellen Macht die föderative, d. i. die Bedeutung der zuverlässigen Allianzen, durch welche das Gewicht des Staates in den Zeiten des Friedens verstärkt werde und auf die er beim Ausbruch eines Krieges zählen könne. Neben dem commerciellen und maritimen Gegensatz bildete sich allenthalben der politische aus, welcher an den ersten anknüpfte, aber doch nicht mit demselben zusammenfiel, sondern seine eigene Bedingung hatte.

Man konnte es eben in Constantinopel wahrnehmen, wo das commercielle Uebergewicht der Franzosen ihnen auch politisch große Successe zu versprechen schien; sie trugen sich mit der Absicht, eine Allianz der Türkei zugleich mit Schweden und mit Preußen zu Stande zu bringen, um sie der Macht der beiden Kaiserhöfe entgegenzusetzen. Dahin war es jedoch nicht zu bringen. Die Pforte hatte ihren großen Zweck, die Wiedererwerbung von Belgrad, erreicht, und dann einen ewigen Frieden mit Oesterreich geschlossen, der dieselbe bestätigte: sie war nicht geneigt, durch weitere Kriegsunternehmungen ihre Ruhe zu unterbrechen, ihre Stellung zu gefährden. — Wie oft haben die Franzosen die Gefahr, welcher Schweden und die Freiheit von Polen von Rußland her ausgesetzt sei, den Ministern der Pforte vorgestellt und die Nothwendigkeit betont, sich derselben entgegenzusetzen; — aber der kaiserliche Internuntius und der englische Gesandte, der diesen unterstützte, fanden mehr Gehör mit der Erinnerung, daß doch nichts vorgefallen sei, was diese Besorgnisse rechtfertige.

Wie von jeher so bildete eben die Beziehung zu den Osmanen auch damals ein unendlich wichtiges Moment für die Politik.

Die beiden Kaiserhöfe, gegen welche die Osmanen nichts thun wollten, waren doch mit einander gegen dieselben insofern vereinigt, daß sie jeden Angriff, der von der türkischen Seite auf einen von beiden geschehe, gemeinschaftlich abzuwehren übereingekommen waren und sich verpflichtet hatten.

Darin lag namentlich für Oesterreich ein Rückhalt, welcher ihm in allen europäischen Angelegenheiten eine große Sicherheit verlieh. Man sah es bei dem Abschluß des Bündnisses von 1746, welches, wie berührt, eine eventuelle, aber sehr entschiedene Richtung gegen Preußen in sich schloß.

Wie nun aber England überhaupt seine alte Allianz mit Oesterreich aufrecht erhielt, so ward es auch hiedurch in enge Beziehungen mit dem Hofe von St. Petersburg verflochten. Das Vorrücken russischer Truppen zur Befreiung der Niederlande, welches dem Aachener Frieden voranging, war zugleich in Folge einer Verabredung mit England geschehen. Am Hofe zu Wien wünschte man nichts mehr, als diese Bande immer enger zu knüpfen.

Dadurch geschah aber wieder, daß sich England in den nordischen Angelegenheiten überhaupt an Rußland anschloß.

In Polen regte sich in dieser Epoche der Gegensatz zwischen den Potocky, die ein republikanisches Regiment auszubilden, und den Czartorisky, welche eine stärkere monarchische Gewalt zu gründen trachteten. Mit den letztern verband sich der englische Gesandte Williams, mit den ersten der französische, Graf Broglie; ihr Streit betraf die größten Angelegenheiten: das Uebergewicht von Rußland in Polen, dem sich die Franzosen entgegenstellten, während die Engländer es förderten: die künftige Besetzung des Thrones. Die Franzosen dachten den Prinzen von Conty zu erheben: Friedrich II. fürchtete eher, es werde den Gegnern gelingen, den Prinzen Carl von Lothringen, den er so oft im Feld geschlagen, ihm als König von Polen an die Seite zu setzen.

In Schweden waltete die französische Partei vor, und die Absicht war gefaßt, einen Vertrag zwischen diesen beiden Mächten zu gegenseitigem Schutz ihrer Marine gegen England zu Stande zu bringen; aber auch eine sehr starke russische Partei gab es auf dem Reichstag, die damals durch englischen Einfluß verstärkt wurde. Man meinte, Georg II. wolle seinen Sohn, Herzog von Cumberland, zum König von Schweden erheben lassen.

Dänemark wurde durch die Ansprüche, welche der russische Thronfolger (Peter III.) auf Schleswig machte, nothwendig auf die andere Seite getrieben: ein Subsidienvertrag war zwischen Dänemark und Frankreich zu Stande gekommen, doch waren die dänischen Minister hierin nicht vollkommen einverstanden. Wie Graf Moltke diese Verbindung von Herzen billigte, so galt Graf Bernstorff, sein College, als ein Mann der entgegengesetzten Gesinnung.

In Holland bestanden, wie von jeher, zwei Parteien, von denen die eine mehr republikanisch und französisch, die andere mehr englisch und dem Statthalter ergeben war. Die Erbstatthalterschaft ward damals nach dem Tode Wilhelms IV., der sie wieder zu ihrer alten Bedeutung erhoben hatte, von der Wittwe desselben, Anna, Tochter des Königs von England, verwaltet; und diese mit der Partei, die sich um sie bildete, den Edelleuten und den Militärs, wäre sehr bereit gewesen, mit England sogleich gemeinschaftliche Sache zu machen. Aber auch eine andere gab es, die der reichen Kaufleute, welche den Frieden liebten und das Uebergewicht des englischen Handels bitter empfanden; auf diese durfte Frankreich rechnen. Jede Verletzung der vereinigten Niederlande von den österreichischen her gab ihr neue Kräfte und schien die Republik auf die französische Seite treiben zu müssen.

Portugal hing doch nicht so ganz von England ab, wie man meinte; Johann V. hatte es immer für einen Ehrenpunkt gehalten, neutral zu bleiben, und Frankreich hatte vor einigen Jahren (1740) den Versuch machen können, das Land in seinen Bund zu ziehen; doch überwog das englische Interesse: Pombal, der sich dem Uebergewicht des englischen Handels entziehen wollte, hielt doch an der politischen Allianz mit England fest.

Selbst in Spanien war seit dem Tode Philipps V. unter Ferdinand VI. der französische Einfluß nicht mehr allein herrschend. Ferdinand wollte und konnte in den wesentlichen Streitfragen, welche die Colonialmacht betrafen, den englischen Ansprüchen nicht nachgeben, aber übrigens zeigte er sowie seine Gemahlin eine offenbare Hinneigung zu England. In seinen Ministern erschienen zwei verschiedene Parteien. Der vornehmste, Caravajal, theilte die Tendenzen des Königs; die übrigen, namentlich Ensenada, und die Mitglieder der Administration standen unter französischem

Einfluß: der Sturz Ensenada's wurde als ein Sieg des englischen Interesses betrachtet.

Ein merkwürdiger Anblick, wie der Wettstreit der überwiegenden Mächte allenthalben einwirkt und die innern Gegensätze in den einzelnen Staaten davon bedingt und angeregt werden. Im deutschen Reiche mußte das um so mehr der Fall sein, da der König von Großbritannien zugleich Churfürst von Hannover war.

Der englische Hof hatte die Absicht gefaßt, den erst zehnjährigen Erzherzog Joseph zum römischen König zu erheben; er gewann dafür einen Churfürsten nach dem andern, und zwar durch Geldzahlungen, welche in der Form von Truppenwerbungen geleistet wurden. Man sagte dem Parlament, ohne Subsidien an Sachsen würde der französische Einfluß in Polen wie in Sachsen vorwalten; ohne Geldzahlungen an Bayern würden dieselben Gefahren wiederkehren, die man zweimal (1704 und 1742) mit äußerster Anstrengung abgewendet habe. Da auch Mainz und Trier gewonnen waren, dieses aber großen Einfluß auf Cöln ausübte, so schienen mit Hannover und Böhmen sieben Stimmen vereinigt zu sein; man ließ nichts unversucht, auch den Churfürsten von der Pfalz zu gewinnen, in welchem Falle die einzige dissentirende Stimme Brandenburg-Preußen keine so große Bedeutung gehabt haben würde.

Von Frankreich aus fragte man bei dem König von Preußen an, ob es besser sei, die Wahl einfach anzunehmen, oder sie nur zu stören, oder vielleicht sich ihr mit Gewalt zu widersetzen. Dem König schien das Erste nicht angemessen, weil es Schwäche verriethe, noch weniger das Letzte, weil man dadurch Europa in Feuer und Flamme setzen würde. Er hielt für das beste, die Wahlunterhandlungen vor sich gehen zu lassen, aber so viel Vortheil wie möglich daraus zu ziehen.

Noch immer fand das Vorhaben mannichfaltigen Widerspruch; in einer Anzahl der mittleren Staaten tauchte die Idee auf, unter preußischem Schutz, auf den Grund der Kreisverfassungen, sich dem Kaiserhofe entgegenzusetzen, der durch eine einseitige Auslegung derselben ihre Selbständigkeit erdrücke. König Friedrich wies das nicht geradezu von der Hand, vermied es aber auch, sich dafür zu erklären. Um so größeren Spielraum behielten die entgegengesetzten Agitationen; an den deutschen Höfen wirkten eine englisch-österreichische und eine französisch-preußische Politik einander entgegen.

In Mainz war Forster, welcher selbst Reichshofrath gewesen und dem Churfürsten von der Kaiserin-Königin zur Seite gegeben ward, allmächtig; neben ihm stand Stadion, der in Bezug auf Charakter und Geist bei weitem höher angeschlagen wurde, aber bei seinem Herrn wenig vermochte.

In Bayern waren Sinzheim und der Kanzler Braidlon Anhänger von Oesterreich, Preysing und der gelehrte Kreitmayr behaupteten eine gewisse Selbständigkeit.

In der Pfalz spielte Baron Wrede, der den Protestantismus abgeschworen hatte, um in Credit zu kommen, die größte Rolle; er war jedoch nicht mehr so französisch wie früher.

In Trier war der Churfürst selbst von Herzen österreichisch; sein Minister Spangenberg war es nicht.

Wir begleiten diese Gegensätze bis an den kleinen Hof von Lüttich, wo der Einfluß zwischen Burresheim und Horion schwankte, von denen jener mehr kaiserlich, dieser mehr französisch gesinnt war.

Die Franzosen unterhandelten wie in München so in Dresden, um die Verbindung dieser Höfe mit England rückgängig zu machen, wie es ihnen denn auch mit Cöln gelang. Aber jeden

Augenblick schwankten die Verhältnisse, und leicht konnten sie nach der einen oder der andern Seite umschlagen.

Das deutsche Leben im achtzehnten Jahrhundert beruht darauf, daß der Gegensatz, der den Gesichtskreis der Politik beherrscht, doch auch zugleich eine gewisse Selbständigkeit der Action ermöglicht und selbst provocirt.

Darüber trat denn das nationale Bewußtsein zurück; die Beziehungen, in denen jedes geringfügige Fürstenthum zu den beiden großen Mächten stand, eröffneten einen Horizont, der weit über die Grenzen Deutschlands hinausreichte; sie waren gleichsam weltbürgerlicher Natur; aber ein Jeder meinte sie mit seinem eigenen kleinen Vortheil, oft dem niedrigsten und verwerflichsten, verbinden zu können, zumal da die beiden Mächte einander das Gleichgewicht hielten und ihrem Widerstreit zum Trotz doch der Friede beobachtet wurde.

Da war es nun von einer universalen Tragweite, daß der Gegensatz der Franzosen und Engländer in Nordamerika zu einem offnen Conflict führte.

In Europa unterschätzte man damals die Bedeutung der Streitigkeiten über Grenzregulationen in der transatlantischen Welt, wo ein Stück Landes nicht so vielen Werth habe; in der That betrafen sie die wichtigsten mercantilen und colonialen Interessen der beiden Mächte.

Acadien, ursprünglich von den Franzosen colonisirt, war im Frieden von Utrecht den Engländern verblieben. Aber über die Grenzen war man streitig; und dieser Streit erhob sich um so heftiger, je bedeutender das Land, das die Engländer Neuschottland nennen, für die anglo-amerikanische Colonie überhaupt wurde. Das Emporkommen von Halifax zeigte, wie wichtig es noch werden könne. Um so weniger wollten die

Franzosen eine Ausdehnung des englischen Gebiets über die Halbinsel hinaus gestatten; an der Landenge errichteten die beiden Nationen Festungen gegen einander.

Noch um vieles weitausgreifender aber und für die Zukunft der westlichen Hemisphäre entscheidend war ihr Zusammentreffen im Westen der anglo-amerikanischen Ansiedelungen. Mit der Entdeckung des Mississippi, die von Canada aus geschah, hängt der Plan der Franzosen zusammen, nachdem sie am Ausflusse dieses Stromes Lousiana gegründet hatten, die südliche Colonie mit der nördlichen in eine dauernde und haltbare Verbindung zu bringen. Man dachte die große Wasserstraße an den Flüssen und Seen militärisch zu befestigen. Der Gedanke war uralt; aber erst nach dem Aachener Frieden unternahm der Gouverneur von Canada, La Galissonière, — nicht allein ein Seemann durch und durch, wie sein Vater, der bei La Hogue gegen England gefochten hatte, sondern auch ein geschickter Administrator und, wie man weiß, ein trefflicher Geograph, — denselben ins Werk zu setzen. Er nahm das Thal des Ohio, wie er sagt[1], bis auf die entfernteste Höhe, von wo ein Bach in den Strom rinnt, für Frankreich in Anspruch und ließ das Wappen der Lilien im Urwald anschlagen. Eine Kette militärischer Posten und Befestigungen sollte den Ohio und Mississippi für seinen König sichern, und den Anglo-Amerikanern nicht gestattet sein, den Gebirgszug der Alleghanies zu überschreiten. Aber weder Amerikaner noch Engländer wollten sich in diese Beschränkung fügen. Unter dem Schutz der Regierung war eine Gesellschaft zur Ansiedelung am Ohio gegründet worden, der man ein ansehnliches, einst von den Indianern erkauftes Gebiet abtrat und ausschließend das Recht, Handel mit den Eingeborenen zu treiben, in englischer

[1]) Bancroft, History of the united states IV, 42.

Weise übertrug. Von den Colonien war eine oder die andere aus Besorgniß für ihren Handel anfangs nicht damit einverstanden; desto eifriger aber nahm Virginien, für welches die Ansiedelung und der Handel gleich sehr ins Gewicht fielen, die Sache in die Hand.

Wer will die Streitfrage entscheiden, bei der man sich auf der einen Seite auf das imaginäre Recht, welches der Zufall dem ersten Entdecker gebe, auf der anderen Seite auf die unvordenklichen Verhältnisse der eingeborenen Stämme unter einander bezog: die Einen wie die Anderen behaupteten unbedingt in ihrem Rechte zu sein. Wenn der Commandant der am Ohio aufgerichteten französischen Befestigungen, von den Anglo-Amerikanern aufgefordert diese zu verlassen, sich auf den Gouverneur von Canada berief, der dann wieder von dem Ministerium in Versailles abhing, so hatte dagegen auch die englische Regierung den Befehl ertheilt, die Eingedrungenen selbst mit Gewalt aus diesem Gebiete zu entfernen. Es war ein Streit der beiden Nationen, in welchen locale Beziehungen mit den universalen zusammentrafen. Die englische hatte den Vortheil, daß ihre Sache durch eine lebenskräftige, in steter Progression steigende Bevölkerung vertreten wurde. Für diese war der Besitz des Ohio-Thales eine Lebensfrage; aber überhaupt konnte sie sich nimmermehr hinter jene Gebirge zurückdrängen lassen; sie würde dadurch den unermeßlichen Schauplatz ihrer Thätigkeit und Entwickelung nach dem Westen hin aufgegeben haben.

Wenn es nun dort zu einem blutigen Zusammentreffen kam, wie das denn im Juli 1754 auf den Great Meadows geschah: so war damit ein Kampf zwischen den beiden Nationen von größter Tragweite eröffnet. Es war gleichsam ein Kampf der Racen über die Weltherrschaft jenseit des Oceans. Auch constitutionell war er von großer Bedeutung, insofern die Colonien, die bisher als getrennte Pflanzungen von verschiedenem Charakter erschienen und behandelt wurden, ein gemeinschaftliches Interesse bekamen, vor welchem nach und nach ihre Verschiedenheit zurücktrat; die Regierung selbst brachte einen Congreß in Gang, um ihre Kräfte um so besser in dem großen Kampfe zu vereinigen, den Jedermann kommen sah.

Es genügt uns, den universalhistorischen Gesichtskreis anzudeuten, der sich durch dies Ereigniß eröffnete. Hier haben wir nur von seiner Rückwirkung auf Europa zu sprechen.

Man unterhandelte über die Beilegung der Differenz, und wäre geneigt gewesen, noch einmal Commissarien darüber zusammentreten zu lassen; aber die Engländer machten dabei Bedingungen, welche den großen Plan der Franzosen geradezu durchbrachen; sie verlangten die Zerstörung der französischen Befestigungen am Ohio und Champlainsee, sowie die Einräumung einer ansehnlichen Küstenstrecke jenseit der Landenge von Acadien; zugleich veranstalteten sie maritime Rüstungen zur Durchführung dieser Forderungen unter allen Umständen.

Nation und Regierung waren in der Frage vollkommen einverstanden. Denn wenn man, so heißt es in einem damaligen Flugblatte, die Befestigungen der Franzosen in jenen Regionen ruhig mit ansähe, so würde man sie in den Stand setzen, dem Handel und selbst dem Dasein der Colonien ein Ende zu machen. Um nicht allezeit feindlichen Einfällen von Seiten der Franzosen und der mit denselben verbündeten Eingeborenen ausgesetzt zu sein, würde man die Grenzen von Neuschottland bis an den Mississippi in wehrhaftem Stand halten müssen, was bei weitem größere Kosten verursachen würde, als wenn man jetzt muthig daran gehe, ihre Ansiedelungen und militärischen Posten zu zerstören. Man hat diese in dem intendirten umfassenden Zusammenhange so angesehen, als sollten sie dazu dienen, gleichsam ein Netz über das englische Nordamerika auszubreiten, um es ins Meer zu ziehen.

Dazu kam, daß auch in den Antillen viel daran fehlte, daß der Frieden vollkommen ausgeführt worden wäre; die Franzosen behaupteten unter allerlei Vorwänden St. Lucie und Tabago. Der mercantile und coloniale Geist von Alt-England gerieth in eifersüchtige Aufwallung.

Schon bei der Eröffnung des Parlaments im November 1754 brachte der König diese Lage der Dinge in Anregung. Er sprach davon, wie sehr er beflissen sei, den Handel seiner Unterthanen zu fördern und die Besitzungen zu beschützen, in welchen eine der größten Hülfsquellen ihrer Wohlfahrt liege. Das Unterhaus antwortete ihm mit der Versicherung, daß es ihn in den Stand setzen wolle, seine Rechte und Besitzungen gegen jeden Uebergriff zu vertheidigen. Im März 1755 war es bereits so weit gekommen, daß der König zur Erreichung dieses Zweckes in Amerika eine Vermehrung der Streitkräfte zu See und Land forderte. Das Parlament bewilligte ihm unverzüglich eine Million Pfund.

Der Ton der Ansprachen sowohl wie der Adressen und ihre Ausdrücke beweisen, daß man überzeugt war, damit eine höchst gefahrvolle Feindseligkeit aufzuregen. Sie erinnern an die Zusagen, welche einst Wilhelm III. gemacht worden waren. Lords und Commons versprachen dem König Georg ihre Unterstützung, um jeden gegen ihn und das Reich gerichteten Angriffsversuch zurückzuweisen.

In Uebereinstimmung mit diesem Beschlusse, der durch Adressen der Hauptstadt und der größten Handelsplätze von England freudig begrüßt wurde, geschah es dann, daß der Befehlshaber der Flotte, die im Frühjahr 1755 in See ging, das französische Geschwader, das ihm begegnete, indem es Verstärkungen nach Amerika führte, feindlich anzugreifen beschloß. Mit unbeschreiblichem Jubel wurden in England die Schiffe aufgenommen, die er dabei erobert hatte. Zu gleicher Zeit warfen sich englische Kaper in allen Meeren auf die französischen Kauffahrer, deren bei dritthalbhundert in ihre Hände fielen. Dagegen behaupteten die Franzosen ihre vornehmste Befestigung am Ohio, auf welche eben damals ein Angriff gemacht wurde.

So waren die Feindseligkeiten zwischen den beiden großen Seemächten ausgebrochen. Noch wurden jedoch Unterhandlungen gepflogen. Der Krieg war noch nicht erklärt; doch konnte man kaum zweifeln, daß es in Kurzem dazu kommen würde. Dann aber mußte eine allgemeine Erschütterung der Welt erfolgen.

Drittes Capitel.

Differenzen zwischen Oesterreich und England.

Von Anfang an konnte man nicht anders erwarten, als daß die zwischen beiden Mächten ausgebrochene Feindseligkeit, weit entfernt auf Amerika und den Kampf der maritimen Kräfte gegen einander beschränkt zu bleiben, auch den europäischen Continent ergreifen, daß namentlich Deutschland in dieselbe fortgerissen werden, daß Preußen zur Seite Frankreichs, Oesterreich zur Seite Englands daran Theil nehmen würde.

Es liegt an sich in der Natur der Dinge, daß ein Streit zwischen den beiden westlichen Mächten und Nationen, die in den Niederlanden — die eine von der continentalen, die andere von der maritimen Seite — einander unmittelbar berühren, auch Deutschland ergreift; doch haben dazu jederzeit noch besondere Umstände mitgewirkt.

Einst, in den Zeiten der englisch-französischen Nationalkriege, waren deutsche Könige und Kaiser in dieselben verwickelt worden, hauptsächlich, weil sie in der Verbindung mit einem mächtigen Nachbar eine Stütze ihrer Macht gegen ihre wider sie anstrebenden Nebenbuhler zu finden erwarteten; in der Epoche Ludwigs XIV. geschah etwas Aehnliches; da war jedoch Deutschland selbst angegriffen: man hätte nicht sagen können, ob der Krieg mehr ein deutsch-französischer oder ein französisch-englischer zu nennen sei.

Das damals zwischen England und den vorwaltenden deutschen Mächten geschlossene Bündniß ist es, was seitdem als die große Allianz bezeichnet wurde. Es hatte in einem ersten Kriege die Angriffe Ludwigs XIV. auf England und Deutschland zurückgewiesen und in einem zweiten seinem Uebergewicht ein Ende gemacht. Nach mancherlei politischer Abwandlung war es im Jahre 1740, wenngleich nur unvollständig, erneuert worden; großentheils hatte Oesterreich ihm sein Bestehen zu danken, England dagegen, da Frankreich dadurch alle seine Macht auf die See zu werfen verhindert wurde, die Behauptung seines maritimen Uebergewichts.

Große Allianzen, welche die Selbständigkeit jedes Theiles voraussetzen, beruhen auf der Gemeinsamkeit der Interessen, die doch nicht über allen Wechsel erhaben ist; wir berührten schon, wie viel Anstoß das Verfahren der Engländer im Kriege, so wie bei dem Frieden in Wien erregte. Graf Kaunitz beklagte sich, Oesterreich werde von ihnen wie ein Werkzeug behandelt, das zu einem bestimmten Zweck dienen solle, und das man bei Seite lege, nachdem dieser erreicht sei.

Da die neue Allianz aus der Vereinigung ursprünglich verschiedener Interessen zu einer gemeinschaftlichen Action hervorgegangen war, so konnte es nicht anders sein, als daß nach derselben diese Verschiedenheit wieder in den Vordergrund trat.

Die nächste und dringendste Differenz entsprang aus dem Verhältniß der österreichischen Niederlande zu den beiden Seemächten; nachdem diese Landschaften in dem letzten Kriege auf das leichteste in die Hände der Franzosen übergegangen waren, ohne daß durch die Besatzung der darin belegenen Festungen, die den Holländern kraft des Barrieretractats zustand, ein besonderes Moment in die Wagschale geworfen worden wäre, hatte die Kaiserin, als diese Plätze in dem Frieden zurückgegeben wurden, die Ueberlieferung derselben nicht wieder an Holland, sondern an Oesterreich gefordert. Aber die Engländer wollten das Schicksal der belgischen Niederlande nicht der Politik von Oesterreich, die sie doch nicht immer beherrschen konnten, überlassen; in dem Tractat wurde die Zurückgabe der Plätze an die Holländer stipulirt; England und Holland suchten das politisch-militärische Uebergewicht, das ihnen in den letzten Zeiten der spanischen Herrschaft zugefallen war, auch dem bei weitem mächtigeren Oesterreich gegenüber festzuhalten. Das konnte nun in diesem, nachdem es wieder in Besitz gelangt war, keine freundschaftliche Stimmung erwecken. Maria Theresia bemühte sich, die belgischen Provinzen aus dem tiefen Verfall, in welchen sie während des Krieges gerathen waren, wieder emporzubringen: ohne gerade auf die Maßregeln ihres Vaters, die früher zu großen Zerwürfnissen geführt hatten, zurückzukommen, traf sie doch Anstalt, Handel und Schiffahrt von den Seemächten unabhängiger zu machen. Bei Festsetzung der Zölle nahm sie nur auf das Bedürfniß der einheimischen Industrie Rücksicht. Unter keinen Umständen wollte sie die Gewaltsamkeiten dulden, welche sich die holländischen Besatzungen wohl in den besetzten Plätzen gegen die Einwohner erlaubten. In einem Falle dieser Art, welcher in Namur vorkam, erklärte sie, durch Ehre und Gewissen als christliche Monarchin sei sie verpflichtet, Genugthuung dafür zu fordern. Eines Tages hatte ihr ein englischer Gesandter gerade heraus gesagt, sie sei bei der Verwaltung der Niederlande an die mit den Seemächten geschlossenen Verträge gebunden. Sie rief mit Heftigkeit aus: daß sie die unabhängige Souveränin dieser Landschaften sei und für das Wohl ihrer Unterthanen daselbst Sorge tragen müsse. Sie sprach so laut, daß man es in einem andern Zimmer hörte.

Unter der Leitung des Generalgouverneurs, Herzogs Carl von Lothringen, dem ein bevollmächtigter Minister des Hofes zur Seite stand, gelangten die belgischen Niederlande, die man mit Berücksichtigung ihrer althergebrachten Freiheiten verwaltete, in den Jahren des Friedens in kurzer Zeit ökonomisch wieder in Blüthe und Wohlstand. Aber auch militärisch und finanziell wollte Maria Theresia freie Hand darin haben. Alles, was sie von dort hörte, bestärkte sie in diesem Bestreben; es entsprach den Wünschen der Einwohner; in Wien ward es von ihren Ministern gebilligt; Kaunitz war mit großem Eifer dafür. Dagegen wiederholten ihr die Engländer, die Niederlande seien von den Seemächten für das Haus Oesterreich erobert, und man könne die Behauptung derselben diesem Hause niemals allein überlassen: ebenso wenig werde sich England jenen von ihr eingeführten neuen Tarif gefallen lassen, durch welchen der Vertrieb englischer Manufacturwaaren beeinträchtigt werde. Sie erinnerten mit Nachdruck, der König und seine Minister seien verpflichtet, die Rechte und Privilegien der englischen Nation zu schützen.

Ein sehr scharfer und präciser Gegensatz. England wollte die Gesichtspunkte aufrecht halten, die in der alten Allianz schon zur Zeit Wilhelms III. ergriffen und zur Geltung gebracht worden waren; die Behauptung der ehemals spanischen Niederlande, den französischen Angriffen gegenüber, bildete eine der vornehmsten Grundlagen seiner Politik; es sah darin das größte Interesse, wie der vereinigten Niederlande, so sein eigenes, da es dadurch unmittelbar mit dem Continent zusammenhänge; nur aus dieser Rücksicht habe man in den letzten Jahren sich dafür geschlagen. Das Haus Oesterreich dagegen betrachtete die Landschaft als sein freies Erbtheil; die Kaiserin wollte nicht blos dem Namen nach die Herrschaft daselbst ausüben, sondern nach ihrem Belieben ohne Rücksicht auf die Seemächte damit verfahren.

Schon war man in England mit dem Verhalten von Oesterreich überhaupt unzufrieden; besonders, so sagte man, seitdem Graf Kaunitz die auswärtigen Geschäfte verwalte, treibe es, obwohl noch innerhalb der alten Allianz, seine besondere Politik, im Gegensatz mit England; es biete demselben nicht einmal in dem deutschen Reiche die Hand, wie es sein eigenstes Interesse sei; in Spanien verfolge es seine Zwecke zum Nachtheil der gemeinsamen: man nehme das auch in Polen wahr, so oft von der Möglichkeit einer neuen Königswahl die Rede sei. Am meisten aber erregte doch die Behandlung des Verhältnisses zwischen den österreichischen und den vereinigten Niederlanden das Mißvergnügen der Engländer: denn die den Generalstaaten für die Erhaltung der bewaffneten Macht, welche die Barriere bildete, stipulirten Subsidien wurden nicht bezahlt; Holland berechnete ungeheure Rückstände, es hatte auch seinerseits über den neuen Tarif zu klagen; — die Prinzessin Gouvernante und die Generalstaaten beschwerten sich auf das bitterste. Die Engländer sprachen die Besorgniß aus, man werde hierdurch die Republik auf die Seite von Frankreich oder von Preußen treiben und das alte System auflösen.

Im August 1754 ist ein Provisionaltractat, durch den diese Streitigkeiten geschlichtet werden sollten, entworfen worden, und zwar, wie ein englischer Minister behauptete, nach den Vorschlägen, welche Kaunitz selbst dem holländischen Gesandten gemacht habe. Wie groß war das Erstaunen, als die definitive Annahme desselben nun doch verweigert wurde[1]. Die Engländer sagten, das sehe eben aus, als wolle man die Seemächte entzweien, indem man das, was man der einen verspreche, der anderen versage; der englische Gesandte in Wien, Keith, bekam den Auftrag, darüber ohne alle Zurückhaltung mit den österreichischen Ministern zu reden, und ihnen zu erklären, nur auf den Grund des Barrieretractats könne das alte System bestehen, nur unter Voraussetzung des bestehenden Vertrags lasse sich über eine Herbeiziehung andrer Mächte zu der Allianz unterhandeln.

Dies war im Januar 1755. Der Gesandte urtheilte, es sei der wichtigste Auftrag, den er je bekommen habe; er sah den principiellen Widerstreit zwischen beiden Mächten mit voller Klarheit, hoffte aber, ihn beizulegen. Auch schien es, als würde sich eine Verständigung erreichen lassen. In einem neuen Entwurf des Wiener Hofes wurde von der ausdrücklichen Widerrufung des demselben besonders widerwärtigen Artikels des Barrieretractats, die er bisher gefordert hatte, Abstand genommen; allein dabei ward doch auch die entgegenstehende Bestimmung festgehalten, daß es der Kaiserin frei stehen müsse, in ihren Landschaften Handelsregulationen zu treffen, und allezeit behielt sich der kaiserliche Hof vor, daß sein Entwurf von den Provinzialständen des Landes genehmigt werde. Der Gesandte bemerkte, das enthalte denn doch die Aufhebung des Artikels, auf welchen alles ankomme[2]; er verfehlte nicht, die Gefahr, die in diesen Clauseln und Vorbehalten für das Verständniß der beiden Mächte liege, zur Sprache zu bringen; der Kaiserin selbst machte er

---

[1]) Holderneß an Keith, 7. Jan. 1755: „It is surprising, that Kaunitz is now rejecting, what he himself had proposed.“

[2]) Keith an Holderneß, 4. März: „It would be considered as an equivalent to a renonciation of the article“ (es ist der 26ste.)

Vorstellung darüber. Maria Theresia wiederholte, sie habe die Pflicht, für das Wohl ihrer Unterthanen zu sorgen. Ihr Souveränetätsgefühl und ihre alte Bundespflicht geriethen in offenbaren Widerstreit.

Nach einiger Zeit hat sich Oesterreich noch einmal genähert und bereit erklärt, die Subsidiengelder aufzubringen, aber es machte den Anspruch, sie auf eigene Hand für die Fortification der Festungen und zu andern militärischen Zwecken zu verwenden. In England behauptete man, daß dabei nichts herauskomme, noch in der Art, wie man sich dazu anschicke, herauskommen könne: Oesterreich habe bei weitem nicht die Truppenzahl, zu der es durch die Tractate verpflichtet sei; das Land sei in einem so vernachlässigten Zustande, daß es in zweimal vierundzwanzig Stunden in die Hände der Franzosen fallen könne. Wenn der Wiener Hof bemerkte, die Verstärkung der Truppen werde darum vermieden, weil sie den Franzosen einen Vorwand zum Angriff bieten könnte, so verspottete man diese Entschuldigung in England: denn für die Franzosen bedürfe es fürwahr keines Vorwandes, um Krieg anzufangen. England betrachtete die Niederlande immer als das Bollwerk der alten Allianz, welches in der Weise, wie es erworben sei, auch behauptet werden müsse. Oesterreich trachtete darnach, diese Provinzen der Fesseln zu entledigen, welche ihnen die alten Verträge auflegten, und ihrer allein mächtig zu bleiben.

Zu dieser Entzweiung in der allgemeinen Politik gesellte sich eine sehr erhebliche Meinungsverschiedenheit zwischen den beiden Höfen in Bezug auf eine Angelegenheit des deutschen Reiches.

Es erregte nicht allein Aufsehen, sondern Erschrecken in der protestantischen Welt, daß nach so vielen anderen Uebertritten von der evangelischen zu der katholischen Kirche, die im

Laufe der letzten Jahrzehnte vorgekommen waren, ein solcher auch in dem Hause Hessen-Cassel, welches die Reformation der Kirche hauptsächlich hatte durchführen und unter den ersten Kämpfen behaupten helfen, erfolgte, und zwar in der für die Zukunft bedeutendsten Persönlichkeit; man erfuhr im Jahre 1754, daß der Erbprinz von Hessen-Cassel schon einige Jahre früher zum Katholicismus übergetreten war. Sehr verstimmt darüber ließ es nun der Vater desselben, der eifrig evangelische Landgraf Wilhelm VIII. sich angelegen sein, die Rückwirkung dieses Wechsels auf das Land zu verhüten; der Erbprinz wurde zu einer feierlichen Erklärung vermocht, welche eine Assecuration des protestantischen Bekenntnisses in den hessischen Gebieten, so vollkommen als man sie nur wünschen konnte, enthielt. Aber der Landgraf war dadurch noch nicht beruhigt; denn man kenne die Grundsätze des katholischen Klerus, der die bindende Kraft dieser Zusage nicht anerkennen werde; er forderte die protestantischen Fürsten und das Corpus der evangelischen Stände am Reichstag zur Garantie dieser Assecuration auf. Er wandte sich deshalb an den König von Preußen[1], von dem er schon einmal in seiner Jugend in einem Conflict mit der geistlichen Gewalt unterstützt worden, der nun keinen Augenblick zögerte, ihm seinen Beistand nicht allein für sich selbst zu versprechen, sondern auch seinen Gesandten in Regensburg zur Unterstützung des Vorhabens bei den am Reichstage vereinigten Evangelischen anzuweisen.

Fast noch mehr aber als Friedrich II. wurde der König von England dadurch berührt. Der Erbprinz war sein Schwieger-

---

[1]) Podewils meldet dem König, die Forderung gehe auf die Garantie des arrangements, que le landgrave a été obligé de prendre pour le bien de sa maison et de ses états.

sohn, die Kinder desselben seine Enkel. Und wenn irgend ein andrer Fürst, so war König Georg auf den evangelischen Glauben angewiesen: er verdankte seine Krone dem Bekenntniß. Und in vollkommenem Einverständniß mit ihm befanden sich Ministerium und Parlament in dieser Sache; sie machte bei der Nation einen tiefen Eindruck. Leicht wurde Georg II. vermocht, die Assecuration, welche auch die Erziehung seiner Enkel im protestantischen Glauben umfaßte, zu garantiren, und zwar in seiner zwiefachen Eigenschaft, als König von Großbritannien und als Churfürst von Hannover, für sich und seine Nachfolger.

Bereits im Dezember 1754 kam die Sache in der Versammlung der Evangelischen am Reichstage zu Regensburg zum Vortrag[1]. Der brandenburgische Gesandte trug darauf an, daß die Garantie durch förmlichen Beschluß angenommen und die Ausführung desselben gesichert werde; dem schloß sich der hannoversche mit besonderer Beziehung auf das nahe Verhältniß seines Fürsten zu der casselschen Familie mit Eifer an, und in diesem Sinne fiel dann das Conclusum aus, man wolle sich zugleich der Frau Erbprinzessin, K. H., der Kinder und der lutherischen Landstände annehmen. Die in der Assecuration mit Rücksicht auf das Beispiel von Sachsen und Würtemberg getroffenen Anordnungen vom Januar 1755 wurden von den Landständen förmlich angenommen.

In Kurzem stellte sich heraus, daß eine starke katholische Partei, durch ein päpstliches Breve noch besonders dazu ermuntert, es an Versuchen nicht fehlen ließ, die Wirksamkeit dieser Vorkehrungen zu vereiteln; sie erklärte es für ein falsches Prinzip,

---

[1]) Protokoll in den Reichstagsacten; das Conclusum und andere Actenstücke bei Adelung Pragmatische Staatsgeschichte VII. S. 463 ff.

daß ein Fürst die Landesreligion nicht verändern dürfe, wenn er damit gegen den Zustand des im westphälischen Frieden festgesetzten Normaljahres anstrebe[1]; dagegen vereinigten sich die Evangelischen um so eifriger zur Behauptung dieses Grundsatzes. Sie wollten nicht zugestehen, daß der Wechsel religiöser Ueberzeugung eines Fürsten die Landesverfassung und das gegenseitige Verhältniß der beiden Bekenntnisse im Reiche verändern dürfe.

Wenn nun auch in dieser Sache das Haus Oesterreich die Führung der katholischen Partei übernahm, den Erbprinzen festzuhalten und ihn in dem katholischen Sinne zu leiten suchte[2], so konnte dies unmöglich dazu beitragen, das bundesgenossenschaftliche Gefühl zwischen der Kaiserin und dem König von England zu verstärken.

Georg II. ergriff sogar in einer andern Sache die Initiative. Er behauptete, ebenfalls auf einen Artikel des westphälischen Friedens gestützt, das Recht der Auswanderung[3] für die bedrängten Protestanten in den österreichischen Erblanden, und die Befugniß der evangelischen Stände, sich der Bedrängten anzunehmen. Der Wiener Hof war entrüstet über diesen Versuch, in die inneren Angelegenheiten der Erblande einzugreifen; er antwortete damit, daß er die rechtliche Existenz des Corpus der evangelischen Stände in Zweifel zog; die Principalcommission am Reichstage weigerte sich, eine Eingabe desselben anzunehmen.

---

[1]) Die Behauptung der Protestanten ist, daß ein „Landesherr nicht befugt sei, contra pactum anni normalis eine andere Religion einzuführen."

[2]) Vergl. die Auszüge aus den in Hessen eingegangenen Berichten bei Theodor Hartwig. „Der Uebertritt des Erbprinzen Friedrich von Hessen-Cassel." S. 79 ff. S. 105 ff. S. 120 ff.

[3]) Das beneficium emigrationis.

So tiefgreifend diese Differenzen waren, so hätten sie an sich noch nicht hingereicht, das alte Bundesverhältniß zu zerstören.

Das politische Verständniß hat etwas gemein mit der persönlichen Freundschaft. Wenn man in der Hauptsache einverstanden ist, kommt man über die Nebensachen leicht hinweg.

Und noch gingen Oesterreich und England in der großen Angelegenheit der Zeit zusammen. In den amerikanischen und maritimen Streitigkeiten nahm Oesterreich Partei für England; die Kaiserin erklärte, sie betrachte sich nicht allein als Verbündete von England, sie sehe ihre Interessen als identisch an.

Und wenn man darauf gefaßt sein mußte, daß Frankreich den König von England in seinem Churfürstenthum Hannover angreifen würde, so war Oesterreich damals bereit, die Vertheidigung desselben nach besten Kräften zu fördern.

In Wien hatte man nichts dagegen, daß der König von England einen Subsidienvertrag mit Hessen schloß, in welchem sich beide Theile gegenseitige Hülfleistung versprachen. Von den Hessen verstärkt und im Verein mit Holland meinte man in Hannover und den Niederlanden sich gegen einen Anfall der Franzosen so lange behaupten zu können, bis die russische Hülfe, deren man nicht entbehren konnte, eintraf. Da der zwischen England und Rußland bestehende Vertrag so eben ablief, so drang Oesterreich auf den Abschluß eines neuen, der zugleich die Subsidien festzusetzen habe, für welche Rußland eine bestimmte Anzahl von Truppen zum Schutze Hannovers ins Feld stellen solle.

Graf Kaunitz fand es fast lächerlich, wenn England in der bedrohten Lage, in der es sei, über Subsidien feilsche, die man in Rußland fordere. Ausdrücklich zu dem Zwecke, die Abkunft zu Stande zu bringen, erschien ein neuer englischer Gesandter,

Hanbury Williams, ein Mann von beweglichem und energischem Geist, ausgesprochener Gegner König Friedrichs, in St. Petersburg. Er hatte den Auftrag, dem russischen Hof zu Gemüthe zu führen, daß er sich in die Rolle einer asiatischen Macht würde zurückdrängen lassen, wenn er nicht in der Verwickelung des Abendlandes gegen Frankreich und dessen Verbündete Partei ergreife. Auch die Differenzen mit den Schweden, den alten Alliirten von Frankreich, die sogar eine drohende Gestalt annahmen, — denn die schwedische Marine war der russischen überlegen — wirkten dazu mit. Im Sommer 1755 brachte es Williams zu dem Entwurf eines Vertrags, in welchem auch die Kaiserin nunmehr versprach, 55,000 Mann an den Grenzen von Liefland und Litthauen bereit zu halten, um sie auf die Aufforderung von England unverzüglich in Bewegung zu setzen und in Feindes Land einrücken zu lassen. Die hannoverschen Gebiete wurden unter den gemeinschaftlich zu vertheidigenden ausdrücklich inbegriffen. Der König von England versprach dagegen, für den Fall, daß der Krieg ausbreche, nicht allein von dem Tage an, daß die russische Armee die Grenze überschreite, die Summe von 500,000 Pfund jährlich zu zahlen, sondern auch, wenn die Kaiserin angegriffen werden würde, ein Geschwader in die Ostsee zu schicken, um in Gemeinschaft mit der russischen Landarmee zu handeln.

Dergestalt schloß sich Oesterreich, wie es schien, der englischen Politik vollkommen an. Die alte Allianz bekam in der russischen Kaiserin einen mächtigen Zuwachs. Wenn nun auch, woran man oft gedacht, der König von Preußen für dieselbe gewonnen, oder doch wie in dem Erbfolgekriege zur Neutralität bewogen werden konnte, so würde England auf dem Continent ein Uebergewicht bekommen haben, gegen welches Frankreich nichts hätte ausrichten können. Der erste Fall hätte den alten Bundesverhältnissen von 1690 und 1702 entsprochen; man würde den Erwerbungsgelüsten von Frankreich einen unüberwindlichen Wall entgegengesetzt haben.

Daß das wenn nicht gerade von König Georg, aber von dem englischen Ministerium beabsichtigt wurde, ließen seine Aeußerungen und sein Verhalten erkennen. Graf Kaunitz setzte es mit Bestimmtheit voraus; aber seine ganze Seele empörte sich dagegen.

Denn in dem König von Preußen sah er den gefährlichsten Feind des Hauses Oesterreich: zur wahren Herstellung des früheren Systems, welches die alte Macht dieses Hauses zur Grundlage gehabt hatte, hielt er für nothwendig, vor allem diese zur Selbständigkeit erwachsene neue Macht niederzukämpfen und auf das frühere Mittelmaß ihrer Kräfte zurückzubringen. Er behauptet unaufhörlich, daß Friedrich mit dem Umsturz des Hauses Oesterreich umgehe. Da sich davon in dem ganzen Umfang seiner damaligen Correspondenzen und Entwürfe keine Andeutung findet, so dürfte man fast zweifeln, ob Kaunitz von dieser Voraussetzung selbst so fest überzeugt gewesen ist, wie er sie ausspricht. Aber daß der preußische Staat der österreichischen Autorität in der Welt schweren Eintrag that, war jeden Augenblick zu empfinden; die Opposition war prinzipiell und allseitig; Niemand konnte wissen, wohin sie einen Tag oder den andern führen würde[1]; von einer Kaiserin, die in den Tradi-

---

[1]) Mémoire du comte de Kaunitz: Indifférente aux dangers, dont la maison d'Autriche se trouvoit menacée par l'accroissement de la maison de Brandenbourg, l'Angleterre ne songea qu'à les tourner à son avantage, en concevant dès — le dessein de réunir ces deux maisons pour un jour les employer toutes deux contre la France.

tionen ihres Hauses lebte, und einem österreichischen Staatsmann, der seinen Beruf darin sah, dessen Uebergewicht wieder herzustellen, begreift man, warum sie diesen Staat zu schmälern und seinem Ansehen ein Ende zu machen suchten. Zwar haben sie zuweilen die Absicht, Schlesien wiederzuerobern, die man ihnen zuschrieb, in Abrede gestellt, einmal selbst mit einer gewissen Salbung: „denn die christliche Gesinnung fordere es, das Versprochene heilig zu erfüllen" und keine Veranlassung zur Vergießung von Menschenblut zu geben: es geschah in einem Augenblick, wo noch keine Aussicht war, diesen Zweck zu erreichen, und eine irrige Behauptung ist es, daß alle Verhandlungen Jahre lang nur diesen einzigen Gesichtspunkt zum Motive gehabt haben. Allein so wie sich die Gelegenheit zeigte, tauchte er in aller seiner Stärke wieder auf.

Besonders widerwärtig war dem Staatskanzler der politische Einfluß des Königs, welcher darauf beruhte, daß er der anerkannte Verbündete Frankreichs war und sich auch zugleich einer großen Rücksicht von England erfreute.

Einmal hat man in Wien den Versuch gemacht, das letztere Verhältniß zu lockern, und wahrscheinlich in Erinnerung an jenes Versprechen Georgs II., die Engländer zu dem Vertrag der beiden Kaiserinnen vom Jahre 1746 herbeizuziehen. Man hatte keine Hoffnung, dies vollständig zu erreichen, denn die auf die Türkei bezügliche Bestimmung fand man nicht rathsam England mitzutheilen; aber den geheimen Artikel, in welchem ein eventuelles Erlöschen der Garantie für Schlesien festgesetzt war, legte man den englischen Ministern vor und lud sie zum Beitritt zu demselben ein. Nicht als ob Oesterreich einen Angriff auf Preußen zur Zurückeroberung Schlesiens beabsichtigt hätte; es wollte sich nur einen solchen auch den geschlossenen

Verträgen zum Trotz frei halten, und für mögliche Fälle auf die Theilnahme Englands für ein solches Unternehmen rechnen können. Aber die englischen Minister lehnten es ab, darauf einzugehen: denn nicht durch einen Angriff des Königs von Preußen auf Polen oder auf Rußland, wie es in diesem Vertrag hieß, sondern nur durch einen Angriff desselben auf Oesterreich selbst würde ihre Garantie erlöschen. Wenn England dem Tractat von Petersburg doch beigetreten ist, so geschah das mit Ausschluß dieses Artikels; ein Verhältniß allgemeiner Verabredungen, nicht der engsten Allianz, ward dadurch gebildet; an den Tendenzen gegen Preußen nahm England so wenig als den gegen die Pforte Theil.

So lange der Friede dauerte, ließ sich von England so wenig wie von Frankreich eine Begünstigung dieses Vorhabens erwarten.

Wenn nun aber, wie jetzt, ein Krieg bevorstand, so konnte man in Wien allerdings den Gedanken fassen, das Gewicht, das die täglich zunehmenden kaiserlichen Streitkräfte in die Wagschale zu werfen fähig waren, dazu zu benutzen, um den eigenen Interessen Geltung zu verschaffen, und die eine oder die andere der beiden Mächte zur Anerkennung derselben zu vermögen.

Das zunächst in den Verhältnissen Liegende wäre gewesen, der bisherigen Allianz diese Richtung zu geben.

Unendlich hoch schlug man in Oesterreich die Dienste an, die man jetzt den Engländern zu leisten in den Stand komme. Denn Frankreich stehe in Verbindung mit Preußen, Schweden, Dänemark, den bewaffneten Reichsfürsten und der Pforte. Es denke die österreichischen Niederlande zu überschwemmen, Holland zur Neutralität zu nöthigen, Westphalen und Hannover zu überwältigen, die Engländer auf ihrer Insel einzuschließen;

es wolle nicht allein die in den letzten Jahren in Schottland gemachte Invasion erneuern, sondern das Feuer des Krieges nach England selbst tragen; gegen alle diese Gefahren sei Oesterreich der einzige Verbündete, auf welchen England zählen könne[1].

Kaunitz betrachtete die europäischen Mächte als in zwei einander entgegengesetzten großen Allianzen begriffen: auf der einen Seite Frankreich und Preußen, auf der andern England und Oesterreich; sein Sinn war, diesen großen Gegensatz so weit zu entwickeln, daß der ausbrechende allgemeine Kampf so gut für die österreichischen als zu Gunsten der englischen Interessen geführt werde. Er rieth vor allem, die österreichisch-englische Allianz zu erweitern und zu befestigen: einige deutsche Staaten, namentlich Sachsen, sollten in dieselbe gezogen, und die Mitwirkung von Rußland durch Subsidien erkauft werden.

Der Staatskanzler hielt es für rathsam, den Ausbruch des Krieges noch bis dahin zu verschieben, daß man die Allianz vollständig gebildet habe. Man möge die Kräfte an sich halten, bis alles beisammen, und die ganze Maschine aufgezogen sei; wenn indeß Frankreich mit seinen Verbündeten nicht zur Vernunft gebracht werde, so möge man auf einmal nach allen Seiten hin losbrechen[2].

Der englische Gesandte konnte nicht lange zweifeln, daß damit auch ein Angriff auf Preußen als Verbündeten von Frankreich gemeint sei, und die vornehmste Absicht dahin gehe. Auch die militärischen Maßregeln, die man ergriff, waren nur unter diesem Gesichtspunkt genommen[3]. Nach einiger Zurück-

[1]) Schreiben an Colloredo, bei Arneth 369.

[2]) Nach Keith, 22. Mai 1755, waren die Worte: „When once that way brought about, we might, if France and his allies were not to be brought to reason, move at once for all quarters."

[3]) „Their measures are and always will be determined by what they think their interest with the king of Prussia."

haltung sagte ihm Kaunitz unumwunden, die Kaiserin-Königin könne ihren Bund mit England eben so wohl gegen Preußen wie gegen Frankreich gerichtet betrachten. Jenes sei nicht so mächtig, aber eben so gefährlich wie dieses; eine neue Potenz, durch welche das alte System umgestürzt worden; nur durch Unterdrückung derselben könne es wieder hergestellt werden. Er meinte, Oesterreich und England sollten ihre Kräfte vereinigen, um zugleich Frankreich zurückzutreiben und Preußen zu erdrücken[1].

In England erstaunte man über diese Eröffnungen; das Land, das einen Krieg von Frankreich sowohl zur See als auf dem Continent erwartete, sollte auch in die Feindseligkeiten mit Preußen gezogen werden, von welchem die Erfahrung zeige, daß es in den allgemeinen Angelegenheiten doch durchaus nicht als der Verbündete von Frankreich betrachtet werden könne. Was man England anmuthete, war eben die Politik, welche es während des Erbfolgekrieges sorgfältig vermieden hatte; es hatte den Streit zwischen Oesterreich und Preußen immer als einen besondern betrachtet, den es beilegen oder doch möglichst hintanhalten müsse, da ein Wiederausbruch desselben nur den Franzosen zum Vortheil gereichen konnte. Noch war nichts vorgekommen, wodurch die Engländer der Garantie des preußischen Besitzes von Schlesien entledigt worden wären. So weit hatten sie die Allianz mit Oesterreich nicht ausgedehnt, so verstanden sie dieselbe auch damals nicht. Sie vermieden überhaupt darauf einzugehen und erinnerten nur den Wiener Hof an seine Verpflichtung, die niederländisch-belgischen Provinzen gegen die Franzosen zu vertheidigen und die deutschen Reichslande des Königs,

---

1) That this new power had quite changed the old system of Europe.

wenn ein Angriff der Franzosen sie gefährden sollte, in Schutz zu nehmen. Das Erste schien ihnen, nach den Erklärungen des Staatskanzlers, nicht mehr gewiß; sie vermutheten fast, obgleich noch mit Unrecht, daß er darüber mit Frankreich schon in Unterhandlung stehe; aber auch das Andere, die Vertheidigung Hannovers, ließen sie nicht außer Acht, zumal da die Beihülfe der Russen durch einen Subsidientractat zu diesem Zwecke so gut wie gesichert sei. Sie fragten an, was die Kaiserin ihrerseits dafür thun wolle.

Graf Kaunitz gab darauf eine zwiefache Antwort, die eine in gewohnter Form, die andere als Verbalnote, obgleich sie ebenfalls schriftlich abgefaßt war. In der ersten ging er auf die Nothwendigkeit einer Vermehrung der niederländischen Truppenmacht ein, jedoch nur unter der Bedingung, daß auch von Seiten Hollands und Englands eine entsprechende Verstärkung bewirkt würde. In der zweiten beschwerte er sich aufs neue über das untergeordnete Verhältniß, in welchem die österreichischen Niederlande von Seiten der Seemächte gehalten würden; hauptsächlich aber ergriff er die Andeutung über die Vertheidigung Hannovers, um seiner Intention gegen Preußen näher zu kommen; er sagte, wenn der König von Preußen seine Truppen gegen Hannover marschiren lasse, so sei die Kaiserin entschlossen, denselben ihrerseits anzugreifen: sie nehme damit den gefährlichsten Feind der Allianz auf sich. An dem englischen Hofe, der sich damals in Hannover befand, gerieth man über diese Antwort in unruhige Besorgniß. Denn man wußte wohl, daß für Hannover von Preußen nichts zu fürchten sei; dem Subsidientractat, den der König von England zur Vertheidigung dieses Landes mit dem Landgrafen von Hessen traf, hatte Preußen keinerlei Gegenwirkung entgegengesetzt. Eine schneidende Differenz trat damit hervor: England verlangte die Unterstützung der Kaiserin gegen die Franzosen, deren Angriffe es fürchten mußte; die Kaiserin erklärte, sie nehme den König von Preußen auf sich, von dem England und Hannover in der That nichts zu besorgen brauchten. Und wenn hiebei doch noch immer die vermeinte Gefährdung Englands als das Motiv und die Bedingung der Feindseligkeit gegen Preußen erschien, so ließ Kaunitz in einer dritten Erklärung, die er schriftlich von sich zu geben Bedenken trug und nur mündlich aussprach, die aber seine wahre Meinung enthielt, auch diese Beschränkung fallen. Er bezeichnet jetzt Feindseligkeit gegen Preußen als eine Bedingung der Allianz mit England überhaupt. Er hat geradezu gesagt, ein wirkliches Verständniß zwischen Oesterreich und den alten Mitgliedern der Allianz könne nur dann erreicht werden, wenn man den König von Preußen angreife[1].

Dies Wort ließ keinen Zweifel übrig. Indem Frankreich und England gegen einander in die Waffen traten, stellte Oesterreich seine Qualität als Verbündeter Englands in den Vordergrund, um mit dessen Beistimmung gegen den König von Preußen angehen zu können. „Wir können," sagt der englische Minister, „auf keine Hülfe Oesterreichs gegen Frankreich zählen, wenn wir uns nicht feindlich gegen Preußen erklären und Oesterreich zur Wiedereroberung dessen verhelfen, was es in dem letzten Kriege verloren hat. Gewiß in unserer Lage würde es Raserei sein, an solch eine Politik zu denken"[2].

---

[1]) Schreiben des englischen Ministers Holderneß an Keith: You will not omit that remarkable expression of C. Kaunitz, taken notice of in your private letter, wherein that minister let you understand, that a proper concert between this My. a. her Mies. (also Oesterreich oder Rußland) would only be brought about „en attaquant le roi de Prusses".

[2]) Nor will the Austrians give us assistance against the French, if we do not help them to receive what they had lost in the last war.

Auf die Note, welche eine solche Absicht nicht unumwunden aussprach, aber doch andeutete, gab man weder eine ablehnende Antwort noch viel weniger eine eingehende, sondern überhaupt gar keine. Denn auch der Ton, in welchem Kaunitz sich aussprach, mit gereiztem Stolz, statt mit Ruhe und guten Gründen, hatte höchlich mißfallen[1].

Wohl aber verstand man in Oesterreich, was dieses Schweigen bedeute, und ging nun — August 1755 — darüber in aller Form zu Rathe.

Der erste Beschluß war, da England keine Hülfe gegen Preußen leisten wolle, ihm auch keine gegen Frankreich zu leisten. Denn eine Theilnahme an dem Kampfe zwischen Frankreich und England würde die österreichischen Streitkräfte aufreiben und dem König von Preußen zu Gute kommen. Man war geneigt, eine neutrale Stellung anzunehmen, und sich selbst durch einen Einfall in die österreichischen Niederlande nicht aus derselben bringen zu lassen[2].

Aber gleich darauf zog man in Betracht, daß es für eine Macht wie Oesterreich schimpflich wäre, einen so ansehnlichen Bestandtheil ihrer Staaten von feindlichen Truppen besetzen zu lassen: England würde das auch auf das bitterste empfinden und beim Frieden sich vielleicht selbst einen Theil der Landschaften aneignen.

In dieser Lage nun, in der Oesterreich das Schwert für England ziehen sollte, ohne dafür einen eignen Vortheil erwarten zu können, und auch die Neutralität unthunlich erschien, tauchte

---

1) The presumtion, with which C. Kaunitz carries on the business of his court, can never be born by any power however.

2) Arneth a. a. O. 387.

der schon sechs Jahre früher ins Auge gefaßte Plan, die Verbindung mit den Seemächten abzubrechen und das was England versagte auf der Seite von Frankreich zu suchen, mit aller Stärke empor. Kaunitz hatte denselben immer festgehalten, selbst indem er ihn feierlich in Abrede stellte; nur konnte er, so lange der Friede dauerte, sich keine Hoffnung machen, damit auf der einen oder der andern Seite Eingang zu finden. In der letzten Unterhandlung stellte sich heraus, daß England, auch nachdem der Krieg ausgebrochen war, dennoch diese Idee zurückwies, wenngleich ihm Oesterreich dafür eine nachdrückliche Hülfsleistung versprach: mit eigener Gefahr sollte Oesterreich die Niederlande im Sinne der alten Allianz behaupten. Aber was waren diese Niederlande für Oesterreich, namentlich unter der Beschränkung, welche die Seemächte ihrem Besitz auflegten: man schrak davor zurück, sie gegen Frankreich vertheidigen zu sollen. Um wie viel besser, sich mit dieser Macht, die, wie der letzte Krieg zeigte, mit dem nämlichen Eifer nach denselben trachtete wie in den früheren Jahrhunderten, darüber zu verständigen. Man urtheilte, wenn man den Franzosen eine Combination anbiete, wie sie von Anfang ins Auge gefaßt gewesen sei, so werde das von ihnen jetzt angenommen werden: denn sie würden dadurch ihres vornehmsten Feindes auf dem Continent, das ist Oesterreichs selbst, entledigt. Das Verhältniß der Franzosen zu Preußen sei nicht so enge, daß sie sich nicht in diesem Falle von demselben trennen würden. Dann aber öffne sich die sicherste Aussicht zur Wiedereroberung von Schlesien. Ungeschwächt durch Absendungen nach den Niederlanden, werde man den König von Preußen, zugleich in Verbindung mit Rußland, mit überlegener Macht angreifen können; man werde alle Nachbarn des Königs, Schweden, Sachsen, Pfalz, vielleicht selbst Hannover, durch die

Aussicht auf die ihnen zu überlassenden preußischen Gebietstheile gewinnen [1].

Was sich im Bunde mit England nicht erreichen, nicht einmal beginnen ließ, das hoffte man im Bunde mit Frankreich durchzuführen.

---

[1]) Aus dem am 21. Aug. 1755 in der Conferenz vorgelegten Gutachten bei Arneth 391: „Wenn Oesterreich mit hunderttausend Mann und Rußland mit einer fast gleichen Truppenzahl — man hatte früher nur auf 80000 M. gezählt — den Krieg gegen Preußen begänne, dann würde wohl Schweden, Sachsen, Pfalz, ein Theil des fränkischen Kreises, ja vielleicht selbst Hannover sich nicht lange bitten lassen, an dem Kriege wider Preußen Antheil zu nehmen, Schweden wäre mit Stettin und Vorpommern, Sachsen mit Magdeburg, Pfalz mit Cleve und Mark, der fränkische Kreis durch Entfernung der Gefahr wegen Baireuth, Hannover mit Halberstadt zu gewinnen."

Viertes Capitel.

Föderatives Verhältniß von Frankreich i. J. 1755.

Die eminente Schwierigkeit des politischen Unternehmens, zu dem der österreichische Staatskanzler sich anschickte, lag darin, daß er nicht allein das System, dem Oesterreich bisher angehört hatte, verließ, sondern das andere, zu dem es übertreten sollte, zugleich zerstören mußte. Das Vorhaben erschien fast unausführbar, wenn man den Blick auf die allgemeinen Angelegenheiten und ihre durch große Ereignisse hervorgebrachte, durch die Gewohnheit befestigte Gestaltung richtete; aber in der französischen Politik und dem Zustand des französischen Hofes lagen doch einige Anknüpfungspunkte dafür.

Den ersten dürfte man in dem Ergebniß des letzten Krieges selbst suchen. Der alte Antagonismus gegen Oesterreich in Deutschland und Italien hatte zu einem Zustand geführt, bei welchem sich der Ehrgeiz der Franzosen beruhigen konnte. Sie schlugen es hoch an, daß in diesem Kriege zum ersten Male das deutsche Reich als solches mit dem Haus Oesterreich nicht gemeinschaftliche Sache gemacht hatte; dann war jener Zustand des Gleichgewichts im Reiche eingetreten, dessen wir gedachten, bei dem die größeren wie die kleineren Höfe allezeit ihrem Einfluß zugänglich blieben. So waren in Italien Neapel und

Sardinien, so wie das neue Herzogthum Parma im Gegensatz mit Oesterreich gegründet oder verstärkt worden; das Papstthum selbst in Ausdehnung seines Gebietes, Genua in seiner Existenz von Oesterreich gefährdet, sahen sich auf den Schutz von Frankreich angewiesen. Was man als das Wesen der föderativen Macht bezeichnet, das Bedürfniß der Mindermächtigen geschützt zu werden und die Darbietung dieses Schutzes von Seiten des Mächtigern, das daraus entspringende, nicht blos vorübergehende Verhältniß beider Theile, war zu Gunsten Frankreichs so weit entwickelt wie jemals. Wenn das Kaiserthum, das immer den Anspruch gemacht hatte, den französischen Einfluß von Deutschland und Italien auszuschließen, sich in die Anerkennung desselben fand, so lag in Frankreich kein Grund vor, die Macht von Oesterreich zu bekämpfen.

Es gab damals einen innern Zwist in dem Hause Bourbon, der mit der Aufstellung des Infanten Don Philipp in dem Herzogthum Parma zusammenhing. Durch den Frieden von Aachen war ihm ein Nachfolgerecht für die Krone von Neapel in Aussicht gestellt worden, nicht eben im Einklang mit der Stipulation früherer Tractate. Weder in Spanien noch in Neapel wollte man diesen Anspruch anerkennen; aber der König von Frankreich, dessen Tochter mit dem Infanten vermählt war, hielt daran fest. Durch diesen Zwiespalt begünstigt, konnte es Maria Theresia zu dem Abschluß eines besondern Vertrages mit Spanien bringen[1] (zu Aranjuez, Juni 1752), der dazu bestimmt war, den Frieden in Italien zu erhalten und ein näheres Verhältniß zwischen Oesterreich und der jüngern Linie des Hauses Bourbon zu begründen. Aber schon trat Spanien auch in den italieni-

---

[1]) Cantillo Tratados de paz 389.

schen Verhältnissen hinter Frankreich weit zurück. Oesterreich mußte befürchten, bei dem ersten Ausbruch eines Zwiespaltes in Italien in Feindseligkeiten mit Frankreich verwickelt zu werden. Wenn Kaunitz sich mit Ludwig XV. in ein gutes Verhältniß zu setzen dachte, so war auch dies ein Motiv für ihn[1]. Er wünschte die Reibungen, die aus der Dotirung des Infanten in Italien zwischen Frankreich und Oesterreich entsprangen, zu heben, zumal da dieser keinen Augenblick der Freundschaft von Sardinien recht sicher war.

Zunächst an diese Verhältnisse knüpften die Eröffnungen an, welche er dem französischen Hofe machen ließ.

In der Besorgniß, zugleich in Italien und in den Niederlanden mit Frankreich schlagen zu müssen, kam der Staatskanzler auf den Gedanken zurück, der schon vor dem Abschluß des Friedens von Aachen gefaßt worden war, den König von Frankreich dadurch zu gewinnen, daß man dem Schwiegersohn desselben, den er in seiner Nähe zu haben wünschte, statt des kleinen italienischen Fürstenthums eine unverhältnißmäßig größere und glänzendere Ausstattung in den Niederlanden verschaffe. Man legte auf den Besitz der niederländischen Provinzen, in denen, wie öfter erwähnt, die Ausübung der Rechte der Souveränetät auf unüberwindliche staatsrechtliche Hindernisse stieß, nicht viel Werth; für den österreichischen Gesammtstaat schien es fast gleichgültig, wie weit derselbe sich ausdehnte. Mit dem Vorhaben, einen Theil derselben gegen die in fremdem Besitz immer unbequemen ita-

---

[1]) Mémoire du C. de Kaunitz: „Les prétentions de l'infant Don Philippe au trône des deux Siciles, la reversion de ses états aux maisons d'Autriche et de Savoye, et l'opposition du roi de Naples à ses dispositions prétendues, fondées sur les traités auxquels il n'a jamais accedé, tout cela menaçoit la tranquillité à l'Italie."

lienischen Herzogthümer an Frankreich zu bringen, verband sich die Erwartung, daß dadurch das gute Verhältniß Frankreichs zu Spanien wie zu Neapel ohne Weiteres hergestellt, und Oesterreich mit den Bourbonen beider Linien in ein durch keinen inneren Hader derselben getrübtes Verständniß gelangen werde. Und noch eine zweite große Concession dachte man in Wien dem Hause Bourbon zu machen: man erklärte sich bereit, den Prinzen Conti, der oft allein in tiefstem Vertrauen mit König Ludwig arbeitete und im Einvernehmen mit ihm seinen Ehrgeiz auf die Erwerbung der Krone Polen richtete, zur Erreichung seiner Absichten zu unterstützen; man hoffte, ihn dadurch zu gewinnen, und durch ihn den König. Wie nach der Erwerbung der Niederlande, so hatten die Könige von Frankreich seit langer Zeit darnach getrachtet, in Polen eine französische Dynastie zu gründen. Jetzt wurde ihnen beides mit Einem Male angeboten, und zwar von Oesterreich, das die Niederlande noch besaß und in Polen ihrem Eindringen wirksamen Widerstand geleistet hatte. Gegen diese Anerbietungen von weitester Aussicht dachte aber Oesterreich den hohen Preis zu fordern, auf den es ihm ankam: die Verzichtleistung Frankreichs auf die Allianz mit Preußen. Man ging dabei davon aus, daß durch die Veränderung der Zeiten jeder Grund mehr zu einer Entzweiung zwischen Frankreich und Oesterreich gehoben, und daß ihre Verbindung durch die Religionsgemeinschaft beider Reiche angezeigt sei, während man wahrnehme, daß England und Preußen im Begriffe stehen, einen protestantischen Bund zu bilden: der König von Preußen sei bereit, seine Allianz mit Frankreich demselben aufzuopfern.

Der Plan war zu umfassend, weitgreifend und zugleich zu intim, als daß er in den gewohnten Formen gesandtschaftlicher und ministerieller Mittheilungen hätte vorgelegt werden können.

In Frankreich ward es durch den Zustand der Verwaltung und des Ministeriums vollends unmöglich.

Wie Friedrich einmal sagt, die Minister der vier großen Verwaltungszweige, der Finanzen, der Marine, des Krieges und der auswärtigen Geschäfte, waren gleichsam selber Könige, nicht allein unabhängig von einander, sondern einer mit dem andern in stetem Hader; bisweilen wurde das, was der eine geschickt und glücklich angefangen, von dem andern mit Absicht und aus Eifersucht zerstört.

Sie verhandelten in besonderen Audienzen mit dem König, der zwar den Ehrgeiz hatte, Herr und Meister zu sein, aber einem jeden doch so viel freien Spielraum ließ, daß man alles systematische Zusammenwirken vermißte[1]. Indem er nach den verschiedenen Seiten hin fortgerissen wurde, glaubte er genug zu thun, wenn nur keiner unbedingt die Oberhand bekam; aus diesem Grunde sah er selbst ihre Mißhelligkeiten nicht ungern.

Damals schwankte das Uebergewicht zwischen dem Generalcontrolleur der Finanzen, Machault, einem Manne der höhern Magistratur, der sich dadurch einen Namen gemacht hat, daß er zuerst den ernstlichen Versuch wagte, die geistlichen Güter der allgemeinen Auflage zu unterwerfen, und dem Kriegsminister Grafen Argenson, welcher die schwere Aufgabe hatte, die persönlichen Ansprüche der Edelleute zu befriedigen und doch dabei die Bedingungen des Dienstes zu behaupten: beides treffliche, und unentbehrliche Geschäftsmänner, und beide vor allem beflissen, dem König nicht zu mißfallen, aber wie durch entgegengesetzte Gewohnheiten — denn der erste war eben so zugänglich, wie der

[1]) Marquis d'Argenson: „un roi de quelque conception, mais de nulle détermination, en lutte continuellement entre les parties — vraie girouette." Janvier 1755.

zweite zurückhaltend und verschlossen — so durch das Treiben der Parteien auseinander gehalten. Man bemerkte im Gespräch, daß sie wortkarg und verdrossen waren, so lange von Geschäften die Rede war, und erst lebendig und beredt wurden, wenn man auf die persönlichen Verhältnisse oder vielmehr Mißverhältnisse zu sprechen kam. Der Minister der auswärtigen Angelegenheiten, Rouillé, war ein Geschöpf Machault's, der, als er eben damals das Marineministerium erhielt, das durch den Streit mit England zu besonderer Wichtigkeit gelangte, in der Generalcontrolle einen Nachfolger in Séchelles hatte, welcher sich ihm vollkommen anschloß. Was nun diese Partei besonders in Vortheil setzte, war die Protection, die sie bei der Marquise von Pompadour fand, die nicht mehr als die Maitresse des Königs betrachtet werden konnte, aber als dessen vertraute Rathgeberin galt. Auch Argenson hatte in der Nähe des Königs die Fürsprache einer Dame, Madame d'Estrades, einer Cousine der Marquise, die von dem König zu seinen kleinen Ausflügen und Vergnügungen gezogen wurde und eine Zeit lang Antheil an seinem Vertrauen besaß. Sonst stand er allein den Andern gegenüber, behauptete sich aber, und der König ließ ihn absichtlich nicht fallen, um das Gleichgewicht zwischen seinen Ministern zu erhalten.

König Ludwig XV. gefiel sich darin, auch noch für sich selbst, ohne Theilnahme des Ministeriums politische Unterhandlungen mit seinen besondern Zwecken zu verfolgen. Dazu eben zog er den Prinzen Conti heran, einen der Prinzen von Geblüt, der mehr Geist und Application verrieth, als die Uebrigen, und auch deshalb gern gesehen wurde, weil ihn der König als seinen Schüler und Zögling in der Politik betrachtete. Eben auf die politischen Verwickelungen bezogen sich ihre Conferenzen.

Ursprünglich war es nur die Absicht des Wiener Hofes, sich dieses Prinzen, den er auf die angegebene Weise für sich zu stimmen hoffte[1], für seine Anträge zu bedienen: aber dagegen regte sich ein Bedenken. Graf Kaunitz hatte während seiner Gesandtschaft in Paris den Einfluß kennen gelernt, dessen sich die Marquise bei dem König erfreute, und mit ihr selbst Bekanntschaft gemacht; er war einst nahe daran gewesen, durch ihre Vermittelung Eintritt in die kleinen Abendgesellschaften des Königs zu erhalten, um seine Gedanken unmittelbar an ihn zu bringen, was sich jedoch mit seiner Stellung als Botschafter nicht vertrug. In dem damaligen Augenblick war er über den Grad ihrer Gunst nicht genau unterrichtet, namentlich wußte er nicht gewiß, wie sie mit dem Prinzen stehe, und ob sie nicht den Credit desselben untergraben könne[2]; er überließ dem Gesandten, Grafen Starhemberg, die Wahl zwischen dem einen und dem andern Wege.

Der konnte nun darüber nicht zweifelhaft sein; denn eben damals gelang es der Marquise, die Freundin Argenson's, mit welcher auch Conti in bestem Vernehmen stand, von dem Hofe zu entfernen: sie gab dadurch einen Beweis ihres Ansehens und verstärkte dasselbe zugleich.

Starhemberg zog die Marquise dem Prinzen vor. Er war durch eine für diesen Fall ihm übersandte Zuschrift des Grafen Kaunitz gleichsam bei ihr beglaubigt; darin bemerkt der Minister, daß der Antrag, welchen man österreichischer Seits machen werde,

---

1) Kaunitz: On fit espérer la couronne de Pologne au prince de Conti, parce qu'on savoit que le roi de France même a l'inscu de ses ministres autorisoit les démarches, que ce prince faisoit pour se procurer cette couronne.

2) Dans l'incertitude où nous étions, si le prince étoit bien ou mal avec la marquise de Pompadour et si la faveur de l'une ne traverseroit pas le credit qu'on supposait à l'autre. Ibid.

der Gesinnung, die er an ihr kenne, entspreche; ohne nähere Angabe desselben ersucht er die Dame nur, durch ihre Vermittelung zu bewirken, daß der König einen Staatsmann, der sein vollkommenes Vertrauen genieße, bestimmen möge, die Eröffnungen zu vernehmen, die von der größten Wichtigkeit seien.

An den Abhängen der anmuthigen Höhen, die sich von Sevres nach Meudon ziehen, war kurz vorher für Frau von Pompadour an einer Stelle, wo sich eine weite und mannigfaltige Fernsicht darbietet, das Schloß Bellevue erbaut worden. Hier hatte sie ihre erste Zusammenkunft mit Starhemberg. Es war der Abbé von Bernis, der von dem geistlichen Stande nichts als diesen Titel hatte, den der König als den Mann seines Vertrauens zu den Verhandlungen mit Starhemberg ernannte: ein junger Mann, von einer liebenswürdigen Gabe für akademisch-poetische Productionen und angenehmer Conversation, in den Geschäften bereits geübt; er war soeben von einer Gesandtschaft zu Venedig, die ihn zuweilen nach Parma geführt hatte, zurückgekommen, und zur Gesandtschaft in Spanien bestimmt: er erschien als der geeignete Mann für eine Unterhandlung, bei der es auf eine Verbindung des Hauses Oesterreich mit dem Hause Bourbon abgesehen war. Zwischen Starhemberg und Bernis wurden ein paar Conferenzen in ihren Wohnungen zu Paris gehalten, die jedoch nicht weit führen konnten, da der Abbé nur ermächtigt war, die Anträge entgegenzunehmen, und die Antworten darauf von den Ministern in Berathung gezogen wurden.

Diese fühlten sich nicht ganz sicher, ob die Annäherung Oesterreichs wirklich ernstlich gemeint sei; sie gaben dem Verdacht Raum, daß sich diese Macht dadurch nur größere Subsidien von England verschaffen wolle; aber sie waren doch entfernt davon, die Anträge geradehin von der Hand zu weisen. Denn was hätte ihnen Besseres begegnen können, als im Augenblicke, wo sie mit England einen großen Krieg zu unternehmen im Begriffe waren, mit dem alten Verbündeten dieser Macht, Oesterreich, in freundliche Beziehungen zu treten. Schon die Neutralität hätte für sie großen Werth gehabt, wie man denn sogleich von österreichischer Seite auf die Neutralisirung der Niederlande Bedacht nahm, womit es ohne Zweifel sehr ernstlich gemeint war. Noch wichtiger aber war eine nähere Vereinigung überhaupt. Auf die in den Niederlanden angebotene Ausstattung des Prinzen von Parma ging der französische Hof mit Vergnügen ein; man knüpfte daran die Hoffnung, sich der Häfen von Nieuwport und Ostende gegen England bedienen zu können. Darauf schien sich dann die engste Verbindung der Häuser Bourbon und Oesterreich gründen zu lassen, was auch wegen des Zusammenhangs mit Spanien erwünscht war. Die Franzosen brachten sofort die Garantie der beiderseitigen Staaten in Vorschlag. Das ließ sich allenfalls mit ihrer bisherigen Politik combiniren. Sie sahen darin nur eine Ausdehnung ihrer föderativen Stellung und eine Schwächung Englands. Ganz anders verhielt es sich mit dem auf Preußen bezüglichen Antrag Oesterreichs, durch dessen Annahme das ganze obwaltende System verändert worden wäre. Darauf war die Antwort, man könne nicht glauben, daß sich König Friedrich von Frankreich loszureißen und mit England zu verbinden denke: man müsse darüber erst nähere Nachweisungen haben. Kaunitz machte sich keine Illusion darüber, daß seine Hauptabsicht, welche gegen Preußen gerichtet war, zunächst als gescheitert betrachtet werden müsse: denn noch war er nicht im Stande, den Beweis für jene Behauptung zu führen. Unmöglich aber konnte er dann in die engere Vereinigung, welche Frankreich in allen übrigen Punkten acceptirte, eintreten; er hätte darüber mit England brechen müssen und wäre in völlige Abhängigkeit von Frankreich gerathen: doch hielt er auch nicht für gut, die in diesem Wege eröffneten Unterhandlungen abzubrechen, weil sich davon immer eine vortheilhafte Nachwirkung erwarten ließ.

Nur darüber konnte sich Niemand täuschen, daß Frankreich, wenn es gleich mit Oesterreich gut zu stehen wünschte, doch übrigens entschlossen war, in dem bevorstehenden Kriege bei seinem bisherigen System, namentlich der Allianz mit Preußen, zu beharren.

Es ist nicht zu beschreiben, welchen Eindruck die Nachricht von den in Amerika begonnenen Feindseligkeiten in Frankreich hervorbrachte. Die Angriffe der Engländer empfand die französische Nation als eine Beleidigung, welche sie rächen müsse. Die späteren Monate des Jahres 1755 waren mit Kriegsrüstungen zu Land und zur See erfüllt. Die Auflagen wurden erhöht, Ersparnisse, von denen der König selbst betroffen wurde, angeordnet, auch die Mitglieder des Hofes zu beträchtlichen Beiträgen herbeigezogen: Maßregeln, die sonst nur in dem Moment großer Gefahr ergriffen worden waren. Marschall Belleisle, dessen Kriegskunde ihm das allgemeine Vertrauen im Lande verschaffte, und der mit beiden Parteien gut stand, erhielt den Oberbefehl über die oceanische Küste von Dünkirchen bis Bayonne — ein Commando, wie es in diesem Umfang seit den großen Kriegsgefahren des Jahres 1693 Niemand anvertraut worden war, — um alle Küstenplätze in Vertheidigung zu setzen[1]. Viele meinten jedoch, es sei nicht allein auf Vertheidigung abgesehen, sondern auf eine Invasion in England, selbst unter Wiederaufnahme

---

[1]) Mémoires du duc de Luynes XIV, 352.

der Sache des Prätendenten. Wie bisher so oft, so erschienen auch jetzt Jacobiten, welche es für eine leichte Sache hielten, die englische Regierung, die nur wenig vorbereitet sei, zu überraschen: mit 8000 Mann würde man zum Ziele kommen[1].

Ueber die Berathungen, die am französischen Hofe gepflogen, und die Pläne, welche gefaßt wurden, finde ich nur Eine glaubwürdige und zuverlässige Nachricht[2].

Der für die außerordentliche Gesandtschaft nach Berlin bestimmte Herzog von Nivernois hatte die Notiz erhalten, und zwar durch Rouillé, daß der Conseil des Königs geschwankt habe und noch darüber schwanke, ob man sich auf einen Seekrieg beschränken oder auch zugleich einen Krieg zu Lande gegen England führen solle. Er bemerkte, wenn er dem König Friedrich nicht von einem mit Bestimmtheit gefaßten Plane Nachricht geben könne, so würde er demselben kein Vertrauen einflößen, noch eine Confidenz von seiner Seite erwarten dürfen. Er ließ das durch den Abbé Bernis, der als der Vermittler aller geheimen Eröffnungen, nicht allein der österreichischen, erscheint, dem Minister Rouillé hinterbringen. Rouillé antwortete wörtlich: „der König (von Frankreich) kennt keinen andern Feind als den König von England; er hat sich vorgenommen, alle Mittel, welche Gott in seine Hand gelegt hat, anzuwenden, um sich an diesem Fürsten zu rächen, sei es durch seine Seemacht, für deren Verstärkung er unaufhörlich arbeitet, sei es durch einen Angriff auf Hannover, oder indem er ihn selbst in London aufsucht. Alle Maßregeln sind so getroffen, daß Niemand den eigentlichen Gegenstand der Unternehmungen voraus wissen kann. Der König

[1] Mémoires du marquis d'Argenson, 7. août 1755.

[2] Ueber die geringe Glaubwürdigkeit von Duclos vergleiche die Analecten.

glaubt nicht, daß ihm oder seinen Verbündeten ein Angriff auf dem Continent bevorstehe[1]."

Das heißt denn doch, da das Unternehmen gegen England immer einen chimärischen Beigeschmack hatte, daß der Landkrieg hauptsächlich auf eine Ueberwältigung von Hannover zielte.

Den bevorstehenden Krieg mit England sah man in Versailles als einen Kampf um die Oberherrschaft in der Welt an. Indem England die Seemacht von Frankreich breche, denke es zugleich die Ueberlegenheit auf dem Continent zu erlangen, den wahren Gegenstand seines Ehrgeizes und seines Hasses gegen Frankreich. Die herrschende Partei werde dem König Georg vorstellen, daß sie ihn durch die Subsidien der Nation zum Schiedsrichter von Europa, zum Herrn der See und des Landes mache: „die englische Nation ist begierig nach Neuerungen: jeder Entwurf, der ihr die Aussicht auf die Erniedrigung von Frankreich und die Herrschaft zur See eröffnet, wird enthusiastisch von ihr aufgenommen, sie giebt dafür den letzten Schilling her."

Um dem zu widerstehen, meinte Ludwig XV. noch einmal die föderative Macht, welche er besaß, um sich her zu vereinigen.

Obwohl es in dem Augenblicke zweifelhaft erschien, erwartete er doch mit Sicherheit, daß er Spanien und Sardinien auf seiner Seite haben werde: denn nur in der Hoffnung, daß

---

[1]) Le roi ne se connoit d'ennemis que le roi d'Angleterre; il se propose d'employer tous les moyens que Dieu a mis en ses mains pour se venger de ce prince, soit par ses forces navales, soit en attaquant les états de Hannovre, soit en l'allant chercher jusques dans Londres. Toutes les mesures qu'on prendra sont telles, qu'on ne pénètre le véritable objet auquel on se livrera. Sa Majesté ne s'imagine pas qu'on l'attaque, ni ses alliés, sur le continent.

es zwischen England und Frankreich nicht wirklich zum Kriege komme, habe der König von Spanien bisher noch nicht Partei ergriffen; so wolle auch der König von Sardinien nicht übereilt den Vortheil aufgeben, den ihm seine Stellung zwischen den beiden Parteien verschaffe. Aber auf die eine und die andere dieser Mächte glaubte man mit Sicherheit zählen zu können, wenn es zum Bruch komme. Und noch wichtiger, als der Süden, erschien bei dem engen Verhältniß zwischen England und Rußland der Norden. Die Absicht war, Dänemark, Schweden und Preußen im französischen Interesse zu vereinigen.

Für Dänemark rechnete man vor allem auf Moltke, von dem die meisten dortigen Minister abhängig seien: er habe noble Gedanken, wolle die dänische Macht durch Manufactur und Commerz verstärken, und bilde die festeste Stütze des französischen Systems im Norden. In Schweden war man bemüht, die Streitigkeiten der Krone mit dem Senat beizulegen, und zählte vor allem auf Höpken, der an Stärke des Geistes und richtiger Denkweise die anderen Senatoren übertreffe und vollkommen französisch gesinnt sei. In dieser Combination war es, daß man daran dachte, den Churfürsten von Sachsen, König von Polen, von England abzuziehen: unter allen Umständen müsse man ihn verhindern, nicht in die Hände einer russischen Partei zu gerathen. Bei weitem das meiste aber kam doch, wie für den Norden, so auch für Deutschland auf den König von Preußen an. Von Friedrich, der das größte Gegengewicht gegen die Feinde Frankreichs, welche auch die seinen seien, bilde, zweifelte man nicht, daß er zur Erneuerung des Vertrags von 1741 die Hände bieten und sich über einen politisch-militärischen Plan mit Frankreich vereinigen werde. Denn ihm sei ja die französische Allianz noch nothwendiger, als den Franzosen die preußische; er sei der

Gegenstand der Eifersucht, des Mißtrauens und der Furcht aller seiner Nachbarn; er habe keinen andern Verbündeten als den König von Frankreich.

Trotz jener Eröffnungen Oesterreichs dachte Frankreich Preußen zum Eckstein seiner continentalen Allianz zu machen.

Fünftes Capitel.

Erwägungen des Königs von Preußen.

Friedrich II. war in dieser Epoche, diesem Zeitpunkt sehr friedlich gestimmt.

Wenn der Hof zu Wien seine feindselige Haltung gegen den König hauptsächlich darauf begründete, daß er unaufhörlich mit einer neuen Schilderhebung, namentlich mit einer Aggression gegen Oesterreich umgehe, so muß das wohl den Zeitgenossen sehr wahrscheinlich vorgekommen sein; es war der Ruf, den sich Friedrich durch den zweiten schlesischen Krieg zugezogen hatte; und noch immer wird es angenommen: Niemand will glauben, daß ein Kriegsführer, der seiner Armee einen nicht hoch genug anzuschlagenden Erfolg zu danken hatte, alsdann auf Frieden gedacht habe. Dennoch verhält es sich so.

Nicht als ob Friedrich auf alle weiteren Erwerbungen Verzicht geleistet und sich auf immer friedlichen Intentionen hingegeben hätte; dazu war die Lage seines Staates nicht angethan. Er hat sich vielmehr sein ganzes Leben hindurch damit beschäftigt, welche Erwerbungen eventuell zur Befestigung desselben erwünscht und nöthig sein würden. Aber in der damaligen Zeit schien ihm der Friede ein Gebot der Nothwendigkeit zu sein.

In den Aufzeichnungen über die für seinen Staat wünschenswürdige äußere und innere Politik, die er 1752 unter dem Titel eines politischen Testamentes verfaßt hat, geht er die ganze Reihe seiner Feinde und seiner Freunde durch. Er bezeichnet das damalige Europa als eine Republik der Souveräne, getheilt in zwei große Parteien unter der Führung von England und von Frankreich: der Gegensatz ihrer Streitkräfte und die Zahl ihrer Alliirten bringe das Gleichgewicht hervor, bei dem ein Jeder seinen Schutz finde. Friedrich hegte nicht den geringsten Zweifel, daß Oesterreich Schlesien nicht vergessen habe, und daß ihn die Kaiserin, sobald sie ihren innern Staatshaushalt geordnet, ihre Armee wiederhergestellt habe, und ihre politische Lage gesichert sei, ihn angreifen werde, um Schlesien wieder zu erobern; damals meinte er, sie werde den Anlaß von den polnischen Angelegenheiten nehmen, in Verbindung mit Rußland und selbst mit dem König von England, der des Wiener Hofes seiner hannoverschen Angelegenheiten wegen bedürfe. Dagegen ist er überzeugt, daß Frankreich eine Wiedereroberung von Schlesien nicht begünstigen noch dulden könne, weil Oesterreich ihm dadurch zu stark werden würde; Frankreich habe ein Interesse gegen England, wie er selbst gegen Hannover, es könne ihm auch im Norden zu Hülfe kommen; seine Allianz mit Frankreich sei eine solche, die nicht auf Negotiationen, sondern auf der Natur der Sache beruhe; eine neue Landerwerbung würde sich am ersten im Bunde mit Frankreich erlangen lassen. „Bei alle dem", ruft er aus, „und obgleich wir durch den Krieg gewinnen könnten, ist mein gegenwärtiges System, den Frieden zu erhalten, so lange es mit der Ehre des Staates nur irgend vereinbar ist[1]. Durch ihre innere Unordnung wird es der französischen Macht unmöglich, mit der Energie,

---

[1]) Mon système présent est, de prolonger la paix autant que cela se pourra sans choquer la majesté de l'état .

die ihr zukäme, auf dem Kriegsschauplatze zu erscheinen. Ein Schlag wie die Eroberung von Schlesien konnte einmal gelingen, aber sie ist wie ein originelles Werk, das keine Nachahmung erträgt; diese Erwerbung hat uns den Neid von Europa zugezogen, alle unsere Nachbarn sind auf der Hut gegen uns. Wollen wir einen Krieg wagen, während Rußland, an den Grenzen gewaltig gerüstet, nur einen günstigen Augenblick abwartet, um Preußen anzugreifen? Da müßte erst Bestuschew in Rußland gestorben, und England, von dem derselbe unterstützt wird, in die Unruhen einer vormundschaftlichen Regierung verwickelt sein; ein Soliman müßte in Constantinopel regieren, und ein erster Minister, ehrgeizig und allgewaltig, in Frankreich Meister sein."

Von allen jenen Planen zum Nachtheil des Hauses Oesterreich, in Verbindung mit Frankreich, von welchen Kaunitz so viel sprach, war also, man kann es mit Bestimmtheit sagen, niemals ernstlich die Rede; eben so wenig von einer Absicht auf Sachsen, die man in jener Epoche nicht einmal voraussetzte. Wenn sich in Friedrichs Nachlaß ein politischer Erguß über die für seinen Staat wünschenswerthen Erwerbungen gefunden hat, welcher auch Sachsen umfaßt, so ist dieser mehrere Jahrzehnte später unter ganz andern Conjuncturen entstanden — und auch dann von sehr eventueller Natur — auf die damaligen hat er keinerlei Beziehung. Man darf dem König Friedrich den Entschluß, auf weitere Erwerbungen Verzicht zu leisten, nicht zuschreiben; aber die ruhige Erwägung der Umstände und des Möglichen, die ihn vor andern unternehmenden Kriegsführern auszeichnet, hielt ihn damals von allen weitausgreifenden Absichten zurück. Er ermaß das Uebergewicht der Kräfte, welches das seegewaltige England und das wiederhergestellte waffenmächtige Oesterreich besaßen, die damals verbündet über unermeßliche Streitkräfte verfügten, und fühlte keine Anwandlung, sich mit den Schwächeren und Schlechtergeübten in einen Kampf gegen die Stärkeren zu stürzen. Daß ein Wiederausbruch des Krieges zwischen Frankreich und England bevorzustehen schien, machte hierin keine Aenderung.

Er hätte sich an ihrer Feindseligkeit ebenso wenig zu betheiligen gedacht, wie in den letzten Jahren des österreichischen Erbfolgekrieges, als England und Frankreich einander in den Niederlanden bekämpften. Nur eines war, was ihn dabei unangenehm berührte: die Möglichkeit, daß Hannover von den Franzosen angegriffen würde.

Charakteristisch ist ein Gespräch Friedrichs mit dem französischen Gesandten an seinem Hofe, de la Touche: im Juli 1755, als es bereits zu maritimen Feindseligkeiten kam, die nicht wohl anders als zum Kriege führen konnten, bemerkte Friedrich, daß es für Frankreich immer noch Zeit sei, selbst in dem laufenden Jahr eine oder die andere der großen Städte in den Niederlanden zu nehmen: Mons, Brüssel, vielleicht selbst Antwerpen. De la Touche bemerkte, dann würde die Rache Frankreichs nicht auf England fallen, sondern auf dessen Verbündete. „Was wollt Ihr denn thun?" erwiderte der König, „die Engländer sind Euch zur See überlegen, und Hannover könnt Ihr nicht angreifen, aus Mangel an Plätzen für Magazine." — „Warum nicht," versetzte der Gesandte, „mein König hat in Deutschland Anhänger und Verbündete, die ihm ihre Plätze öffnen werden." Friedrich empfand, daß das auf ihn selbst ging; er antwortete mit Lebhaftigkeit, es werde nie geschehen, und mahnte von dem Unternehmen ab. Er kam auf den Feldzug in den Niederlanden zu sprechen, für den er gute Rathschläge gab[1].

---

[1]) Sr. de la Touche (chev. de l'ordre de S. Louis, maréchal de camp) 25. Juli 1755. Nach diesem Schreiben sagte der König: „Faites

Aber anders war es nicht; was de la Touche aussprach, war in der That die Absicht der Franzosen; König Friedrich mußte sich darauf gefaßt machen, nicht allein seine rheinischen und westphälischen Gebiete von dem Kriegsgetümmel erreicht zu sehen, sondern auch selbst zur Theilnahme an demselben aufgefordert zu werden.

Er war in seiner ganzer Seele dagegen. Schon ein paar Mal hatte er es empfunden, daß ihn Frankreich als einen König von untergeordnetem Range zu behandeln schien: Vorschläge, die ihm der Gesandte machte, nach denen die Dienste, die er leistete, durch entsprechenden Vortheil erwiedert werden sollten, hatten sein eigenstes Selbstgefühl tief verletzt. Auf welche Art er auch immer an einem französischen Unternehmen gegen Hannover theilnahm, so wäre er von dieser Krone abhängig und subaltern erschienen. Einen Krieg der Franzosen in seiner Nähe wollte er überhaupt nicht, selbst wenn man ihm erlassen hätte an demselben theilzunehmen; war er doch dereinst einer Festsetzung derselben im inneren Deutschland entgegengetreten, als sein Glück mit dem ihren auf das engste verbunden war.

Da bot man ihm nun von englischer Seite her die Hand.

Eben in diesem Augenblicke war es, daß zwischen Oesterreich und England jene Erörterungen stattfanden, die zu einer nur noch nicht geradezu ausgesprochenen Entzweiung führten. Wenn es die Absicht des Königs von England war, sein Hannover nicht in den bevorstehenden Krieg verwickeln zu lassen und gegen einen Einbruch von Frankreich zu schützen, so bewiesen die Erklärungen von Oesterreich, daß vielmehr ein Angriff dieser Macht gegen Preußen

---

assembler et marcher une armée assez nombreuse et frappez des coups d'importance et vous forcerez par-là l'Angleterre et ses alliés à vous respecter."

bevorstehe, welcher, mit dem Vorrücken der Franzosen verbunden, das Churfürstenthum zum Schauplatz des Krieges gemacht haben würde.

Georg II. und der ihn begleitende englische Minister Holderneß faßten die Hoffnung, den König Friedrich, an dessen deutsch-patriotische Gesinnung sie sich wandten, zur Zusage der Neutralität zu vermögen.

Den Anlaß der Verhandlung gab die Beziehung Hannovers zu Braunschweig, welches zu der entgegengesetzten Bundesgenossenschaft gehörte; denn Herzog Carl von Braunschweig war auf das engste mit Preußen, also auch mit Frankreich verbunden, obwohl er ein Mitglied der welfischen Familie war, die in König Georg ihr Oberhaupt verehrte. An dies Verhältniß anknüpfend, wandte sich Holderneß durch den Herzog, der mit einer Schwester Friedrichs II. vermählt war, aber doch wieder die Vermittelung des Prinzen Ferdinand von Braunschweig, Generals in preußischen Diensten, in Anspruch nahm, an den König Friedrich mit einer auf die allgemeine Gefahr, die aus der Lage der Welt entspringe, bezüglichen Anfrage. Sie war zunächst nur, ob der König die Vertheidigung Hannovers gegen eine französische Invasion weder direct noch indirect verhindern werde.

So allgemein wie möglich gehaltene, unverfängliche Worte, gleichsam ein zaghaft gewagter erster Schritt, von dem aber eine große Wendung in den allgemeinen Verhältnissen ausging.

Indem das englische Ministerium die Note des österreichischen Staatskanzlers, die eine Intention gegen Preußen ankündigte, zu beantworten unterließ, wandte es sich an den König und bot ihm, wenn auch nur von weitem her, die Möglichkeit eines Verständnisses an.

Der König antwortete mit eben so viel Vorsicht: einem Jeden stehe es frei, sich selbst zu vertheidigen; gegen die zu diesem Zweck von Hannover mit seinen Nachbarn geschlossenen Verträge habe er keine Einwendung zu machen; aber zu einer öffentlichen Erklärung sei die Zeit noch nicht gekommen.

Für Holderneß war es schon genug, daß seine Anfrage nicht zurückgewiesen wurde; er begab sich nun selbst zu dem Herzog Carl nach Braunschweig; demselben eine schriftliche Proposition zu geben, vermied er noch; aber er gestattete, daß ein braunschweigischer hoher Beamter seine Eröffnung, wie er sie aussprach, niederschrieb. Er drückt darin sein Erstaunen aus, daß der König von England wegen eines in Amerika ausgebrochenen Krieges mit Frankreich von dieser Macht in seinem Reichslande angegriffen, und Deutschland mit fremden Truppen überschwemmt, mit den Verwüstungen eines Krieges heimgesucht werden solle. Ueberzeugt, daß das dem Sinne des Königs von Preußen widerspreche, fordert er den Herzog auf, denselben zu der Erklärung zu vermögen, daß er weder selbst die deutschen Reichslande des Königs von England angreifen, noch auch die Franzosen bei einem Angriff auf dieselben unterstützen, sie vielmehr verhindern werde, einen solchen zu unternehmen. Er macht dem Herzog bemerklich, daß es ihm und seinem Hause ein nicht geringes Ansehn bei der englischen Nation verschaffen werde, wenn sie sehe, daß der König von Preußen auf ihn Rücksicht nehme[1].

König Friedrich sprach hierauf zunächst seine Hoffnung aus, daß der Friede sich überhaupt werde behaupten lassen: er bot seine Vermittelung dazu an, und zwar unter Theilnahme der Kaiserin-Königin. Die Antworten der Engländer, die unbedingt auf ihrem Recht bestanden, schlossen jedwede Vermittelung aus.

---

[1]) Précis du discours de Mylord Holderness; mit den übrigen auf die braunschweigische Vermittelung bezüglichen Actenstücken bei Schäfer Geschichte des siebenj. Krieges I. 605.

Holderneß betonte, es komme nur darauf an, was der König in dem Fall zu thun gedenke, daß Frankreich in Folge einer rein englischen Streitigkeit die deutschen Staaten des Königs von England angreife; was sich in der allgemeinen Angelegenheit erreichen lasse, stehe dahin; gewiß aber könne der König, wenn er nur wolle, es verhindern, daß Deutschland in diesen Krieg verwickelt werde. König Friedrich erwiderte: man verlange viel von ihm; für sich selbst könne er gut sagen: Preußen habe keine Absicht gegen die hannoverschen Lande, aber wie könne man erwarten, daß er sich für künftige Eventualitäten verpflichte, während ihm der König von England keinerlei Mittheilungen über seine eignen Absichten mache?

Noch behielt sich Friedrich, wie man sieht, seine definitive Entscheidung vor: aber weniger auf gegenseitige Erklärungen, als auf die Entwickelung der großen Angelegenheiten kam es dabei an. So wichtig die Rücksicht auf Hannover auch war, sie bildete doch nur den letzten Ausläufer der großen europäischen Frage. Diese faßte sich für Friedrich darin zusammen, ob er seine Allianz mit Frankreich, die im nächsten Jahre ablief, wieder erneuern wolle; was dann nicht wohl anders als in dem Sinne geschehen konnte, den man in Frankreich damit verband, dem einer vollen Vereinbarung der beiderseitigen Interessen im Gegensatz mit England.

Dann aber war für Friedrich nichts Anderes zu erwarten, als ein offener Kampf mit den Verbündeten von England. Es war eben der Fall, den er sich von seinem Standpunkte aus im voraus überlegt hatte. Er sah, wie wir wissen, in Frankreich seinen natürlichen Verbündeten, aber er hielt es für viel zu schwach und unzuverlässig, um im Verein mit ihm den gefährlichen Kampf mit seinen Nachbarn aufzunehmen. Aber auch sich von Frankreich loszureißen, mußte ihm großes Bedenken erregen. Bei andern Regierungen wird man über die Motive ihrer Handlungen durch die Deliberationen unterrichtet, die in ihrem geheimen Rath gepflogen wurden. Berathungen dieser Art fanden in Berlin nicht statt. Friedrich pflegte seinen beiden Cabinetsministern, Podewils und Finkenstein, obgleich er viel mit ihnen correspondirte, doch die Entschlüsse in großen Angelegenheiten erst dann mitzutheilen, wenn er in der Hauptsache mit sich selbst einig geworden war. In dieser geheimnißvollen und absoluten Autonomie sah er das Wesen seines Staates.

Glücklicherweise liegt ein Actenstück vor, in welchem er seine damaligen Erwägungen niedergeschrieben hat[1].

Er legt sich zuerst die auf den Inhalt seines Bündnisses mit Frankreich bezüglichen Zweifel vor, die er die Rechtsfrage nennt.

„Ich habe Frankreich seine amerikanischen Besitzungen nicht garantirt; da der bevorstehende Krieg aus denselben entspringt, so geht er mich nichts an. Meine Allianz ist nur defensiv; da Frankreich in seinen europäischen Besitzungen nicht angegriffen ist, so bin ich zu keiner Theilnahme verpflichtet. Und da meine Allianz in Kurzem zu Ende ist, so bin ich vollkommen frei, nach meinem Interesse zu handeln.“

Er geht dann zur Erwägung der Lage fort, in welche ihn die Theilnahme an dem Kriege, den Frankreich ihm ansinne, bringen würde. „Ich müßte,“ sagt er, „gegen die beiden Kaiserinnen

---

[1]) „Die höchsteigenhändige königliche Piece“, wie sie Podewils nennt, dem sie etwas später mitgetheilt wurde, und der dann „zu seiner Direction“ davon Abschrift nahm, enthält eine Erörterung erstlich der question de droit und dann der question de fait. Einige Artikel des Autographs haben zwei verschiedene Fassungen der Worte; der Sinn ist derselbe.

und Hannover agiren; Oesterreich kann 100,000 Mann, Rußland 60,000, Hannover 40,000 Mann ins Feld stellen; ich kann nur mit 100,000 ihnen gegenüber erscheinen. Würden die Feinde sämmtlich in Einem Lager beisammen sein, so würde ich sie angreifen; aber durch ihre geographische Stellung werden sie mich nöthigen, meine Kräfte zu theilen, um mich zu vertheidigen.

„Darf man einen Krieg unternehmen, wenn man um die Hälfte schwächer ist, als der Feind? Nein. Ist es rathsam, einen Krieg anzufangen, wenn er von vorn herein ein defensiver sein muß? Nein. Denn ein solcher Krieg ist von allen der beschwerlichste und gefahrvollste."

„Darf ich aber unthätig bleiben und die andern Mächte thun lassen, was sie wollen? Auch das nicht. Denn ich kann nicht dulden, daß die Russen in das Reich eindringen; ich würde mich mit ihnen schlagen müssen und so doch in den Krieg gezogen werden. Das einzige Mittel, das Eindringen der Russen zu verhüten, ist die Neutralität, welche mir England anbietet. Ich muß sie also annehmen."

Er bemerkt, daß das auch für Frankreich das Beste sein werde. Denn zugleich gegen dieses würden die Russen heranziehen. „Und wenn in Deutschland der Krieg ausbricht und Alles in Verwirrung geräth, ist das ein Vortheil für Frankreich? Es würde nicht allein dabei nichts gewinnen, sondern den Ruin seiner Freunde, die ihm unter andern Umständen nützlich werden können, herbeiführen."

Noch dachte Friedrich an keine Feindseligkeit gegen Frankreich: er wollte nur Deutschland vor dem Verderben beschützen, das ohne Zweifel eintreten mußte, wenn der Krieg der großen Mächte innerhalb seiner Grenzen ausgefochten wurde.

Nachdem er den Franzosen die Voraussetzung der Superiorität, in der sie lebten, lange Zeit nachgesehen hatte, zuweilen nicht ohne Ironie, war doch die Zeit gekommen, wo er sich von ihnen absondern mußte: wie sollte er sich für ihre Sache in einen Krieg stürzen, der ihm und dem gesammten Deutschland höchst verderblich werden konnte?

Von der nationalen Idee ist nicht in vielen Worten die Rede; aber wie konnte sie sich factisch besser manifestiren, als in dem Entschluß, den Krieg, der Deutschland nichts anging, von demselben fern zu halten? Und wenn der Einfluß, den Frankreich in Deutschland bereits besaß, durch die Verbindung mit einer der beiden vorwaltenden Mächte, welche es auch sein mochte, verdoppelt werden mußte, so lag ein nationales Interesse in der Abwendung von ihm.

In der Verflechtung menschlicher Dinge wird ein Jeder doch immer von dem ihm zunächstliegenden Momente berührt und meistens bestimmt. Aber das ist das Eigenthümliche großer Stellungen, daß ihre Bedeutung über die Beziehungen hinausreicht, die unmittelbar ins Bewußtsein treten. Ist es nicht einleuchtend, daß Friedrich, indem er sich von Frankreich, welches die englisch-amerikanischen Colonien in ihrer Ausbreitung zu hindern entschlossen war, lossagte, zugleich die Sache der germanischen Race in Nordamerika führte? Ich wage zu behaupten, daß ihm ein Antheil an der mächtigen Entwickelung, welche dieselbe in der andern Hemisphäre gewonnen hat, zukomme. Denn wenn Frankreich in Europa die Oberhand behielt, würde es auch jenseit des Meeres in den Stand gekommen sein, seine Befestigungen am Ohio zu behaupten.

Noch war jedoch diese Stellung nicht vollständig genommen.

Sechstes Capitel.

Preußisch-englischer Neutralitätsvertrag für Deutschland.

Von der anderen Seite her kamen das Ministerium und das Parlament von England in Folge eigenster innerer Anliegen den Tendenzen Friedrichs entgegen.

Die englische Nation wollte den Krieg mit Frankreich; denn das amerikanische Interesse, welches von den Franzosen gefährdet wurde, war zugleich das national-englische; im Gefühle der maritimen Uebermacht, welche die letzten Seeschlachten zu Tage gebracht hatten, erwartete sie, bei einem erneuten Zusammentreffen einen unzweifelhaften und entscheidenden Sieg davon zu tragen.

Die einzige Rücksicht, die davon abmahnen konnte, lag in dem Verhältniß des Churfürstenthums Hannover, welches nach den ursprünglichen Vereinbarungen über die Succession vertheidigt werden mußte, wenn es um Englands willen in Krieg verwickelt wurde; wie man eben jetzt als gewiß voraussetzte, daß es von den Franzosen ohne langen Verzug angegriffen werden würde.

Der alten Allianz zufolge war nun wohl Oesterreich bereit, diese Vertheidigung zu übernehmen: aber welche Bedingung knüpfte es daran. Nicht sowohl gegen Frankreich als gegen dessen Bundesgenossen Preußen wünschte es die Waffen zu kehren. — Und nicht anders war es mit der Theilnahme beschaffen, welche sich von Rußland erwarten ließ. Wir werden der russischen Politik noch eingehender gedenken: vor Augen lag, daß diese Macht die Intentionen Oesterreichs gegen Preußen theilte.

Dagegen hatten, wie berührt, die Eröffnungen Oesterreichs den Minister, der in der Begleitung Georgs II. in Deutschland war, und diesen selbst bewogen, sich dem König von Preußen zu nähern: einen ähnlichen Erfolg brachte der mit Rußland verabredete Subsidientractat im Parlament bei den Ministern in England hervor, als er zur Ratification vorgelegt wurde. Denn kein Mensch zweifelte, daß die Russen gegen König Friedrich vorgehen, freilich auch nicht, daß sie in dessen schlagfertigem Heere den gewaltigsten Widerstand finden würden: dadurch würde aber ein Krieg in dem innern Deutschland hervorgerufen werden, dessen Ausgang Niemand absehen könne.

Die alten Whigs wollten ihren Freund, den König von Preußen, mit dem sie sich lieber verbunden hätten als mit Oesterreich, nicht in einen neuen gefährlichen Krieg verwickeln, bei dem Hannover schwerlich behauptet werden könne. William Pitt der Aeltere hat die auffallende Ansicht geäußert, es wäre besser, Hannover von Preußen, selbst von den Franzosen in Besitz nehmen zu lassen, um es dereinst nach errungenem Siege zur See wieder zu fordern und dem König zurückzugeben.

Unmöglich konnten die Minister es wagen, mit dem Tractat so geradhin vor das Parlament zu treten. Aber auch ihn zurückzunehmen, mochten sie sich nicht entschließen, da er doch auf ihr Anfordern geschlossen war.

Da faßte nun der so eben neu eingetretene Staatssecretär, Henry Fox, den Gedanken, diesem Vertrag die gegen Preußen gerichtete Spitze dadurch abzubrechen, daß zugleich eine Abkunft mit dieser Macht zur Sicherung der Ruhe des Continents und besonders von Deutschland geschlossen würde. Ohne dies wäre der Vertrag, welcher die antipreußische Tendenz nicht wörtlich ausdrückte, nimmermehr in dem Parlament durchzuführen gewesen; das Ministerium hätte sich wahrscheinlich nicht behaupten können.

Was König Georg aus dynastischer Rücksicht eingeleitet hatte, nahm das englische Ministerium in politischem und parlamentarischem Interesse auf.

Noch hatten jene von Hannover angebahnten Annäherungen zu keinem Resultat geführt, man wußte selbst nicht, ob der neue Staatssecretär Fox davon Kunde habe; aber bei dem ersten Besuch, den ihm der preußische Geschäftsträger, Michel, machte, trat Fox mit einer verwandten Eröffnung hervor. Er versicherte, daß man von englischer Seite in dem Kriege mit Frankreich alles zu vermeiden wünsche, was dem König von Preußen unangenehm fallen oder seine Interessen verletzen könne. Den Engländern müsse daran liegen, in dem bevorstehenden Kriege die deutschen Besitzungen ihres Königs gegen die Franzosen zu schützen; und auf den Fall, daß Hannover von Frankreich angegriffen werde, sei der Vertrag mit Rußland berechnet, aber nur auf diesen; einen andern Zweck habe er nicht: mit König Friedrich wünsche man auf das dringendste in gutem Vernehmen zu stehen. Michel antwortete, der Vertrag werde doch so ausgelegt, als ob dabei noch weitere Absichten zu Grunde lägen, sein König könne unmöglich mit Gleichgültigkeit zusehen, daß die Russen nach Deutschland kämen: man möge denselben doch von der Unschädlichkeit der gefaßten Absichten überzeugen. Fox erklärte sich bereit, den mit Rußland geschlossenen Tractat dem König von Preußen mitzutheilen und erneuerte seine freundschaftlichen Zusicherungen.

Der ältere Staatssecretär Lord Holderneß, von dem wir wissen, daß er sich durch Vermittelung von Braunschweig an den König gewendet hatte, sah jetzt von diesem umständlichen Wege ab und trat in unmittelbaren Verkehr mit Michel. An die Aeußerungen von Fox anknüpfend, wiederholte er dem Gesandten das Erbieten, den russischen Tractat dem König mitzutheilen und zwar mit seinen geheimen und besonderen Artikeln. Er fügte noch bestimmter, als Fox es ausgedrückt hatte, hinzu, englischerseits sei man bereit, dem König Friedrich die Garantie für Schlesien auf das bündigste zu erneuern. Die Meinung in England sei noch immer, die Franzosen zu einem befriedigenden Abkommen in Bezug auf unleugbare Rechte zu nöthigen, sonst aber Niemand zu beleidigen, noch einen Krieg auf dem Continent zu veranlassen. Dazu um einen solchen zu verhindern, wünsche man die Mitwirkung des Königs von Preußen, der in der einen Hand den Oelzweig, in der andern das Schwert halte; in diesem Sinne denke England mit ihm eine Vereinigung zu treffen. Der Premier, Herzog von Newcastle, bestätigte dies alles, die bisherigen Differenzen bezeichnete er als leicht beizulegende und betonte besonders, daß König Georg persönlich das Verlangen habe, in ein gutes Verständniß mit dem König von Preußen zu treten [1].

Wie sehr dabei das eigene Interesse der englischen Regierung mitwirkte, sieht man aus dem Widerstand, auf den die Annahme der von ihr vor Kurzem abgeschlossenen Verträge in dem Parlamente stieß. Es war eine der großen Debatten jener

[1]) En y ajoutant les Protestations les plus fortes — du désir sincère où elle étoit de vivre en bonne harmonie et intelligence avec Vostre Majesté, aussy bien que de l'envie qu'elle auroit de se lier plus étroitement avec elle, et de finir à l'amiable les differends qui subsistoyent entre les deux Cours au sujet de l'affaire des Prises Michel an den König 28. November.

Zeit, in denen mancher oratorische Ruf auf immer begründet worden ist. Die Debatte betraf ein Moment, in welchem die auswärtigen Angelegenheiten mit den inneren, die großen Gesichtspunkte mit persönlicher Leidenschaftlichkeit zusammenfielen. Die beiden zuletzt geschlossenen Subsidientractate mit Hessen-Kassel, welches 8000, und mit Rußland, welches 55,000 Mann zur eventuellen Vertheidigung von Hannover ins Feld stellen sollte, wurden mit gleicher Lebhaftigkeit bekämpft. Gegen den ersten wendete man ein, daß vor einigen Jahren, einem ähnlichen Vertrage zum Trotz, die hessischen Truppen in dem Lager der Feinde von England Dienste genommen hätten. Der andere erregte die dringendsten Besorgnisse wegen der Erhaltung des continentalen Friedens; darauf aber komme es doch hauptsächlich an, denn, indem England sich anschicke, den Seekrieg mit aller möglichen Kraft zu führen, dürfe es nicht auf dem Continent übermäßige Ausgaben machen, durch die es sich erschöpfe, und Feindseligkeiten anregen, deren Verlauf höchst gefährlich werden könne. Wenn man Russen nach Deutschland ziehe, so werde sich Frankreich doppelt berechtigt glauben, seine Truppen dahin vorrücken zu lassen und Niemand könne bezweifeln, daß der russische Vertrag eine feindselige Intention gegen den König von Preußen in sich schließe: man werde diesen Fürsten veranlassen, sich noch enger mit Frankreich zu verbinden und dadurch einen blutigen Krieg herbeiführen, an dem England nothwendig Theil nehmen müsse. Wenn darauf geantwortet wurde, der Tractat laute doch sehr friedlich; er trete nur bei der Eventualität eines Angriffs auf Hannover und auch dann nur auf die Aufforderung Englands in Kraft; dem König Friedrich könne er insofern selbst erwünscht sein, als ihm dadurch ein guter Grund geboten werde, die Anmuthungen der Franzosen zurückzuweisen: so waren diese

Bemerkungen doch viel zu schwach, um Eindruck zu machen. Die allgemeine Ueberzeugung war, daß Feindseligkeiten von weitester Aussicht unvermeidlich sein würden. Manche setzten voraus, daß es darauf sogar abgesehen sei. Sie erinnerten an die umfassenden Pläne, mit denen man sich vor einigen Jahren getragen hatte, die preußischen Landschaften zu erobern und zu theilen; wahrscheinlich solle der russische Vertrag den Weg zu ihrer Erneuerung bahnen.

Die Verlegenheit des Ministeriums entsprang daher, daß der Vertrag mit Rußland doch in der That in einer gegen Preußen feindseligen Intention unterhandelt und abgeschlossen, diese Intention aber bei dem Parlamente nimmermehr durchzuführen war. Die Minister selbst hatten sie bereits fallen lassen; sie mußten es thun, um mit der öffentlichen Meinung nicht zu zerfallen; sie wollten es aber auch, denn bei jenen Eröffnungen Oesterreichs hatten sie erst die ganze Gefahr der bisherigen Politik erkannt. Die vornehmste Debatte wurde in dem Oberhause gepflogen. Um die Aufregung, die dabei entstand, zu dämpfen, griff Holderneß zu der unerwarteten Auskunft, daß er von dem Plane einer Verständigung mit Preußen zwar nicht eigentlich Nachricht gab — denn derselbe war noch in der ersten Einleitung begriffen, — aber doch eine Andeutung zu machen sich erlaubte; er erklärte, man habe dem König von Preußen den russischen Vertrag mitgetheilt, um ihn von dessen Unschädlichkeit zu überzeugen. Diese Erklärung, die eigentlich einen Wechsel des Systems in sich schloß, hatte die Wirkung, daß die Tractate in den beiden Häusern gebilligt wurden: das Unterhaus votirte eine Summe, um die darin gemachten Zusagen zu erfüllen. Die Worte blieben, der Sinn war verändert. Um so unbedingter waren die Minister an die friedlichen Eröffnungen gebunden, die sie dem Könige von Preußen gemacht hatten[1].

Obgleich mit parlamentarischen und, wenn man will, egoistischen Rücksichten versetzt, bildeten diese Eröffnungen doch den wichtigsten Antrag, der dem König Friedrich noch aus England gekommen war; — die Stellung der beiden Parteien in Europa, vor allem seine eigene Sicherheit, hing damit zusammen.

Wir wissen, wie höchst gefährlich es ihm vorkam, im Bunde mit Frankreich, in einen Krieg mit England, Rußland und Oesterreich zu gerathen. An eine Verbindung mit England, und zwar zum Zwecke der Neutralisirung von Hannover knüpften sich dagegen in demselben Maße die vortheilhaftesten Aussichten. Es ließ sich erwarten, daß Frankreich von einem Angriff innerhalb Deutschland abstehen, England dagegen ein gutes Verhältniß zu Rußland herbeiführen und schon hiedurch Oesterreich der Mittel

---

[1]) Die Mittheilungen der parlamentarischen Debatten ist auch in dieser Epoche noch sehr unzureichend; in dem funfzehnten Bande der Parlamentary history finden sich die Reden von Temple und Halifax gegen, von Chesterfield und Hartwicke für die Tractate. Auch wird in einer Note erwähnt, daß Holderneß gesprochen habe, doch finden wir Nichts von dem Inhalt seiner Rede. Die entscheidende Notiz entnehmen wir aus den Berichten Michels vom 13. December. Le ministère sortit des propos généraux usités dans ces occasions, en faisant déclarer par la bouche du Lord Holdernesse dans la chambre haute, que bien loin que le Roi eût intention de provoquer V. M. par cette mesure, c'est qu'il avait reçu des ordres positifs de S. M. de me communiquer le traité en question, pour le faire parvenir à V. M., en l'assurant en même tems, qu'on n'avait point eu intention de l'offenser par là, ni d'allumer la guerre en Allemagne, qu'au contraire comme ce n'était qu'une précaution prise pour tâcher de l'éviter, on espéroit, que S. M. l'envisagerait de cette façon et que c'était dans ce but pour preuver de la sincérité des intentions du Roi, que lui Lord Holdernesse le déclarait à la chambre.

berauben würde, die Wiedereroberung von Schlesien, wofür es nur die erste Gelegenheit erwarte, zu unternehmen.

So erklärt er selbst seine Politik; es war die Erhaltung des Friedens, — die Sicherstellung sowohl Hannovers gegen die Franzosen, als Schlesiens gegen Oesterreich, was seine Erwägungen bestimmte.

Seit den Erörterungen von Braunschweig hatte er die Sache ihrem Gange überlassen und nur einige einschlagende Erkundigungen eingezogen; bei der ersten Mittheilung Michels war sein Entschluß gefaßt. Die Depesche desselben ist vom 28. November; er ließ sie durch einen seiner Diener nach dem Haag bringen, von wo sie durch eine Staffette nach Potsdam befördert wurde; bei der Beschaffenheit der damaligen Communication kann sie schwerlich vor dem fünften December eingetroffen sein; die Antwort Friedrichs ist schon von dem siebenten, sie ist ausführlich und von Anfang bis Ende eigenhändig.

Friedrich dankt darin für das ihm durch die Mittheilung des mit Rußland geschlossenen Vertrages bewiesene Vertrauen und erklärt sich zur Annahme der ihm gemachten Propositionen bereit. Denn die Erhaltung des allgemeinen Friedens lasse sich nur hoffen, wenn man die Ruhe in Deutschland befestige. Er trug seinem Gesandten auf, dem englischen Minister Wort für Wort, wie er es schreibe, den Abschluß eines Neutralitätsvertrags für Deutschland anzubieten, ohne dabei weder Franzosen noch Russen zu nennen: — denn wenn den Engländern am meisten an der Abwehr der Franzosen, so lag ihm nicht weniger an der Fernhaltung der Russen. Doch würde es ihm nicht gerade unangenehm gewesen sein, die Franzosen zu nennen, weil er sich noch immer Unterhandlungen zwischen den entzweiten Potenzen zur Herstellung des allgemeinen Friedens vorbehielt. Das

Erbieten einer neuen Garantie von Schlesien nahm er an, obgleich er an dem Festhalten der im Frieden von Aachen gegebenen nie gezweifelt habe. Außerdem brachte er die maritimen Verhältnisse, und besonders die alte Streitigkeit wegen der Beraubung einiger preußischen Schiffe zur Sprache; jedoch nur, damit nicht in Zukunft aus dieser Bagatelle ein Mißverständniß entspringe.

Michel, dem ein Courier dies Schreiben nach London brachte, säumte nicht, dem leitenden Minister davon Meldung zu thun. Den andern Tag empfing er durch ihn die Versicherung des König Georg; „nichts könne ihm zu größerem Vergnügen gereichen, als die Erneuerung der Verbindung und gegenseitigen Garantie, die von jeher zwischen den beiden Mächten bestanden habe." Henry Fox machte sich seinerseits anheischig, wenn die Sache zu Stande komme, Alles zu thun, um das gute Vernehmen zwischen der englischen Nation und dem König von Preußen aufrecht zu halten.

Um keine Zeit durch eine formelle Verhandlung in gewohnter Weise zu verlieren und dem König ihren Eifer in der Sache zu beweisen, faßten die englischen Minister selbst einen Vertragsentwurf in dem Sinne ab, der aus der Mittheilung des Königs hervorleuchtete. In einer Nebenerklärung gaben sie Mittel und Wege der Beilegung der übrigen Streitigkeiten an [1].

Der Entwurf enthielt außer der Erneuerung der alten zwischen beiden Mächten bestehenden Verträge und Garantien in dem vornehmsten Artikel das Uebereinkommen, den Frieden im deutschen Reiche zu erhalten und in dem Falle, daß eine fremde Macht, unter welchem Vorwand auch immer, ihre Truppen daselbst einrücken lasse, sich dem zu widersetzen.

---

[1]) Schreiben Michel's vom 23. December.

Das Wesentliche ist: England willigt ein, keinen Einmarsch der Russen zuzugeben; Friedrich: auch den Franzosen einen solchen zu versagen.

Der Courier, der das Schreiben Friedrichs an Michel gebracht hatte, ging mit dem Vertragsentwurf an den König zurück.

Erst als derselbe angekommen war, aber dann ohne Zeitverlust, am ersten Januar 1756, ließ Friedrich seinen ersten Minister Podewils in sein Cabinet rufen, um ihm von dem, was bereits ohne ihn geschehen war, Kunde zu geben. Er las ihm den letzten Brief Michels und dessen Beilage von Anfang bis Ende vor und bat ihn, seine Meinung darüber zu sagen. Podewils erklärte sich in der Hauptsache vollkommen einverstanden; denn in der Abkunft liege das einzige Mittel, den König selbst außer Gefahr zu setzen: er hatte nur Eine Bemerkung zu machen. Diese betraf den in dem Entwurfe gebrauchten Ausdruck: das deutsche Reich. Denn unter demselben begreife man die Niederlande als den burgundischen Kreis, und leicht möchte es sein, daß England beabsichtige, auch diese durch den Tractat zu garantiren. Er schlug vor, den Ausdruck Deutschland dafür zu wählen, denn nur darauf komme es an, in den eigentlich deutschen Landschaften den Frieden zu erhalten[1].

Es wäre einer besonderen Untersuchung werth, wie sich der Begriff Deutschland und deutsches Reich im Laufe der Zeit zu einander verhalten haben. Der letzte ist immer der bei weitem umfassendere gewesen: eine Zeit ist gekommen, wo er der minder umfassende geworden ist, noch niemals sind sie zusammen gefallen. In dem Conflict zwischen Preußen und Oesterreich oder vielmehr

---

[1]) Schreiben von Podewils an Hertzberg 13. Jan.

der auf denselben folgenden Vereinbarung hat man den Versuch gemacht, sie zu sondern. Schon in dem Frieden von Dresden hat man ausdrücklich nur davon gesprochen, daß die Besitzungen der Kaiserin in Deutschland garantirt sein sollten, denn sonst würde der König an dem Kriege in den Niederlanden haben Theil nehmen müssen; und dabei sollte es nach dem Vorschlage von Podewils sein Verbleiben haben.

Friedrich eignete sich die Bemerkung des Ministers mit einsichtiger Gelehrigkeit an. Nicht allein wurden im Vertragsentwurf die Worte geändert, sondern man fügte demselben auch noch einen besondern Artikel hinzu, in welchem die österreichischen Niederlande von dem Gebiete, über welches sich die Neutralität erstrecken sollte, ausdrücklich ausgenommen wurden.

Der König bemerkt, in Wien könne man das nicht einmal übel nehmen, da es den vorangegangenen Friedensschlüssen entspreche. Er würde sonst leicht in den Krieg selbst zur Unterstützung von Oesterreich verwickelt werden. „Der Freund des Königs von England kann ich sein, aber nie der Freund der Kaiserin-Königin. Ich verlange keine Garantie von ihr und will ihr keine geben[1].“

---

[1]) Nach dem achten Artikel des Dresdner Friedens garantirt der König von Preußen: tous les états, que sa Majesté l'impératrice, Reine d'Hongrie, possède en Allemagne. Wie dies verstanden wurde, zeigt die Bemerkung des Königs in dem eigenhändigen Schreiben an Mitchell vom 4. Januar: Dans le Traité de Breslau (ein Gedächtnißfehler; denn in den Verträgen von Breslau und Berlin geschieht der Sache keine Erwähnung) et dans celui de Dresde je n'ai étendu ma garantie que sur ses possessions en Allemagne en excluant l'Italie et la Flandre, — diese Garantie bleibt immer vorausgesetzt, eine Garantie, welche die Niederlande eingeschlossen hätte, würde der König als eine neue angesehen haben. Auch in dem Frieden von Hubertusburg § 16 ist von den Besitzungen der Kaiserin en Allemagne die Rede.

In England regten sich nicht die mindesten Einwendungen gegen die in Berlin gemachten Verbesserungsvorschläge. Die Minister empfingen die Mittheilung derselben mit erfreutem Angesicht. Michel, den Friedrich umgehend zu seinem bevollmächtigten Minister ernannt hatte, — und in der That verdiente er das, seine Berichte sind voll von Dienstbeflissenheit, ohne Servilität und verständig — konnte dann auch den König Georg sehen, welcher die Andeutung des Königs von Preußen, daß er mit ihm wieder in engere Verbindung zu treten wünsche, mit dem Ausdruck einer ungeheuchelten Freude aufnahm und in derselben Gesinnung erwiederte. Hierauf schritt man, am 16. Januar 1756, in dem Arbeitszimmer des Lord Holderneß zur Unterschrift des Vertrags. Michel unterschrieb das Exemplar, in welchem der König von Preußen, der englische Minister das andere, in welchem der König von England zuerst genannt wurde; bei der Ratification sollten sie ausgetauscht werden.

Gewiß hatte der König sehr Recht, wenn er die Engländer auf den großen Dienst aufmerksam machte, den er ihnen durch diesen Vertrag leistete. Der Sorge für Hannover wurden sie dadurch ohne alle Kosten ledig. Der Vertrag rettete den Minister und das Land aus nicht geringen innern Verlegenheiten: die Opposition war beruhigt und befriedigt. Was schon damals den Maßstab des öffentlichen Vertrauens bildete, die Actien stiegen wieder. Für Preußen selbst aber begann nun erst die Schwierigkeit. Die große Frage war, in wie fern sich diese Annäherung an England mit einem erträglichen Verhältniß zu Frankreich vereinigen lasse.

Siebentes Capitel.

Der Herzog von Nivernois in Berlin.

Der Vertrag mit England war noch nicht geschlossen, man erwartete selbst dessen Abschluß noch nicht so bald, als der Herzog von Nivernois in Berlin anlangte.

Barbon Mancini-Mazarin, Duc de Nivernois, durch seine Mutter, eine Spinola, Grand von Spanien, — nahm in Frankreich eine nicht unbedeutende Stellung in der Mitte des Hofes, der Literatur und der politischen Geschäfte ein; er hatte bereits die Botschaft in Rom verwaltet und sich dabei das Verdienst erworben, den vornehmsten Werken Montesquieu's, der sein Freund war, das Schicksal zu ersparen, auf das Verzeichniß der verbotenen Bücher gesetzt zu werden. Er hatte sich selbst einen Platz in der Akademie erworben und schien recht eigentlich der Mann dazu, um mit Friedrich zu verhandeln. Die französische Regierung meinte, durch die Sendung eines großen Herrn würde sich dieser Fürst geschmeichelt fühlen. Und besonders hoch nahm Friedrich es auf, daß Nivernois, der schon Ambassadeur gewesen war, doch die Stelle eines außerordentlichen Gesandten angenommen hatte, um ihn in Berlin aufzusuchen.

Am 14. Januar 1756, den Tag nach seiner Ankunft, hatte Nivernois seine Antrittsaudienz im Schloß zu Berlin. Es bezeichnet Friedrich, daß er gleich bei der ersten Zusammenkunft nicht, wie der Gesandte erwartete, nur bei Allgemeinheiten stehen blieb, sondern sofort auf die Geschäfte einging und die für ihn selbst wichtigste Frage zur Sprache brachte.

Er begann damit, daß er es noch immer für möglich erklärte, den Frieden zu erhalten, da der König von England nicht für den Krieg zu sein scheine, nicht einmal das Ministerium, wahrscheinlich auch Fox nicht, nachdem er die Stelle erreicht habe, die der Gegenstand seines Ehrgeizes gewesen sei. Nivernois ließ ihm wenig Hoffnung auf einen friedlichen Austrag übrig; wie andere verwickelte Streitsachen, z. B. einst die schlesische, so werde auch diese durch die Waffen entschieden werden müssen; in der Voraussetzung, daß hauptsächlich die Besorgniß vor einer Gegenwirkung der Russen es sei, was den König abhalten werde, für Frankreich Partei zu nehmen, brachte er unverweilt die guten Verhältnisse Frankreichs zu Polen, Schweden und der Türkei in Erinnerung, durch welche die Russen vor einem thätigen Eingreifen zurückgehalten werden würden. Friedrich antwortete, die Russen würden nicht durch Polen gegen ihn heranziehen, sondern durch Curland, wo sie schon in die Byronschen Besitzungen eingerückt seien, die sie, als durch russisches Geld erworben, für russisches Eigenthum ansähen; — und was die Pforte anbetreffe, so fürchte man sich in Rußland vor keiner Demonstration derselben; der Großherr leide an einer tödtlichen Krankheit und werde von den Janitscharen gehaßt und verachtet; er sei unfähig einen großen Entschluß zu fassen. Eben so wenig sei von Schweden zu erwarten, dies falle jetzt seinen Verbündeten mehr zur Last, als daß es ihnen Vortheil gewähren sollte; der König von Schweden selbst neige zu Rußland; durch den Hader zwischen Hof und Senat werde vollends Alles gelähmt: er seinerseits könne nichts zur Beilegung desselben thun, seine Schwester sei nicht ohne Geist, aber launisch und hartnäckig, er vermöge nichts über sie.

Der König drückte sich über die Gefahr eines Anfalles der Russen, welche sein Gebiet ohne Mühe überfluthen könnten, ohne daß er ihnen etwas anzuhaben vermöge, und über die Unzuverlässigkeit oder Nichtigkeit der entgegengesetzten Veranstaltungen mit so viel Geist und überzeugender Beredtsamkeit aus, daß ihn Nivernois mit Bewunderung verließ[1].

Die Verwickelung des Geschäfts aber begann erst, als der König in der nächsten Audienz den Schluß aus seinen Prämissen zog und dem Gesandten von seinen Verhandlungen mit England, ihrer Entstehung, ihrem Fortgang und dem bevorstehenden Abschluß eines Neutralitätsvertrags Kunde gab. Nivernois war gekommen, um nicht allein die alte Allianz zu erneuern, sondern den König recht eigentlich in ein Bündniß gegen England zu ziehen und mußte nun vernehmen, daß derselbe eben mit dieser Macht in Unterhandlungen über einen Vertrag, der dem Abschluß nahe, begriffen war. Wie er dann die Lage auffaßte, sieht man besonders aus einem Gespräch, das er bald darauf mit Podewils hatte; die beiderseitigen Gesichtspunkte traten einander dabei scharf und umfassend entgegen.

In Versailles, bemerkt Nivernois, werde man in dem Vertrage Preußens mit England einen Wechsel des politischen Systems

---

[1]) Nivernois an Rouillé 17. Jan.: S. M. me garda cinq-quart d'heures et pendant tout ce tems il me fit parler beaucoup sur les affaires générales. J'eus un grand plaisir à l'entendre et il s'exprima avec toute l'éloquence tout l'esprit et toute la sagesse imaginable. — Ich entnahm die Aktenstücke dieser Negociation schon im Jahre 1843 aus dem Archiv der auswärtigen Angelegenheiten in Paris mit Erlaubniß der trefflichen Männer Guizot, der damals Minister, und Mignet, welcher Vorsteher des Archivs war.

erblicken und in Besorgniß gerathen, daß sich Friedrich ganz und gar auf die Seite von England schlage. Podewils warf ein, man würde sehr Unrecht haben, das vorauszusetzen, da König Friedrich vielmehr die Absicht hege, seine Allianz mit Frankreich zu erneuern: die Neutralitätsconvention mit England werde Frankreich nur in Bezug auf Deutschland Rücksicht auferlegen; während es doch viele andere Unternehmungen gebe, durch welche der König von England genöthigt werden könne, die Hand zur Wiederherstellung des Friedens zu bieten. Durch einen Angriff auf Hannover würde Frankreich das deutsche Reich und die Kaiserin in die Waffen bringen, die Russen würden heranrücken und der Krieg ausbrechen, dessen Schauplatz unvermeidlich das preußische Gebiet werden müsse. Nivernois antwortete: Wenn wir die Engländer weder zur See besiegen, noch auf ihrer Insel heimsuchen können, wo sollen wir dem König Georg, von dem sich das ganze Uebel herschreibt, beikommen, als in dem, was ihm das Liebste ist, dem Churfürstenthum Hannover, und darin will uns Preußen die Hände binden[1]? Podewils versetzte, man kenne die Maximen der Engländer schlecht, wenn man meine, sie würden aus Rücksicht auf die deutschen Besitzungen ihres Königs auch nur das Geringste ihrer nationalen Interessen fahren lassen die Nation werde vielmehr Alles hergeben, um wie die Russen, so auch Oesterreich durch große Subsidien zum Schutz von Hannover aufzubieten, so daß ein Heer im Feld zu erwarten sei, welches die Franzosen zur Räumung Deutschlands nöthigen und sie selbst in Frankreich angreifen könne; das preußische Gebiet werde von der größten Bedrängniß betroffen werden. Aber, sagte Niver-

[1]) Où voulez-vous que nous attaquions le Roi d'Angleterre comme auteur de tous nos maux et l'arbitre de la paix et de la guerre chez lui dans ce qu'il a de plus cher qui est son électorat.

nois, der König mein Herr hat ein Kriegsheer von 160,000 Mann, über welche Preußen verfügen mag. Und wenn deren noch einmal so viel wären, fiel Podewils ein, so würden sie weder Ostpreußen gegen Rußland, noch Schlesien gegen Oesterreich sicher zu stellen vermögen. Selbst wenn man der Kaiserin die Niederlande entrisse, so würde sie das wenig empfinden, wenn sie dafür Schlesien wiedergewönne. Nivernois bemerkte, durch den Neutralitätsvertrag, welcher Hannover schütze, erspare Preußen dem König Georg über 50 Millionen, die ihm die zu zahlenden Subsidien kosten würden[1]. Gleich als ob, versetzte Podewils, die Subsidien diesem Fürsten einen Pfennig kosteten; die Nation wird sie zahlen; die Verbindung Englands mit Oesterreich und Rußland wird um so enger werden und kann die allergefährlichsten Folgen haben. Einen Schritt zurückweichend schlug Nivernois hierauf vor, die Negociation mit England, wenn man sie nicht abbrechen könne, wenigstens aufzuschieben; Podewils erwiederte, dazu sei sie zu weit gediehen: er könne den Franzosen nur den freundschaftlichen Rath geben, die Sache nicht mit zu viel Lärm und Ungeduld zu behandeln, in Zukunft könne König Friedrich ihnen vielleicht wieder gute Dienste leisten; man möge ihn nicht erbittern[2]. Darauf aber wollte sich Nivernois nicht verweisen lassen. Er erklärte die Erneuerung des preußisch-französischen Vertrags für

---

[1]) Par une convention de neutralité qui lui épargnera plus de 50 millions livres de France en subsides qu'il aurait été obligé de payer de plus à la Russie, à la cour de Vienne et à ses autres subsidiaires.

[2]) De n'en pas faire trop de bruit pour ne pas cabrer entièrement votre Majesté, qui au bout de compte avoit les mains libres après l'expiration de son traité avec la France et qui devoit songer préférablement à toute autre chose au salut de son état et mieux savoir, que d'autres ce qui lui convenait en cela.

unnütz, wenn dabei Hannover gegen Frankreich gesichert werde; hätte man in Versailles das voraussehen können, so würde man ihn, den Herzog, nicht hergeschickt haben. Podewils antwortete, Frankreich müsse über den Vortheil, den ihm die Erneuerung des Vertrages künftig einmal verschaffen könne, mit sich selbst zu Rathe gehen: König Friedrich werde es in seiner Entschließung darüber nicht stören[1].

Nun aber hatte damals der König die Erneuerung seiner alten Verbindung mit Frankreich, in wie fern sie mit dem eben geschlossenen Neutralitätsvertrag vereinigt werden könne, noch keineswegs aufgegeben.

Am 26. Januar ließ er den Gesandten zu sich bescheiden und theilte ihm mit, daß sein Vertrag mit England, wie eine eben eingetroffene Depesche melde, abgeschlossen sei; man habe ihn dort rascher beim Wort genommen, als er gemeint hätte. Indem er nochmals ausführte, wie unumgänglich nothwendig der Neutralitätsvertrag für ihn gewesen[2] sei, fügte er hinzu, durch denselben werde er nicht gehindert, eine neue und solidere Defensiv-Allianz mit Frankreich zu schließen, und sich mit der Türkei, mit Dänemark und Schweden zu verbinden; nie werde er die mancherlei Unbill vergessen, die er von dem König von England erfahren habe. Noch einmal ging er selbst tiefer, als man erwarten sollte, auf das Interesse von Frankreich ein, mit dem sich sein Neutralitätstractat sehr wohl vertrage; denn das bestehe darin, daß Frankreich alle seine Kräfte auf die Seemacht wende. Wenn

---

[1]) Podewils 23. Januar an den König. Staatsarchiv zu Berlin.

[2]) Worte des Königs aus der ersten Audienz: Qu'il est bloqué et assiégé de tout part, qu'il ne peut se dispenser de pourvoir solidement à sa sûreté et qu'il ne saurait se délivrer d'une inquiétude que par sa convention avec l'Angleterre.

es vollends den Franzosen gelänge, eine Invasion in England auszuführen, so würden sie eine allgemeine Verwirrung hervorbringen und die Bedingungen des Friedens ohne Weiteres dictiren können. In Deutschland wollte er die Franzosen nicht sehen: aber über die Möglichkeit und die Bedingungen einer Invasion von England ließ er sich unbedenklich aus: er hatte dafür vom Standpunkt des Strategen selbst einen Plan ausgedacht. Er sagte, wäre er an der Stelle Ludwigs XV., so würde er eine doppelte Landung unternehmen, die eine mit 8000 Mann in Irland, die andere mit 24,000 Mann in England; und zwar diese nicht gerade bei London, sondern etwa in der Nähe von Portsmouth; der General, der sie commandire, müsse es verstehen, gute Stellungen zu nehmen, und diese immer auf das Beste verschanzen; vieler Cavallerie bedürfe er dabei nicht, sie würde ohnehin die Landung erschweren. Dem Gesandten fiel es auf, daß der König des Prätendenten nicht erwähnte; er vermuthete, ein geheimer Artikel des Neutralitätsvertrages werde ihm das verbieten[1]. Allein so ernstlich meinte es der König mit seinem Vorschlage überhaupt nicht. Er wollte nur sagen denn als Bundesgenosse von England so ganz im Allgemeinen betrachtete er sich noch nicht, daß er die Franzosen eher an allen andern Orten im Kampfe mit den Engländern zu sehen wünsche um das Gleichgewicht zur See aufrecht zu halten, — er nannte auch Gibraltar und Port Mahon — als in Deutschland, wo sie nur den verderblichsten Krieg hervorrufen konnten.

Ohne Zweifel hätten die Franzosen besser gethan, seinem Rath zu folgen, als auf ihrem Sinne bestehen und die Engländer in Deutschland bekämpfen zu wollen. Und welchen Vortheil

---

[1]) Il pourroit y avoir par rapport à ce prince (le prétendant) un article, qu'on ne nous communique pas.

hätte es für Deutschland in sich geschlossen. Mochten Frankreich und England ihren Kampf an ihren Küsten und auf allen Meeren, in beiden Indien und der Nähe von Amerika, nach dem Maße der ihnen innewohnenden Macht, ausfechten; für Deutschland war es geboten, an diesem Kampfe, an welchem es keinen directen Antheil nahm, sich auch indirect nicht zu betheiligen. Ein stolzes und selbstbewußtes Vorhaben, das damit in den Gesichtspunkt trat und das von unermeßlicher Bedeutung für die Nation in ihrer Gesammtheit geworden wäre.

Doch war die Zeit dafür noch lange nicht gekommen; es lief nicht allein allen Tendenzen der vorangegangenen Epoche entgegen, sondern indem Friedrich den Schritt dafür that, setzte er seine eigene Stellung in Gefahr. Denn er riß sich eben von der Macht los, auf die er sich bisher gestützt oder doch zu stützen geschienen hatte. Von den alten Politikern in Berlin schüttelte Mancher den Kopf dazu, daß ein Bruch mit Frankreich in Aussicht trete.

Friedrichs Meinung war es nun nicht, einen solchen zu veranlassen, er dachte sein Verhältniß zu Frankreich im Sinne der Erhaltung des Friedens zu modificiren; auch auf der andern Seite sah es aus, als würde man darauf eingehen.

Die ersten Antworten, welche Nivernois auf seine Mittheilungen von Versailles empfing, zeugen nicht gerade von großer Entrüstung des Hofes. Der Gesandte sollte darnach nur zu erkennen geben, daß man erwartet hätte, von den Verhandlungen mit England im voraus in Kenntniß gesetzt zu werden: bei dem großen Vertrauen Ludwigs XV. zu dem König von Preußen müsse es ihn um so empfindlicher berühren, daß dieser ohne sein Vorwissen mit seinem mächtigen Feind Abkunft getroffen habe. Zugleich äußerte man die Besorgniß, daß außer der mitgetheilten

Convention zwischen den beiden Höfen noch manches andere verabredet sein werde, wie man ja auch die in derselben angezogenen früheren Verträge und ihre Stipulationen nicht kenne; jetzt gewinne es fast das Ansehen, als liege es in der Absicht der beiden Könige, einen protestantischen Bund zu Gunsten ihrer Religion abzuschließen, was den Intentionen von Frankreich entgegenlaufen würde[1]. Man höre schon von einer Zusammenkunft der rheinischen Churfürsten, gewiß nicht zum Vortheil von Frankreich: der König von Preußen habe seinen englischen Vertrag dem Churfürsten von Cöln mitgetheilt und ihn aufgefordert, demselben beizutreten. Heiße das nicht, den Alliirten des Königs von Frankreich von ihm abwendig machen?

Nivernois entnahm aus diesen Briefen, daß es hauptsächlich darauf ankomme ob nichts weiter in dem englisch-preußischen Vertrag enthalten sei, als was der König ihm mitgetheilt hatte. Friedrich trug Sorge, ihn darüber auf das Vollkommenste zu beruhigen.

Um die Mitte des Februar folgte Nivernois dem König nach Potsdam, wo ihm, für einen Fremden eine seltene Auszeichnung, eine Wohnung im Schloß eingeräumt wurde.

In der nächsten Nacht nach seiner Ankunft brachte ein Courier aus dem Haag die in London ausgewechselten Vollmachten und Ratificationen. Der König ließ Nivernois am andern Morgen zu sich rufen. Er übergab ihm die beiden Kapseln, die mit dem Staatssiegel von England verschlossen waren: der Herzog öffnete

---

[1] Rouillé an Nivernois 5. Februar: Nous croyons avoir lieu de soupçonner, qu'il y auroit un projet formé entre le roi de Prusse et plusieurs princes d'anciennes maisons protestantes pour faire sous le prétexte de reformer les abus de la diète, une ligue des protestans en faveur de leur religion.

selbst und nahm von den darin enthaltenen Originalactenstücken Kenntniß. In der einen fanden sich die erwähnten Vollmachten, in der andern der ratificirte Vertrag, wörtlich so wie er mitgetheilt worden, sammt dem besondern Artikel in der ihm mitgetheilten Fassung, der ebenfalls ratificirt war. Wenn das französische Ministerium daran Anstoß nahm, daß es die im Neutralitätsvertrage angeführten Conventionen nicht kenne, so half Friedrich diesem Mangel dadurch ab, daß er dem Gesandten nicht allein die Copien, sondern auch die Originale derselben vorlegen ließ. Dieser überzeugte sich, daß sie nichts enthielten, als was man ihm schon vorher davon gesagt hatte; nur von Einem Artikel ward keine Copie mitgetheilt, weil dies ausdrücklich verboten worden war, aber man ließ ihn das Original lesen. Dies enthielt nichts weiter, als daß die von Preußen ausgesprochene Garantie der englischen Staaten sich nicht auch auf Gibraltar und Port Mahon beziehen sollte.

Der König fügte hinzu, daß diese Garantie auch wie sie vorliege, schwerlich jemals realisirt werden würde, England verlange nichts weiter als die Sicherheit von Hannover; und so sei auch der Vertrag einzig auf Deutschland berechnet, er habe in England erklären lassen, er wolle in Ruhe bleiben und sich weder auf die eine, noch die andere Seite schlagen.

Noch einmal entwickelte er dem Gesandten die große Gefahr, der er ausgesetzt gewesen sei, als er seine Convention geschlossen habe; dieser fand seine Erwägungen sehr einleuchtend; er bemerkte, wenn dem König von Frankreich die Sache in ihrem wahren Lichte vorgestellt worden wäre, so würde derselbe der Erste gewesen sein, ihm einen zu seiner Rettung so nöthigen Schritt anzurathen. Friedrich antwortete, es thue ihm leid, aber die Mittheilung würde unmöglich und gefährlich gewesen sein; das eine, weil er die ersten Eröffnungen von London zu einer Zeit erhalten habe, in der Nivernois bei ihm bereits angemeldet und vielleicht schon unterwegs gewesen sei; das andere, weil man auch von Seiten Frankreichs Einwendungen und Rathschläge hätte erwarten müssen, deren Erörterung in den für seine Rettung nothwendigen Maßregeln eine unzuträgliche Verzögerung herbeigeführt und dem Könige von England Zeit verschafft haben würde, indeß den Marsch der Russen zu bewirken. Um einen Fürsten, der eine Verpflichtung eingehe, zu beurtheilen, müsse man sich das Interesse desselben vergegenwärtigen; das seine sei, in diesem Augenblick nicht von Rußland angegriffen zu werden, sondern in Ruhe zu bleiben, nur auf eine würdige Weise. Mit Frankreich werde er immer gern verbunden sein.

Auf die Frage, ob Frankreich, wenn es unbeschadet der Neutralitätsakte auf die Erneuerung der Allianz eingehe, alsdann sich eine gewisse Hülfe von Preußen würde versprechen können, — versicherte Friedrich, daß das keine Schwierigkeit habe.

Die Unterhandlungen des Königs mit Nivernois, die mit Hervorholung der entgegengesetzten Gesichtspunkte begonnen hatten, nahmen eine Wendung zur Verständigung, mit Vorbehalt des Neutralitätsvertrags.

Er hielt damals noch an der Hoffnung fest, der Welt den allgemeinen Frieden zu erhalten. Er hatte den beiden Mächten seine Vermittelung angeboten, die Franzosen hatten sie wenigstens nicht zurückgewiesen; es schien sogar, daß sie ihnen angenehm sei, und so war er bereit, Hand ans Werk zu legen. Aus einem französischen Memoire nahm er ab, daß Frankreich von Concessionen in Nordamerika nicht abgeneigt sein würde, wenn England die Herausgabe der in offenem Kampf eroberten oder durch Ueberraschung aufgebrachten französischen Schiffe, Kriegsfahrzeuge und Kauffahrer, bewillige[1]. Darauf fußend dachte er nun folgendergestalt zu verfahren. Er wollte zuerst bei den Franzosen anfragen, welche Vortheile sie den Engländern in diesem Falle zugestehen und alsdann bei den Engländern, ob sie die Schiffe herausgeben und sich mit diesen Bedingungen begnügen würden, für den Fall, daß man sie ihnen verschaffe. Sollten sie darauf eingehen, was er an sich für sehr möglich hielt, denn eine ansehnliche Partei in England sei gegen den Krieg, und König Georg selbst nicht für denselben, so werde er sich als Garanten dieser Präliminarien aufstellen; die Herausgabe der Schiffe müsse erfolgen und alsdann ein Congreß zwischen den Deputirten beider Nationen veranstaltet werden, um die streitigen Fragen friedlich auszumachen.

Er forderte Nivernois auf, ihm seine Meinung über diese Vorschläge zu sagen.

Mehr um dem König, der vorsichtiges Stillschweigen sehr ungern sah, gefällig zu sein, als weil er sich besondern Erfolg davon versprochen hätte, ließ sich Nivernois zu einer Aeußerung darüber herbei. Er meinte, Friedrich möge die Engländer vor allen Dingen zur Rückgabe der von ihnen genommenen Schiffe auffordern, und dagegen nur garantiren, daß der König von Frankreich nichts von den schon früher angebotenen vortheilhaften Bedingungen zurücknehmen werde. Friedrich antwortete ihm, das werde in dieser Allgemeinheit wenig helfen. In Kurzem hörte er von England, man kenne keine von Frankreich gemachten vortheilhaften Anerbietungen.

---

[1]) Wie zahlreich diese waren, erkennt man aus dem Etat des vaisseaux français pris par les Anglais avant la déclaration de la guerre. Vie privée de Louis XV., III., App. nr. II.

Wahr ist es jedoch, daß die Unterhandlungen noch nicht vollständig abgebrochen waren; und guter Wille von allen Seiten konnte vielleicht doch noch so viel bewirken, daß das bereits gezückte Schwert eingehalten wurde.

Mochte es aber zu einem Austrag kommen, dessen Möglichkeit freilich nur an einem Faden hing, oder dieser abgerissen werden, und der Krieg unwiderruflich ausbrechen, in jedem Fall erschien es für Preußen, und selbst für Frankreich nützlich, daß eine bedingte Erneuerung der früheren Allianz sicher gestellt würde[1].

Podewils machte einen Vertragsentwurf zu diesem Zweck, den dann Finkenstein prüfte und billigte; er sollte so abgefaßt sein, daß er auch in England vorgelegt werden könne, und Preußen zugleich vor den möglichen Rückwirkungen der Wechselfälle des Krieges gesichert werde. Auch Nivernois legte Hand ans Werk und schickte eine eigene Fassung des Entwurfs nach Versailles.

Danach sollten nach wie vor zwischen den beiden Fürsten freundschaftliche und selbst brüderliche Beziehungen bestehen, und der Tractat von 1741 mit der Garantie der beiderseitigen Besitzungen in Europa im Allgemeinen erneuert sein, der König von Preußen aber sich anheischig machen, den Franzosen bei einem Angriff auf ihr Gebiet mit 10,000 Mann zu Hülfe zu kommen und überdies, in deutschen Angelegenheiten, namentlich bei einer römischen Königswahl, nichts zu unternehmen, ohne sich mit Frankreich darüber benommen zu haben.

Nivernois meinte, daß es viele Schwierigkeiten haben

---

[1]) Lettre du roi de Prusse au duc de Nivernois 18. März: Je crois avoir entrevu que ce ne serait pas les contestations de l'Amérique qui arrêteroient la paix pourvu que les Anglais restituassent avant tous leurs prises. Die letzte Erklärung der Franzosen vom 2. Januar 1756 forderte vor allen Dingen eben die Herausgabe der Schiffe und die Schlichtung der Streitigkeiten durch einen Congreß.

werde, in Berlin mit alle dem durchzudringen; in Versailles war man damit noch lange nicht zufrieden.

Wohl fand man die Erklärungen Friedrichs vollkommen geeignet, um alle Besorgnisse, die aus den auftauchenden Gerüchten hervorgegangen waren, zu zerstreuen, und wies den Vorschlag einer Erneuerung der Allianz nicht schlechthin von der Hand; aber man machte sehr weitaussehende Erinnerungen.

Man behauptete dort, in dem englisch-preußischen Tractat werde eins der vornehmsten Rechte der deutschen Fürsten verletzt, das Recht, Krieg zu führen: denn dazu gehöre auch die Befugniß, fremde Mächte anzurufen und Hülfstruppen in das Reich einrücken zu lassen[1].

Die Franzosen brachten überdies die Sache des Erbprinzen von Hessen zur Sprache, den England für regierungsunfähig zu erklären die Absicht habe, so daß die Autorität des Landes an seine Gemahlin, d. h. deren Vater, den König von England gelangen würde; sie forderten die Abberufung der hessischen Truppen aus dem englischen Dienst. Ueber diesen Punkt sprach Nivernois zuerst mit dem König. Friedrich billigte nicht Alles, was in Hessen geschehen war; er urtheilte jedoch, das Verfahren des Landgrafen gegen seinen Sohn sei nicht so weit gegangen, daß man es schlechthin hart nennen dürfe und dieser habe sich erbärmlich betragen; er habe die Absicht gehabt, unter dem Einfluß seines Beichtvaters nach Wien zu flüchten[2]; unter allen Umständen müsse man Vorkehrungen treffen, daß das Bekenntniß und

[1]) Dans le traité est blessé un des droits les plus importants des princes d'Allemagne c. a. d. le droit de faire la guerre dans le quel est compris cela d'appeller les troupes étrangères à sa defense contre l'oppression d'un tiers.

[2]) Que la pluspart des conventions de Hanau ne pouvaient pas être approuvées.

das Gewissen seiner Unterthanen, welche die eifrigsten Protestanten in Deutschland seien, gesichert werde[1].

Wenn sich nun aber hierüber schwerlich ein Verständniß erwarten ließ, so war ein solches bei anderen Forderungen der Franzosen noch weniger zu hoffen.

Sie nahmen Anstoß daran, daß in dem preußisch-englischen Tractat kein Termin, bis zu welchem er gelten solle, festgesetzt sei: was eine immerwährende Neutralisirung Hannovers in sich schließe, die sich Frankreich nicht könne gefallen lassen; der König solle erklären, daß sein Vertrag mit der Beilegung der gegenwärtigen Streitigkeit aufhöre: und das Versprechen geben, keinen andern Fürsten zu demselben herbeizuziehen. Sie sagten, wenn der König von Frankreich jetzt auch darauf Verzicht leiste, Hannover zu besetzen: so würde ihm doch, im Falle daß der Krieg mit England einen unerwünschten Verlauf nähme, nichts Anderes übrig bleiben, als dazu zu schreiten; man wolle sich dann mit Preußen berathen, wie dies geschehen könne, ohne einen Krieg in Deutschland zu veranlassen. Dadurch wurde aber das Princip verletzt, von welchem Friedrich ausging, Hannover überhaupt nicht in die Hände der Franzosen gerathen zu lassen. Und wie hätte dem König von England eine Abkunft mitgetheilt werden können, welche diese Eventualität in Aussicht stellte.

Jede Bemerkung der Franzosen verräth, daß sie ihr Uebergewicht in Deutschland nicht allein zu erhalten, sondern bei Gelegenheit des Krieges zu verstärken trachteten. König Friedrich konnte dazu nimmermehr seine Hand bieten.

---

[1]) Qui n'ont pour but que d'offenser la conscience des futurs sujets de ce prince, qui sont les peuples de toute l'Allemagne les plus attachés au protestantisme. (Nivernois 9. Mars).

Seine damalige Intention war, von den beiden Mächten die eine für sich, die andere nicht gegen sich zu haben, eine Politik, durch die sich der österreichische Staatskanzler in jeder Bewegung gehemmt fühlte und die hauptsächlich seine Eifersucht und seine Gegenwirkung erweckte.

Achtes Capitel.

Momente der Verständigung zwischen Oesterreich und Frankreich.

Zwischen Oesterreich und England bemerkte man in dieser Epoche noch keine feindselige Gesinnung, aber eine auffallende Erkaltung. Der englische Gesandte sah die österreichischen Minister fast alle Tage, von der obschwebenden großen Frage aber war zwischen ihnen niemals die Rede. Er erwähnte sie nicht; sie erwähnten sie nicht. Die Kaiserin-Königin hat selbst einmal ihr Mißvergnügen über dies Verhältniß ausgesprochen. Nach ihrer Entbindung im December 1755 — es war Marie Antoinette deren sie damals genaß — sah sie den englischen Gesandten, der sich während ihres Wochenbettes nach ihrem Befinden erkundigt hatte, wieder. Sie dankte ihm, daß er sie nicht auch vergessen habe, wie so viele Andere; sie seien ja alte Freunde, und wenn auch Mißverständnisse zwischen ihnen vorgekommen, jederzeit als Freunde geschieden: möchte es doch immer so bleiben.

Sehr unsicher war damals noch der Erfolg der Unterhandlungen mit Frankreich, welches von Preußen nicht lassen wollte, wodurch dann Oesterreich auch bewogen wurde, seine Entfremdung von England nicht weiter greifen zu lassen.

Da erfuhr man nun von dem zwischen England und Preußen geschlossenen Vertrag.

Kaunitz blieb bei der ersten Mittheilung, die ihm Keith davon machte, sehr ruhig. Er setzte sich nieder, um davon Act zu nehmen, und sagte nur, die Gesandtschaft in London habe ihm Notiz von dem Vorhaben gegeben, er habe es ohnehin längst vermuthet[1].

England stellte in Wien den Vertrag unter dem Gesichtspunkte einer Erneuerung der großen Allianz dar, zu welcher einst auch Brandenburg-Preußen gehörte. Wenn Oesterreich bisher auf nichts so sehr gedrungen habe, als darauf, gegen Preußen sichergestellt zu werden, so habe das auf zweierlei Weise geschehen können, entweder durch einen Krieg Oesterreichs und Rußlands gegen Preußen, der aber mit englischen Subsidien hätte geführt werden müssen und zuletzt verderblich geworden wäre, oder aber durch eine Abkunft mit Preußen; diesen Weg habe England vorgezogen. Die vornehmste Einwendung des Staatskanzlers gegen den Vertrag betraf die Ausnahme der österreichischen Niederlande von der zwischen Preußen und England stipulirten Neutralität. Es scheine, als zeige man dadurch mit Fingern auf das Land, welches Frankreich angreifen könne[2]. Die Engländer bezogen sich auf die letzten Verträge, in denen ebenfalls nur die Besitzungen in Deutschland garantirt, also die Niederlande ausgeschlossen worden seien. Oesterreichischer Seits wollte man das nicht eingestehen, man schrieb dem Wort Deutschland dieselbe Bedeutung zu, wie dem Wort: das Reich, welches noch den burgundischen Kreis in sich begreife. Keith erwiederte, Preußen habe bei seinen Garantien die Niederlande und Italien alle-

[1]) So erzählt Keith an Klinggräff. S. dessen Depesche. 7. Febr.

[2]) Que S. M. (l'impératrice) se n'étoit pas attendue, de voir designé par un traité fait par S. M. Britannique la partie de ses états, que la France pourrait attaquer. Vgl. Raumer: Contributions to modern history 249, die ich durch Einsicht der Originale zu vervollständigen Gelegenheit hatte.

zeit ausgenommen. Eines Tages fragte Kaunitz, ob man denn in England wirklich glaube, daß der Vertrag die Folgen hervorbringen werde, die man erwarte. Der Gesandte antwortete, er sei überzeugt davon: denn dadurch werde die Besorgniß, welche Kaunitz so oft geäußert, von Preußen angegriffen zu werden, gehoben: es sei nicht zu erwarten, aber sollte es jemals geschehen, daß Friedrich II. die Kaiserin-Königin angreife, so sei der König von England entschlossen, alle die Verpflichtungen zu erfüllen, die er gegen das Haus Oesterreich habe. Anfangs hatte Kaunitz die Meinung kund gegeben, der Vertrag sei ihm nicht vollständig mitgetheilt, er werde gewiß noch andere Stipulationen zum Vortheil Preußens enthalten. Diese Vermuthung ließ er wenigstens in so fern fallen, als in solchen eine Gefährdung Oesterreichs liegen konnte. Er sagte, er habe den König Georg nie für fähig gehalten, durch einen neuen Tractat seinen Verpflichtungen gegen die alten Alliirten Eintrag zu thun. Keith erwiederte, die Bemerkung sei sehr richtig[1], und ergriff den Augenblick, um des Gerüchts zu gedenken, das über eine Verbindung zwischen Oesterreich und Frankreich verlaute; aber er könne das nicht glauben, es würde dem ausgesprochenen Grundsatz entgegenlaufen und die alte Allianz völlig zersprengen. Kaunitz antwortete, wiewohl nicht, ohne daß es schien als bereue er die Wendung, die er dem Gespräch gegeben hatte, die Kaiserin-Königin werde nie etwas thun, worüber sie sich Vorwürfe zu machen hätte, oder was ihrem alten Alliirten gerechten Grund zu Beschwerden geben könne.

So lehnte auch Maria Theresia noch immer die Vermuthung ab, als würde sie sich jemals mit den Franzosen vereinigen, zu denen sie schlechterdings kein Zutrauen fassen könne.

---

[1]) I replied, that his observation was very just.

Es gab auch auf ihrer Seite einen triftigen Beweggrund gegen eine solche Vereinbarung, er lag in der Absicht Frankreichs, Hannover anzugreifen, die es nicht allein nicht verhehlte, sondern zu deren Ausführung es die Mitwirkung des Wiener Hofes verlangte; dieser sollte die Intervention der Russen verhindern, weil man voraussetzte, sie gehe vor allen Dingen auf eine Vertheidigung Hannovers eben gegen einen französischen Angriff. Aber Oesterreich hatte selbst das Subsidienverhältniß zwischen England und Rußland, das zu diesen Erwartungen den Anlaß gab, eingeleitet; die russische Allianz war die vornehmste, die der Wiener Hof besaß; so viel war unter jenen Umständen die Annäherung an Frankreich nicht werth, um darüber die Kaiserin von Rußland zu beleidigen. Und dabei ward damals auch noch ein anderer Gesichtspunkt hervorgekehrt, man sagte den Franzosen, Hannover sei ein Reichsland und das Reichsoberhaupt verpflichtet, es zu schützen.

Die Uebereinkunft Preußens mit England machte noch keinen entschiedenen Eindruck dagegen.

Von Rußland hörte man, daß dort dieser Vertrag nur deshalb gemißbilligt werde, weil er ohne Vorwissen der andern Alliirten geschlossen worden sei; man schreibe das dem Mißtrauen zu, das bisher zwischen den alten Alliirten geherrscht habe; denselben zum Trotz erwarte man immer dort die Herstellung eines besseren Verständnisses zwischen England und Oesterreich. Maria Theresia schien nur darüber verlegen zu sein, wie das mit Schicklichkeit werde geschehen können. Man sagte ihr: sie brauche ja nur zu erklären, daß sie sich von der Unschädlichkeit des Vertrags überzeugt habe. Das ginge an, sagte die Kaiserin[1].

---

[1]) „That would do", wie der englische Gesandte es ausdrückt.

Es ist der russische Gesandte am Wiener Hofe, Kaiserling, welcher dem englischen diese Nachricht gab; er selbst billigte diese Auskunft.

Kaunitz sprach sich dann und wann in einer Weise aus, als ob er eine Verbindung von Preußen und England nicht eigentlich fürchte. Er ließ vernehmen, die beiden Könige würden nicht lange gute Freunde bleiben; Georg II. werde, wenn er sich mit dem preußischen Fritz entzweie, um so besser gesinnt zu Oesterreich zurückkehren.

So lauteten die Aeußerungen, in so fern man sich überhaupt dazu verstand, das Vorgefallene zu berühren, gemäßigt und gleich, als wolle man sich in die Sache finden. Ganz anders waren die Tendenzen, die man wirklich verfolgte. Daß die beiden Könige, die bisher den entgegengesetzten Parteien angehörten, jetzt fest verbunden waren, bildete ein Ereigniß, das am österreichischen Hofe den unerfreulichsten Eindruck machte und machen mußte. Besonders fiel der angedeutete allgemein politische Gesichtspunkt auf das stärkste ins Gewicht.

Friedrich hatte sich durch den Neutralitätsvertrag nicht allein gegen eine augenscheinliche Gefahr gesichert, sondern wenn es ihm gelang, dabei ein gutes Verhältniß mit Frankreich zu behaupten, eine Stellung von der größten Aussicht gewonnen. Er würde zugleich auf die englische und die französische Politik Einfluß ausgeübt haben. Oesterreich fürchtete dadurch in eine isolirte und wenn es an seinem Bunde mit England festhielt, in eine secundäre Position gebracht zu werden. Man klagte in Wien, die englische Regierung verwende bereits ihren Einfluß in Holland zu Gunsten Preußens, nur noch für diese Macht habe sie Aufmerksamkeiten; in der deutschen Reichsversammlung werde Hannover fortan mit Preußen stimmen[1] und dadurch bewirken,

---

[1]) Schreiben der Kaiserin an ihren Schwager Carl von Lothringen.

daß sich ihnen nicht allein die protestantische Partei, sondern auch die katholische anschließe. Oesterreich würde alles Ansehen im deutschen Reiche und ebenso in Europa seine Geltung verlieren, der König von Preußen werde sich nach Lage der Umstände abwechselnd bald auf die eine, bald auf die andere der beiden vorwaltenden Mächte stützen können[1].

Unerträglich war dies für die hochstrebende Kaiserin und ihren weit um sich schauenden Staatskanzler, die Friedrich zu vernichten dachten und jetzt in den Fall kamen, seine politische Ueberlegenheit fürchten zu müssen. Alle ihre Gedanken gingen dahin, eben dies zu vermeiden.

Von doppelter Wichtigkeit wurden nun die mit Frankreich eingeleiteten Unterhandlungen. Sie hatten schon insofern Werth, als sie sich auf die Neutralität und gegenseitige Garantie bezogen. Denn darin lag immer eine Sicherstellung vor den Angriffen Frankreichs[2]. Soviel war bereits erreicht, daß die Sache von England und Oesterreich nicht mehr als identisch erschien, wenngleich die beiden Mächte noch als Verbündete betrachtet wurden.

Bald aber eröffneten sich noch viel weitere Aussichten. Wir wissen schon, daran war nicht zu denken, daß Frankreich sich entschlossen hätte, eine große continentale Neutralität, obwohl davon die Rede war, zu gestatten und seinen Streit mit

---

[1]) Placé entre la France et l'Angleterre (ce prince) il pourrait s'appuyer alternativement sur l'une et sur l'autre de ces puissances, me priver moyennant cela du secours de l'une et de l'amitié de l'autre, me réduire ne pouvoir plus me confier à mes amis, ni me fier à mes ennemis, et à me trouver, en un mot, sans sûreté, sans crédit, sans influence, sans poids et sans considération dans les grandes affaires de l'Europe.

Bulletin de l'Académie de Bruxelles XVII, 4 p. 21.

[2]) Mémoire de Kaunitz: moyennant les offres qu'on nous faisoit nous étions désormais sans appréhension d'être attaqués par la France.

England lediglich zur See auszufechten. Es wollte den Seekrieg, da es sich aber der Inferiorität seiner maritimen Kräfte bewußt war, zugleich den Landkrieg. Die Marine war nicht das Element, in welchem die französische Vergangenheit glänzte; aller große Ruhm, an dem die Nation ihr Selbstgefühl nährte, war zu Lande errungen worden. Wenn, wie wir sahen, Ludwig XV. die Interessen der Engländer und des Königs Georg vermischte, so daß er an diesem zu rächen gedachte, was eigentlich die Anderen ihm zu Leide thaten, so hielt man umsomehr an diesem Gesichtspunkte fest, weil er den Anlaß bot, zugleich einen Landkrieg in altem Styl, vor Allem nach Deutschland hin zu unternehmen.

In so fern wurde nun der Neutralitätsvertrag des Königs von Preußen mit England, der diesem Plan entgegenlief, in Versailles auf das peinlichste empfunden. Gewohnt, eine große Rolle auf dem Continent zu spielen und sich die Ehre davon selbst noch in höherem Grade, als Grund dazu vorlag, anzumaßen, schrieb sich der französische Hof selbst das Emporkommen von Preußen zu. Er erblickte in dem Verhalten des Königs eine Art von Abfall von Frankreich. War dies aber nicht eben das, was der Graf Kaunitz in seinen letzten Eröffnungen als geschehen bezeichnet hatte, eine Verbindung Friedrichs mit England, im Gegensatz gegen Frankreich? Wie Kaunitz selbst sagt, der Same des Mißtrauens, welchen er in die Seele der Franzosen geworfen hatte, schlug in Folge des Neutralitätsvertrages Wurzel darin[1].

In dem Maße, als dies geschah, gewann die entgegenge-

[1]) Le germe de méfiance, que nous avions fait naître dans le coeur des Français contre ce prince y jetta par sa défection de profondes racines.

setzte Tendenz, mit Oesterreich eine engere Abkunft zu treffen, Boden und bei den Franzosen Eingang.

In den Tagen, in welchen Nivernois bei Friedrich II. in Potsdam weilte, erschien der österreichische Gesandte, Starhemberg, in Versailles; er verhandelte viel mit Rouillé und Sechelles, am meisten mit Bernis, der eine Ehre darein setzte, die unter seiner Vermittelung begonnene Unterhandlung in den Händen zu behalten.

Das Gespräch fiel wie von selbst auf den so eben bekannt gewordenen Neutralitätsvertrag. Starhemberg bemerkte, so lange nur von Vermuthungen über die Politik des Königs von Preußen die Rede gewesen sei, habe er geglaubt, sie dem französischen Hofe mittheilen zu müssen; nachdem derselbe aber einen Vertrag mit England geschlossen, brauche er nichts mehr hinzuzufügen. Er sah wohl, daß man ihm entgegenkommen werde, und war sehr zufrieden damit, daß er nicht in aller Form die ersten Schritte zu thun brauche. Da sagte ihm nun Bernis: man erkenne jetzt auch in Frankreich die Unzuverläßigkeit, den Ehrgeiz und die gefährlichen Absichten des Königs von Preußen[1]; gewiß werde der Vertrag auch noch geheime Artikel von Bedeutung enthalten, denn ohne großen Vortheil würde er sich nicht der Gefahr aussetzen, seine Allianz mit dem König von Frankreich zu verlieren. Indem er nun bemerkte, daß dieser sein Herr den Tractat von 1741 als aufgelöst betrachte, obwohl er es noch nicht geradezu ausspreche, gedachte er zugleich der früheren geheimen Anträge Oesterreichs, von denen man jetzt hoffen dürfe, daß sie zum größten Theil angenommen werden würden. Dabei warf er jedoch eine vorläufige Frage auf, von deren Erledigung alles weitere abhänge. Sie war,

[1]) L'ambition, la mauvaise foi, les vues dangereuses du roi de Prusse. (Briefe Starhembergs vom 26. Februar 1756).

ob in dem Fall, daß Frankreich die Allianz mit Preußen fallen lasse, Oesterreich auf seine Verbindung mit England Verzicht leisten werde, und ob der Gesandte ermächtigt sei, eine Versicherung hierüber zu ertheilen[1]. Als Starhemberg antwortete, er sei darauf nicht instruirt, zeigte Bernis Verwunderung, denn man hätte diese Forderung voraussehen können, und gewiß werde Frankreich darauf bestehen: ohne Reciprocität der Verpflichtungen könne die Verbindung keinen Bestand gewinnen[2]. Er wiederholte bei einer folgenden Conferenz, daß dies der fundamentale Punkt sei, auf den alles ankomme; sobald man über denselben einig sei, werde sich alles andere ohne Schwierigkeit finden.

Es ist dies der Moment gewesen, in welchem die Unterhandlung die Höhe ihrer historischen Bedeutung erreichte. Die Veränderung des politischen Systems, wie es sich seit dem Ende des vorangegangenen Jahrhunderts in dem Gegensatz der beiden Hauptmächte darstellte, die Gründung eines andern von sehr abweichendem Charakter und weiterer Bildungsfähigkeit trat damit in Aussicht.

Wahrscheinlich ist die Idee in dem Kopfe des Abbé von Bernis entsprungen; in dem König von Frankreich, dessen intimes Vertrauen er damals besaß, fand sie entgegenkommende Beistimmung. Zu einer Allianz mit Oesterreich gegen Preußen wäre Ludwig XV. an sich kaum zu bringen gewesen; aber das System zu wechseln, so daß die Veränderung der Allianz zugleich seinem Wunsche, an Georg II. Rache zu nehmen, seinem gereizten

---

[1]) Si en cas, que le roi se déterminât à renoncer à l'alliance de la Prusse j'etois autorisé à assuror que ma cour renonceroit aussi de son côté à cette de l'Angleterre. Brief Starhembergs 20. Februar.

[2]) Qu'on resisterait ici sur cette demande que sans une parfaite reciprocité nos engagements ne pourrait pas subsister.

Selbstgefühl und der Intention der Machterweiterung in Deutschland entsprach, dazu verstand er sich.

Der Gedanke war in den höchsten und allein entscheidenden Kreisen bereits gefaßt, als die Entwürfe des Herzogs von Nivernois über die Erneuerung der Allianz von 1741 eintrafen. Er empfahl die Annahme derselben, weil Frankreich dadurch die Politik der Engländer zu Schanden machen, und dem Neutralitätsvertrag eine Wendung zum Nachtheil Englands geben werde; er hoffe den König von Preußen so zu fesseln, daß er sich niemals wieder losmachen könne. Ohne alle Wirkung blieb das nicht, wie wir ja sahen, daß das französische Ministerium den eingesandten Entwurf mit Gegenvorschlägen beantwortete: so hochfahrend diese aber auch noch immer lauteten, so waren sie doch nicht ernstlich gemeint; der Grund, daß man sie überhaupt mache lag, wie Rouillé verlauten ließ, darin, daß man die Erneuerung des Vertrags mit Preußen nicht eher ablehne, als bis man sich mit dem Wiener Hofe verständigt habe[1].

Eigentlich ergriff jetzt Frankreich die Initiative in den Verhandlungen. Sein Antrag an Oesterreich war ein doppelter, einmal, daß es sich von England völlig lossage; dann würde auch Frankreich auf sein Verhältniß mit Preußen Verzicht leisten: und sodann, daß es in gleichem Maße zur Verkleinerung des Königs von England beitrage, wie Frankreich zur Schwächung des Königs von Preußen.

Das Bundesverhältniß zu England aufzulösen war man nun, wie wir wissen, in Wien schon sehr geneigt: bei der Bedeutung dieses Schrittes für die Universalgeschichte des neuern Europa ist es jedoch der Mühe werth, die Motive, die zu dem

---

[1]) Starhemberg: Le refuser absolument, avant que d'être convenu de ses faits avec nous.

für die allgemeine Gefahr von Europa entscheidenden Systemwechsel führten, wie sie in einem zur Mittheilung an Rußland bestimmten Ministerialrescript zusammengefaßt sind, zu vergegenwärtigen [1].

Das vornehmste ist, daß England alle Anstrengungen seiner Alliirten nur gegen Frankreich zu richten gedenke, gegen die besondern Feinde derselben aber nichts thun wollte. Es habe in seinen früheren Defensiv-Verträgen mit dem Haus Oesterreich die Pforte ausdrücklich ausgenommen, und alle Hoffnung zu einer Hülfeleistung bei einem etwaigen Einfalle der Türken abgeschnitten. So habe es die Garantie gegen Preußen nur zögernd gegeben, die englische Nation ziehe aus religiöser Sympathie das preußische Bündniß dem österreichischen vor. Da nun Oesterreich den König Friedrich als seinen gefährlichsten Feind betrachte, so entstehe eine große Verschiedenheit der Staatsinteressen. England habe den russischen Subsidientractat nur deshalb nachgesucht, um den König von Preußen durch die Gefahr, die ihm dadurch erwachse, auf seine Seite zu ziehen; durch die Vereinigung aller continentalen Mächte denke es Frankreich zu Lande zu beschäftigen, um seine eigenen Streitkräfte ungetheilt auf die See zu wenden, und zuletzt für Krieg und Frieden das Heft allein in der Hand zu behalten. Aber der Beruf von Oesterreich sei es nicht, zum Vortheil der Krone von England Krieg zu führen; und schon sehe man in England die Verbindung mit Oesterreich und mit Rußland nicht mehr als nothwendig an; man gehe dort mit einem neuen Systeme um, bei welchem Preußen noch weiter um sich greifen werde, unterstützt von England. Denn zwischen diesen Mächten gebe es keinen Grund mehr zur Eifersucht; auch in den Reichsangelegenheiten seien sie verbunden:

[1] Auszug aus den Berathungen der Conferenz, 23. Jan. 1756 in Gegenwart des Kaisers und der Kaiserin.

nicht allein erfahre der katholische Theil Zudringlichkeiten von ihnen, die Autorität des Kaisers werde vernachlässigt; man schreite zur Selbsthülfe gegen den Herzog von Mecklenburg mit welchem der König über seine Soldatenwerbungen in Streit gerathen war; sei es nicht, als wolle man den König von Preußen zum Gegenkaiser machen?

Aus allem dem wird der Schluß gezogen, daß sich Oesterreich und dann auch Rußland von England absondern und eher zu Frankreich halten müsse, welches gewiß nicht dulden könne, daß es durch seinen bisherigen Alliirten verhindert werde, Feindseligkeiten gegen das hannoversche Gebiet auszuüben. Setze sich doch Friedrich II. auch den ruhmvollen Unternehmungen der Kaiserin von Rußland entgegen; er nehme die Miene des Erhalters und Beschützers der Ruhe von ganz Deutschland an[1].

Das wesentliche Motiv der Auflösung der alten Allianz ist und bleibt, daß England nicht allein seinen Beistand gegen Preußen versage, obwohl man ihm einen solchen gegen Frankreich leisten würde, sondern den König von Preußen unterstütze und ihn zur überwiegenden Gewalt in Deutschland zu fördern trachte.

Wenn die Unterhandlung zu Versailles zu der Aufforderung führte, daß Oesterreich die Auflösung der französisch-preußischen Allianz mit der Lossagung von England erwiedern müsse, so war ein solcher Schritt in Wien von allen Seiten erwogen und rathsam gefunden worden: überdies fühlte man, daß schon die bisherige Unterhandlung mit Frankreich über die Neutralität und gegenseitige Defensive wider die Natur des alten Bündnisses streite, und in ihrem Fortgang, namentlich in Bezug auf die Niederlande, dasselbe noch mehr durchbrechen werde[2].

---

[1]) Hauptrescript an Esterhazy 11. Febr. 1756.

[2]) Zumalen der Barrieretractat durch unsern gefaßten Entschluß, dem

Man trug kein Bedenken, auf den Gedanken der Reciprocität in dem angetragenen Sinn einzugehen und zwar in richtiger Voraussetzung des nächsten Zweckes: denn Frankreich, welches sich nun einmal nicht auf den Seekrieg beschränken wolle, könne sich den preußisch-englischen Tractat nimmermehr gefallen lassen: durch die Sicherheit, welche derselbe dem Churfürstenthum verschaffe, werde auch eine Landung in England, wohin jetzt hessische Soldaten übergeführt würden, für König Ludwig unmöglich: ohne Zweifel hege er die Absicht, seine Waffen gegen Hannover zu wenden; dahin führe sein Interesse und seine Ehre; nur dadurch bekomme er Gelegenheit, seinem Feinde zu schaden und die Unternehmungen desselben zu vereiteln.

Wenn wir nicht irren, so liegt hierin das wichtigste, für die Nachwelt wirksamste Moment von allen. Der König von Preußen wollte eine Invasion der Franzosen in Deutschland verhindern; er wagte es darüber, die vornehmste Allianz, die er hatte, die mit Frankreich auf das Spiel zu setzen; sollte es der kaiserliche Hof, mit seinen reichsoberhauptlichen Pflichten vereinbar finden, in diese Invasion zu willigen? Ganz und gar waren diese nicht vergessen; aber unter den veränderten politischen Conjuncturen sah man darüber hinweg. Jetzt brauchte man nicht mehr zu fürchten, wie zuvor, daß man sich deshalb mit Rußland entzweien könne. Man hatte kein Bedenken die neutrale Stellung, welche man zwischen Frankreich und England einzunehmen entschlossen war, auch auf Hannover auszudehnen; man war bereit, das Unternehmen der Franzosen gegen Hannover zuzulassen, zumal

---

Don Philipp ein Etablissement in den Niederlanden einzuräumen eo ipso gänzlich aufgelöst werden.

dadurch die Ausführung des eigenen gegen Preußen gerichteten Vorhabens ungemein erleichtert werde[1].

Es liegt uns fern, darüber eine moralische Anklage auf den Grund des erst soviel später zum Bewußtsein gekommenen Begriffes der Nationalität zu erheben; unläugbar ist, daß wenn Friedrich II. denselben hervorhob, er dazu auch allerdings durch seine besondere Lage veranlaßt wurde. Aber eben das bildet den Unterschied der beiden Staaten. Preußen wurde durch seine Machtstellung und seine geographische Lage darauf gewiesen, die fremden Truppen von Deutschland fern zu halten und die gemeindeutsche Sache als seine eigene zu betrachten: darin liegt der Ursprung des preußisch-deutschen Gedankens, der später so mächtig werden sollte. Oesterreich dagegen wurde durch seine italienischen niederländischen und allgemein europäischen Interessen veranlaßt, davon abzusehen; indem es die Allianz mit England aufgab, glaubte es sich jeder Rücksicht auf Hannover überhoben. Friedrich wollte Russen und Franzosen von Deutschland fern halten; Oesterreich bedurfte ihre Mitwirkung zu dem großen Vorhaben, mit dem es umging. In Wien gelangte der Gedanke einer Allianz mit Frankreich und Rußland eben in diesem Moment zu einer alle anderen Rücksichten ausschließenden Geltung; um die Hoheit des Hauses Oesterreich zu wahren und seine Macht in vollem Umfang

---

[1]) Rescript an Starhemberg 6. März 1756. Nachdem wir zu unserer bereits gefaßten Entschließung währenden diesem uns nicht im geringsten betreffenden Krieg in Ansehung der englischen und hannoverschen Lande eine genaue Neutralität zu beobachten, aus so vielen wichtigen Ursachen offenbar und ohngezweifelt berechtigt seyen, so fallet das Bedenken von selbst hinweg, ob auch das französische Unternehmen gegen Hannover von uns gestattet werden könne, vielmehr würden andurch unsere allein gegen Preußen zu richtenden Operationen ungemein erleichtert, und die gefährlichen protestantischen Absichten auf einmal zernichtet.

herzustellen, wurden die nationalen Pflichten des Kaiserthums hintenangesetzt.

So hängt es zusammen, daß der Vorschlag der Reciprocität welchen Frankreich machte, in seiner ganzen Tragweite angenommen wurde.

Ein Einverständniß, welches zugleich auf alle politischen Verhältnisse Frankreichs einwirkte. Zunächst bekam es der Herzog von Nivernois zu empfinden, der noch immer über die Erneuerung der französisch-preußischen Allianz unterhandelte und sie unter gewissen Abänderungen zu Stande zu bringen hoffte.

Wie rasch und plötzlich der Umschlag eintrat, erkennt man bei einer Durchsicht der gesandtschaftlichen Papiere. Am 13. März war von dem französischen Ministerium noch ein auf die Erneuerung der Allianz von 1741 unter den vorgeschlagenen Modificationen eingehender Bescheid ausgegangen; allein unter demselben Datum schrieb bereits der Minister Rouillé eigenhändig an den Gesandten: der König von Frankreich glaube nicht, mit dieser Erneuerung eilen zu müssen. König Friedrich habe von derselben nichts eher hören wollen, als nachdem er seinen Vertrag mit England geschlossen habe; unter den gegenwärtigen Umständen sei der König von Frankreich nicht geneigt, sich dafür zu entscheiden; der Gesandte könne auf seine Rückreise denken. Ludwig XV. hatte diesen Brief gelesen und gebilligt.

Nivernois hielt es für anständig, jeden Schein eines Bruches sorgfältig zu vermeiden. Er sagte dem König, seine Gesundheit erlaube ihm nicht, zur Vollendung eines Werkes mitarbeiten zu können, von dem Niemand mehr wünsche als er, daß es zu Stande kommen und ewige Dauer haben möge. Sie schieden in bester Stimmung von einander.

Noch einmal trat hierauf Marquis Valori als französischer

Gesandter in Berlin auf. Nivernois fühlte sich zu sehr als großer Herr, um sich zu eingehenden Mittheilungen an ihn herbeizulassen; in Unkunde über die wirkliche Lage der Geschäfte trat Valori sein neues Amt an. Die französische Politik bedurfte keines vertrauten Vertreters in Berlin: sie bewegte sich in neuen Bahnen, die, abgewendet von Preußen, zu einer Allianz mit den Gegnern dieser Macht, Oesterreich und dessen nordischem Bundesgenossen, führen sollten.

Wir können nicht länger verschieben, dieses Verhältnisses näher zu gedenken.

Neuntes Capitel.

Rußland in seiner Beziehung zu der großen Allianz und zu Preußen.

In Bezug auf den Streit der beiden deutschen Mächte hatte sich der russische Hof bisher in den auffallendsten Schwankungen bewegt. Feldmarschall Münnich, der eine Zeit lang unter der Regentin Anna das Ruder führte, forderte den König Friedrich auf, sich nicht mit der Eroberung von Schlesien zu begnügen, sondern nach Wien vorzudringen: nach Münnichs Sturz ist in den Zimmern derselben Regentin durch den österreichischen Gesandten, Marquis Botta, der Plan einer Verbindung Rußlands und der Seemächte mit Oesterreich zu einem umfassenden Angriff gegen den König, wo möglich zu seiner Vernichtung, entworfen worden.

Aehnlich ging es nach der Revolution, welche die Kaiserin Elisabeth auf den Thron erhob; Revolutionen dieser Art änderten in Rußland das Wesen des Staates nicht. Anfangs stand Elisabeth in enger Verbindung mit dem französischen Gesandten, durch dessen Beistand ihre Erhebung gelungen war, und in gutem Vernehmen mit König Friedrich; unter dessen Mitwirkung wurde für den Thronfolger, Carl Peter Ulrich von Holstein, eine Gemahlin aus einem deutschen Hause ausgesucht; eine Verbindung mißvergnügter Großen gegen die Kaiserin, von der man behauptet, daß der Marquis Botta dabei seine Hand im Spiel gehabt habe, veranlaßte ein diplomatisches Zerwürfniß mit Oesterreich, das für diese Macht höchst unbequem wurde. Allein bald darauf fiel der französische Gesandte, der eine Zeit lang Meister des Staates und des Hofes zu sein meinte, weil der Kaiserin abschätzige Urtheile desselben über ihre Person zu Ohren gekommen waren, bei ihr in Ungnade: ein Umschlag der Gesinnung, von dem auch, — wie man versichert, aus ähnlichen Gründen, — der damalige Verbündete Frankreichs, König Friedrich, betroffen wurde. Dann kam Oesterreich wieder empor, jedoch nicht, ohne daß sich der kaiserliche Gesandte zu der Erklärung herbei ließ, daß jener, sein Vorgänger, ein fluchwürdiges Verbrechen begangen habe, obwohl man von seiner Schuld in Wien nicht überzeugt war[1].

Zum Verständniß der Lage wird es beitragen, wenn man sich das Naturel dieser Fürstin und die Eigenschaften ihres vornehmsten Ministers vergegenwärtigt.

Die Tochter Peter des Großen, Kaiserin Elisabeth, stellte durch ihre Erscheinung bei dem ersten Blick Alles in Schatten, was sie umgab. Mit einer imponirenden Gestalt verband sie Anmuth und Grazie in jeder Bewegung. Sie galt für die Persönlichkeit im Reich, welche am höflichsten sei, und die meiste Lebensart besitze. Sie war keineswegs ohne Geist; man bemerkte an ihr rasche Fassungsgabe, Lebhaftigkeit der Einbildungskraft und des Ausdrucks. Auch zeigte sie Wohlwollen und Edelmuth, nur konnte man zweifeln, ob nicht jenes auf Schwäche, dieser auf Eitelkeit beruhe; aus ihrer Herablassung und Zuvorkommenheit durfte man nicht immer auf ihre Gnade schließen. Der griechischen Kirche bis zur Bigotterie ergeben, meinte sie mit dem äußer-

[1]) Arneth, Maria Theresia III, S. 44.

lichen Dienst aller sittlichen Pflicht genügt zu haben, rücksichtslos überließ sie sich ihren Vergnügungen und ihrer Sinnlichkeit, — — wie ein österreichischer Gesandter sich glimpflich ausdrückt: sie denke nur darauf, was ihren menschlichen Regungen vollkommenes Genüge verschaffen könne; vor dem anbrechenden Morgen komme sie nicht zu Bett; auch in Putz, Spiel und Ueppigkeiten wolle sie die erste sein. Mit einer Art Raffinerie suchte man jede ihrer Stunden mit zerstreuendem Genuß auszufüllen. Von alle dem hingenommen, konnte sie die Staatsgeschäfte nicht lieben, wollte sie aber doch nicht aus der Hand verlieren, — hauptsächlich aus dem ehrgeizigen Wunsche, auf die europäischen Angelegenheiten einzuwirken, denn sie wollte allezeit als die Fortsetzerin ihres großen Vaters gelten.

Unter allen den Factionen, die den Hof entzweiten, hatte es ihr erster Minister, Graf Bestuschew, doch dahin gebracht, die Geschäfte unbedingt in seiner Hand zu vereinigen. Wie man an den Russen überhaupt noch orientalische Art und Sitte bemerkte, so erschien er lange Jahre hindurch beinahe wie ein Großwesir in Rußland. Gestützt auf den vornehmsten Günstling der Kaiserin, hatte er seine Nebenbuhler, — auch die, durch deren Hülfe er emporgekommen war — zu entfernen und seine Creaturen in die ersten Stellen zu bringen gewußt. Nur selten sah ihn die Kaiserin, der er durch seine Trunksucht unangenehm wurde: man behauptete, er freue sich dessen, denn dadurch werde er um so unabhängiger. Der Aufwand, mit dem er lebte, verwickelte ihn in stete Verlegenheiten; er galt für höchst bestechlich. Aber inmitten des Genusses und der Intriguen entwickelte er eine bewundernswürdige Arbeitskraft; ganze Nächte saß er über den Akten; er hatte das Verdienst eines Geschäftsmannes, der seine Sache durchaus kennt, aber zugleich den Egoismus, ihrer ausschließlich Meister bleiben zu wollen. An Widersachern fehlte es ihm nicht, und noch immer regten sie sich: er lebte und webte in seinen Antipathien. Daß ihn der französische Gesandte hatte stürzen wollen, machte ihn zum Gegner des französischen Hofes und seiner Verbündeten; er schürte die Erbitterung seiner Fürstin mit einer Leidenschaftlichkeit gegen Frankreich, als hinge seine eigene Existenz davon ab. Hauptsächlich durch seinen Einfluß geschah es, daß Kaiserin Elisabeth, überdies geschmeichelt durch die geschickte Art und Weise, mit welcher der Wiener Hof sie behandelte, die wärmste Anhängerin desselben wurde[1].

Zu den persönlichen Einwirkungen kamen nun aber auch allgemeine politische Rücksichten. In dem größten nationalen Interesse, dem antiosmanischen, hatte Rußland seit mehreren Jahrzehnten Oesterreich auf seiner Seite, während Frankreich die Türkei noch immer in Schutz nahm und gegen die Kaiserhöfe aufreizte. So erschien Preußen als der natürliche Verbündete Schwedens; und sehr unangenehm ward man davon berührt, wenn Friedrich mit dem Churfürsten von Sachsen brach, der zugleich als König von Polen in jedem seiner Schritte seine Abhängigkeit von Rußland an den Tag legte. Die Feindseligkeiten gegen Friedrich und Preußen unterstützten einander, denn der russischen Uebermacht trat das eine im Orient, das andere im Norden entgegen: Bestuschew verfolgte beide mit gleichem Haß. Nach der unerwarteten Kriegserneuerung des König Friedrich im Jahre 1744 war es ihm leicht, die Kaiserin

---

[1]) Der österreichische Gesandte, Graf Esterhazy, von dem sich eine ausführliche Depesche 26. Juli 1754 über den Hof verbreitet, und der preußische, Graf Finkenstein, von dem wir eine Relation vom Jahre 1749 über denselben haben, stimmen in den Hauptsachen vollkommen überein.

zu überreden, daß sie in demselben den unzuverlässigsten Nachbar habe, welcher vor Allem ein gefährlicher Nebenbuhler ihrer Autorität im Norden sei.

Die Entwürfe, die man Botta zuschrieb, wurden von Bestuschew wieder aufgenommen und jene Allianzen geschlossen, die dem Feldzuge von 1745 vorausgingen. Einverstanden in der Absicht der Beraubung Friedrichs, bereitete sich die russische Regierung zu einer unmittelbaren Theilnahme an dem Kriege vor: die Kaiserin hat eines Tages vor ihrem Hausaltar knieend ein Gelübde gethan, das ihren Verbündeten gegebene Wort zu erfüllen, — als die raschen und entscheidenden Siege Friedrichs eben diese Verbündeten nöthigten, Frieden mit ihm zu schließen. Man begreift, wenn gleich darauf jener Vertrag von 1746 in einer diesem Frieden entgegengesetzten Intention zu Stande kam. Und nichts ward versäumt, um die Kaiserin auch fortan in dieser Stimmung zu erhalten. Man trug Sorge, daß die diplomatischen Berichte in einem entsprechenden Sinne abgefaßt wurden. Ein österreichischer Gesandter rühmt sich einmal, durch seine Mittheilungen über Preußen den Unwillen der Kaiserin auf das Aeußerste gesteigert zu haben[1].

Wie sehr diese Richtung damals in Rußland vorwaltete, zeigt ein Ukas, in welchem die Anordnung einer neuen Rekrutirung durch die Gefahr, welche dem russischen Reiche aus der Kriegsmacht des Königs von Preußen erwachse, motivirt wird. Denn dieser unbeständige und bundesbrüchige Fürst trachte nur danach, die Oberhand über alle seine Nachbaren zu erlangen. Sein in steter Uebung und Bewegung gehaltenes Heer sei jeden Augenblick zu einer Unternehmung gegen Rußland und dessen

[1]) par des communications confidentes de la part de sa cour au sujet des plusieurs menées du roi de Prusse.

Verbündete fertig; er stehe mit den Feinden des Reiches, namentlich auch den Franzosen, in enger Verbindung; von allen Feinden sei er aber selbst der gefährlichste[1].

Im Anfang des Jahres 1748, als das Zustandekommen des Friedens in Aachen zweifelhaft wurde, setzte sich ein russisches Hülfscorps in Bewegung, um das Gewicht von Rußland für Oesterreich in die Wagschale zu werfen: ein guter General ward von dem Commando ausgeschlossen, weil er ein Unterthan des Königs von Preußen war.

Eine Demonstration, die keine weiteren Folgen hatte, da der Friede indeß wirklich zu Stande kam.

Seitdem waren jene Zeiten des Gleichgewichts zwischen England und Frankreich, Oesterreich und Preußen eingetreten, die mit einer allgemeinen Agitation der europäischen Höfe verbunden waren. In Rußland wuchs die feindselige Agitation gegen Preußen noch immer an[2]. Wir erfahren von einer großen Conseilssitzung, die im Mai 1753 zu Moskau gehalten, und deren Resultat von den verschiedenen Mitgliedern unterschrieben worden war, nach welchem es als eine Fundamentalmaxime des russischen Reiches betrachtet werden solle, sich den Vergrößerungen des preußischen Staates zu widersetzen. König Friedrich sah darin das Werk seiner deutschen Feinde, doch waren darum die österreichischen Gesandten mit der Lage der Dinge in St. Petersburg nicht zufrieden. Sie klagen über die geringe Bedeutung, welche eine russische Verheißung habe, und das Hin- und Herwogen der einander bekämpfenden Parteien; jeder suche nur immer seinen

---

[1]) Eigenhändig bestätigter Befehl der Kaiserin Elisabeth an den dirigirenden Senat. St. Petersburg, 27. Januar 1747.

[2]) Partikular-Relation des Grafen Esterhazy, 10. Juli 1754. Wiener Staatsarchiv.

Gegner zu stürzen, ohne Rücksicht auf die Folgen zu nehmen. Bestuschew fand eine immer wachsende Opposition, besonders unter Denen, welche er aus dem Collegium für die auswärtigen Angelegenheiten, weil sie ihm nicht bequem waren, gestoßen hatte, was denn nicht ohne Wirkung auf die Staatsgeschäfte blieb, wie das bei der im September 1755 verabredeten Truppenconvention zwischen England und Rußland zu Tage kam. Bestuschew hatte sie unterhandelt und abgeschlossen: er war reichlich dafür belohnt worden und hatte das ansehnliche Geschenk dieses Mal mit besonderer Freude empfangen; er wurde dadurch von einer drückenden Geldverlegenheit befreit. Auf seinen Rath war auch der Vicekanzler Woronzow durch gleiche Mittel dafür gewonnen worden. Es fehlte nichts, als die Ratification der Kaiserin. Unerwarteter Weise nahm diese Anstand, sie zu vollziehen: eine Bewegung dagegen trat ein, von der man in St. Petersburg kaum ein Beispiel hatte. Bei den in dem englischen Parlament gepflogenen Debatten war die Convention allgemein bekannt geworden: die Zeitungen hatten sie auch nach Rußland gebracht. Man las sie, noch ehe sie von der Kaiserin ratificirt war. Die Gegner Bestuschews ließen sie ins Russische übersetzen, kritisirten sie Artikel für Artikel und brachten ihre Ausstellungen dagegen an die Kaiserin. Die vornehmsten waren, einmal, daß die russischen Truppen, deren man eben ausgebrochener Unruhen halber im Innern bedürfe, laut des Vertrages in entfernte Regionen, in die österreichischen Niederlande geführt werden konnten, und sodann, daß die stipulirten Subsidien nicht hinreichen würden, die Truppen in Gegenden, wo Alles so theuer sei, zu unterhalten[1]: Bestuschew habe da einen

[1]) Esterhazy 17. Februar: „Hat man hiesiger Seits dem englischen Ministerio bei der Auswechselung eine Declaration vorgelesen, vermöge

für das Reich und die Kaiserin nachtheiligen Handel abgeschlossen; Argumente, für welche die Kaiserin sehr empfänglich war. Nachdem sie die Ratification mannichfachen Mahnungen zum Trotz, von einem Termin zum anderen hatte liegen lassen, entschloß sie sich endlich, sie zu unterschreiben, aber den geheimen Besprechungen die sie darüber pflog, zufolge mit einer limitirenden Declaration von weitester Bedeutung. Die russischen Truppen, heißt es darin, sollten weder nach den Niederlanden, noch selbst nach Hannover geführt werden, so daß die Verwendung derselben einzig gegen Preußen möglich geblieben wäre. Denn nur gegen diese Macht unmittelbar an den Grenzen hatte die Kaiserin Neigung vorzugehen. Sie war darin von dem englischen Gesandten Williams bestärkt worden, welcher der bisherigen Politik gemäß die Versicherung gab, — nur eben gegen Preußen solle die russische Armee gebraucht werden.

Allein in England konnte man die Convention in ihrer modificirten Gestalt nicht brauchen. Was man den casus foederis nennt, wurde dadurch auf den Angriff Preußens gegen England und Hannover beschränkt. Dies war jedoch eine Eventualität, die sich nach den soeben mit König Friedrich getroffenen Verabredungen nicht mehr erwarten ließ. Das Ereigniß ist, daß in der Politik von England und von Rußland eine Abwandelung nach den entgegengesetzten Seiten hin vor sich ging. Die Direktion gegen Preußen, welche bei der Convention ur-

---

welcher der hiesige Hof sich entschuldiget und expresse Vorbehalts, seine Truppen weder nach den Niederlanden noch nach Hannover marschieren zu lassen, zumal da die englischen Subsidien bei weitem nicht zureichend wären, solche in diesem theuern Lande unterhalten zu können." Die von Williams bekannt gewordenen Notizen sind sehr unzureichend. Weil diese Declaration nirgendwo authentisch mitgetheilt worden ist, so ist mir das unbekannt geblieben.

sprünglich intendirt war, wurde von England verlassen, von Rußland dagegen um so stärker hervorgehoben.

Auch ohne von dem Allen unterrichtet zu sein, und trotz seiner Vorliebe für die alte Verbindung zwischen England und Rußland, konnte doch der englische Gesandte sein Mißvergnügen über den Umfang der dem Vertrage hinzugefügten Modificationen nicht unterdrücken. Erst als man ihm sagte, man werde sie, wenn er sich weigere sie anzunehmen, durch den russischen Botschafter in England vorlegen lassen, nahm er sie an. Kaum aber war dies geschehen: zwei Tage darauf empfing er die Neutralitätsacte, die zwischen Preußen und England vereinbart war, die er dann mit einer Erläuterung darüber dem russischen Hofe zu notificiren hatte. Diese besagte, daß damit das System der alten Allianz keineswegs aufgehoben sei, noch der Freundschaft der beiderseitigen Souveräne Eintrag geschehen solle. Aber wie wäre der schneidende Widerspruch, der zwischen den beiden Actenstücken obwaltete, auch nur einen Augenblick zu verhehlen gewesen. Die Kaiserin nahm das schwerste Aergerniß daran. Sie hatte sich gewöhnt, den König von Preußen als ihren Feind, den König von England als ihren Verbündeten zu betrachten und mit dem letzten gegen den ersten vorzugehen gemeint, und mußte nun erleben, daß in dem Augenblicke, als sich diese Absicht zu realisiren schien, ihr Verbündeter mit ihrem Feinde einen Vertrag abschloß, der diesen vor ihren Streitkräften sicherte. Sie glaubte dadurch eine Mißachtung zu erfahren, die sie nicht dulden dürfe. Was in Wien mehr Vorwand gewesen, ward in Petersburg eine Wahrheit. Erfüllt von feindseligen Gefühlen gegen Preußen, wie die Kaiserin war, wurde sie, die Tochter Peter des Großen, durch die Verbindungen Englands mit dieser Macht in hohem Grade aufgeregt. Sie bereute jetzt, die von ihrem Großkanzler mit

England geschlossene Convention auch nur unter den erwähnten Bedingungen angenommen zu haben. Wir lernen da einmal die Kaiserin Elisabeth in ihrer persönlichen Erklärung in Bezug auf die Staatsgeschäfte kennen. Eines Tages bei einem Hoffeste, welches die Vermählung einer Staatsdame veranlaßte, ergriff sie die Gelegenheit, die ihr die Gegenwart des österreichischen Botschafters, Grafen Esterhazy, darbot, mit ihm zu sprechen. Sie sagte ihm, sie könne ihr Erstaunen über den Schritt, welchen der König von England durch die Abkunft mit Preußen gethan habe, nicht bergen. Wenn derselbe versichere, daß dadurch seiner Freundschaft mit ihr nicht der mindeste Abbruch geschehe, so werde das mehr als zweifelhaft durch das Geheimniß, mit welchem die Verhandlung gepflogen worden und zwar zu einer Zeit, in welcher die Convention über die Verwendung ihrer Truppen ihr zur Ratification vorgelegen habe. Zwischen beiden sei der größte Widerspruch. Bei der Convention zwischen Rußland und England liege die Absicht zu Grunde, der Vergrößerungsbegier des Königs von Preußen ein Ziel zu setzen, der englische Gesandte habe dieser Intention den unzweideutigsten Ausdruck gegeben: sie entspreche dem Zwecke der alten Allianz und dem gemeinen Besten der Verbündeten. Aber die so eben mitgetheilte Convention des Königs von England mit Preußen erwecke den Argwohn, daß dieser Fürst überhaupt von dem System der alten Allianz abzugehen entschlossen sei. Sie fragte Esterhazy, wie man diese Angelegenheit in Oesterreich auffasse. Der Botschafter, der durch vorläufige Andeutungen aus der Umgebung der Kaiserin schon darauf vorbereitet war, daß sie über diese Sache mit ihm reden werde, antwortete mit Bedacht, er sei über die Meinung seines Hofes noch nicht unterrichtet, aber auch ohnedies könne er versichern, daß derselbe die nämliche Gesinnung hege, die sie ausspreche; was in Petersburg gemißbilligt werde, mißfalle auch in Wien, denn so bringe es das gemeinschaftliche Interesse der beiden Höfe mit sich: er habe dies vor einigen Monaten in einer Denkschrift, von der ihr der Großkanzler Kunde gegeben haben werde, auseinandergesetzt, sie werde daraus die bundesgemäße und freundschaftliche Gesinnung des Wiener Hofes gegen den russischen ersehen haben. Ihm in das Wort fallend, bemerkte die Kaiserin, sie habe von einer solchen Denkschrift niemals etwas vernommen, sie erkenne daran das Verfahren ihres ebenso nachlässigen, wie herrschsüchtigen Großkanzlers. Sie erging sich dann in heftigen Ausrufungen gegen Bestuschew, seine Eifersucht gegen Jeden, der ihm etwa gefährlich zu werden drohe, seine persönlichen Eigenschaften, durch die er ihr unausstehlich werde, selbst seinen, wie sie sagte, die Worte zwischen den Zähnen hervorzischelnden Vortrag. Sie verbreitete sich mit Unwillen über sein Verhältniß zu dem Großfürsten, mit dem er gut stehe, und zu dessen Gemahlin; sie beschwerte sich laut über die Hartnäckigkeit, mit welcher der präsumtive Thronfolger ihr entgegentrete. Dagegen drückte sie ein unbedingtes Vertrauen zu der Zuverlässigkeit und Geradsinnigkeit Esterhazy's aus. Alles was sie sagte, gab davon Zeugniß[1].

---

1) Ausführliche Erzählung Esterhazys in dem Post scriptum dato 23. September 1756. — Nur eine Stelle mag ihrer sonstigen Merkwürdigkeit wegen wörtlich notirt werden. „Hiernach verfielle die Rede auf den Groß-fürsten und Beschwerte Sich die Kaiserin, wie wenig Vernunft und application bei den Herrn vorwalte, wie kindisch und unausgemessen sein ganzer Betrag überhaupt und sonderlich, wie hartnäckig Er wegen des Hollsteinischen Austausches auf seiner Meinung versessen sei; ohne daß weder Gut noch üble Worthe, Bitten, noch ernstliche und scharffe Angehungen den mindesten Eindruck all — Ihres Verwendens ungeachtet erwürken können Mit den Groß-Canzler dargegen, den weder Er, noch seine Gemahlinn vor Kurzem gut gewollt, seyen dermalen Beide die allerbesten."

Der persönlichen Uebereinstimmung der Herrscherin mit seinem Hofe sicher, wendete sich nun Esterhazy an den Großkanzler. Was auch die Kaiserin gegen ihn gesagt haben mochte: in dieser Sache stimmte er mit ihr überein. Und auch von Meinungsverschiedenheit zwischen ihm und Woronzow war keine Rede. Sie lehnten die Vermuthung ab, als sei die Truppenconvention, wie man argwöhne, der Subsidien halber geschlossen worden, lediglich zum allgemeinen Besten der Allianz sei es geschehen. Wäre die mit Preußen verabredete Neutralitätsacte nur zwei Tage früher eingetroffen: so würde die Truppenconvention niemals ratificirt worden sein: die Kaiserin müsse sich für betrogen halten, da dadurch alle ihre mit Vorwissen von England getroffenen Vorkehrungen aus dem Geleise gebracht worden wären. Und wenn nun Graf Esterhazy sich auf entsprechende Weise über die Neutralitätsacte äußerte, so gaben ihm die beiden Kanzler die Versicherung, daß ihre Gebieterin an ihrem Bunde mit der Kaiserin-Königin festzuhalten entschlossen sei. Die Entfremdung von England diente nur dazu, das Einverständniß mit Oesterreich inniger und vertraulicher zu machen.

Nicht alle russischen Staatsmänner waren dieser Ansicht. Ganz eine andere hegte der Gesandte in Wien, Graf Kayserling. Der in Stockholm beglaubigte Minister Panin gab die Meinung kund, daß die Neutralitätsacte, durch welche die Verbindung Schwedens mit Preußen im Gegensatz gegen Rußland gelockert werde, dem russischen Staatsinteresse eher vortheilhaft sei, als nachtheilig. Sie machten jedoch damit keinen Eindruck in Petersburg.

Hier wurde man soeben veranlaßt, die Frage über das Verhältniß zu England in formelle Berathung zu ziehen.

Denn da in einem geheimen Artikel der Convention stipulirt war, daß nach Auswechselung der Ratificationen hunderttausend

Pfund Subsidien gezahlt werden sollten, und diese Zahlung nunmehr fällig wurde, wie denn das Geld bereit lag: so war Beschluß zu fassen, ob dieselbe auch nach den der Ratification beigefügten Beschränkungen des Vertrages noch annehmbar sei, da diese in London nicht hatten vorausgesetzt werden können und die Annahme des Geldes den Schein einer Bestätigung der ursprünglichen Convention haben werde. Die Frage war von so hoher Wichtigkeit — denn sie entschied zugleich über das Verhältniß zwischen Rußland und England überhaupt — daß man sie in einer großen Conseilsversammlung zu erörtern für rathsam hielt. Dies war die Form, welche Bestuschew jeder andern Art, seinen Ansichten Beistimmung zu verschaffen, vorzog. Die Sitzung fand am 25. März 1756 Statt: — in Gegenwart der Kaiserin und des Großfürsten-Thronfolgers. Die beiden Kanzler waren zugegen und andere Großwürdenträger des Staates, der Admiral und der General der Landarmee, der Oberprocurator, der Oberhofmarschall; auch die beiden Schuwalows, der Günstling und dessen Bruder, der in hoher Würde stand, fehlten nicht. Bestuschew eröffnete die Sitzung mit einem Gutachten, das nach mancherlei Windungen damit schloß, die Annahme des Geldes anzurathen. Die Kaiserin, wenig gerührt durch die für sie eingeflochtenen Lobeserhebungen, erklärte vielmehr, sie würde dadurch vor den Augen Europas entehrt werden. Sie wendete sich mit Heftigkeit gegen den Urheber der Convention, den Großkanzler, der von seinen besonderen Absichten geleitet, die Geschäfte allein in den Händen zu behalten suche. Sie verwies ihn mit Nachdruck auf die von ihrem großen Vater getroffenen Anordnungen, nach denen ein Collegium für die auswärtigen Angelegenheiten bestehen und über dieselben Berathung pflegen sollte. In diesem Sinne erhoben sich nun auch einige andere Stimmen; der

Großkanzler gerieth in Bestürzung; die Thränen traten ihm in die Augen; aber er blieb dabei, daß er nichts annehmen könne, was seiner Ehre zuwider laufe. Insofern die Berathung das allgemeine Verhältniß zu England betraf, wich er keinen Schritt breit zurück. Vielleicht zum ersten Male hat sich hierbei der Einfluß der Gemahlin des Großfürsten-Thronfolgers, der späteren Kaiserin Katharina der Zweiten, wirksam erwiesen. Der englische Botschafter stand mit ihr in einer Correspondenz politischen Inhalts und kann den Eifer nicht genug rühmen, mit der sie die Meinung, daß man das englische Bündniß der preußischen Neutralitätsacte zum Trotz nicht fallen lassen dürfe, weil sie doch das System der alten Allianzen in sich schließe, vertheidigte und ihr Raum verschaffte. Bei der Abstimmung waren sechs Stimmen, zu denen die des Großfürsten und des Großkanzlers gehörten, für die Beibehaltung der nun einmal abgeschlossenen Convention mit England: vier Mitglieder, unter ihnen der Vicekanzler, sprachen sich dagegen aus. In Bezug auf die Subsidien einigte man sich, daß die Annahme derselben aufgeschoben und von der Antwort abhängig gemacht werden solle, welche der englische Hof auf die der Ratification beigefügte beschränkende Declaration geben werde[1].

Wenn nun aber hierbei wirklich die Hoffnung zu Grunde gelegen hat, daß die beschränkende Deklaration in England angenommen werden würde, so zeigte sich bald, wie falsch es sei. Ihre Mittheilung wurde mit Beschwerden über das Verfahren Englands in dieser Sache eingeleitet. Der englische

[1] Ueber diese Vorgänge sind die Berichte des Grafen Esterhazy an den österreichischen Staatskanzler vom 30. März 1756 ausführlich und unterrichtend. Einige Notizen stammen von dem englischen Gesandten Williams.

Minister fand diese sehr schwach und glaubte sie ohne Mühe widerlegt zu haben; was aber die Declaration anbetreffe, so bat er nur dieselbe mit undurchdringlichem Geheimniß zu bedecken, England dürfe sie unter keinen Umständen annehmen, denn sie würde den König von Preußen mit Recht im höchsten Grade aufregen. So kam sie nach Petersburg zurück, wo man doch Bedenken trug, das alte Verhältniß mit England deshalb abzubrechen. Man verschob die definitive Entscheidung darüber auf den Ausgang der mit Oesterreich begonnenen Unterhandlungen, die nun ohne weitere Rücksicht auf England geradezu gegen Preußen gerichtet waren. Denn dahin führte nun einmal die Antipathie der Kaiserin und die Direction, welche der Staat überhaupt genommen hatte. Dem früheren Beschlusse, den wir ennen, ward damals der neue hinzugefügt, ohne weitere Discussion auf den König von Preußen loszugehen, sobald derselbe einen Alliirten Rußlands angreife oder auch wenn er von einem solchen angegriffen werde. Auf eine für Fernstehende kaum begreifliche Weise widerspruchsvoll wurde nun die russische Politik. Durch die zwischen Preußen und England verabredete Neutralitätsacte beleidigt, wäre Kaiserin Elisabeth ihrerseits bereit gewesen, die Verbindung Rußlands mit England überhaupt fallen zu lassen und auch hierin dem Vorgang Oesterreichs zu folgen. So weit ging ihr Großkanzler nicht; er meinte mit England nicht zu brechen und Preußen dennoch anzugreifen. Hierbei ging er dann so entschieden wie möglich zu Werke; auf das unter seinem Einfluß gefaßte Conseilsdekret gestützt, war er bereit, ohne daß der in der Allianz von 1746 vorgesehene Fall vorgelegen hätte, mit der Kaiserin-Königin zur Wiedereroberung Schlesiens gemeinsame Sache zu machen. Der Abschluß einer nähern Vereinbarung zu diesem Zwecke wurde nur dadurch verzögert, daß Maria Theresia nichts unternehmen wollte, ohne Frankreichs gewiß zu sein. Esterhazy berichtet, die Russen seien ihm mit ihren „vigorosen" Entschließungen zuvorgekommen. Er bat sie nur um das tiefste Geheimniß, weil die Negociation mit Frankreich doch ja auch noch fehlschlagen könne. Am 5. April 1756 hatte er noch einmal eine sehr eigenthümliche Audienz bei der Kaiserin in Gegenwart der beiden Kanzler. Er gab ihr Nachricht von dem Fortgang der Unterhandlung mit Frankreich, von dem man jetzt erwarten dürfe, daß es sich von der Allianz mit Preußen lossagen und die Eroberung von Schlesien zulassen werde: wenn diese Unterhandlung zum Ziele führe, — sonst aber nicht, sei die Kaiserin-Königin entschlossen, den gemeinsamen Feind beider Kaiserstaaten, den König von Preußen, in engere Grenzen einzuschließen und ihm Schlesien wieder zu entreißen; in Oesterreich werde man alle Kräfte dazu anspannen; man halte sich überzeugt, von russischer Seite werde dasselbe geschehen. Die Kaiserin hörte den Vortrag mit großer Aufmerksamkeit an. In ihrem Namen antwortete Bestuschew, Oesterreich könne auf sie zählen, möge nun die Verhandlung mit Frankreich zu dem erwünschten Ergebniß führen oder auch nicht. Schon seit drei Jahren habe sie sich im Einverständniß mit England dazu vorbereitet: wenn der König von England sich plötzlich mit ihrem Feinde verbinde, so könne sie sich dadurch in ihrem Vorhaben nicht irre machen lassen. Eben sei sie im Begriffe gewesen, der Kaiserin-Königin eine Offensiv-Allianz anzutragen: sie werde ihr Hülfe leisten, nicht allein in Hoffnung auf einen zu erlangenden Vortheil, sondern selbst auf die Gefahr hin, Schaden zu erleiden. Mit Lebhaftigkeit sprach sich auch der Vicekanzler in diesem Sinne aus: Esterhazy wollte bemerken, daß er verschiedene Argumente und Betrachtungen, welche in den österreichischen Vorstellungen vorgekommen waren, wiederhole. Nicht aber eine Audienz von gewohnter Form war es, in der alles dies vorfiel. Es war der Zwischenact einer großen Cour, bei der auch der englische Gesandte Williams zugegen war, ohne eine Ahnung davon zu haben, was zwischen der Kaiserin, den beiden Kanzlern und dem österreichischen Botschafter vorging. Um ihn nicht etwa doch Verdacht schöpfen zu lassen, trat Kaiserin Elisabeth unmittelbar nachher an ihn heran, mit aller möglichen Unbefangenheit in ihren Mienen, und ließ sich in ein Gespräch mit ihm ein, von dem sie voraussetzte, es würde ihm angenehm sein.

Es leuchtet ein, daß diese, wenn gleich vorbereiteten, doch formlosen gegenseitigen Versicherungen noch nicht genügten. Am Tage darauf wurden sie zwischen Esterhazy und den beiden Kanzlern ministeriell bestätigt und fixirt. Jedoch war Alles, wie sich versteht, vorläufig und unverbindlich, so lange man Frankreichs nicht sicher war, dessen Mitwirkung die Kaiserin-Königin zur Bedingung des Unternehmens überhaupt machte.

[1]) Die ausführlichen Berichte Esterhazy's hierüber sind vom 22. April.

Zehntes Capitel.

Fernere Verhandlungen zwischen Frankreich und Oesterreich im März und April 1756.

Dem Wiener Hofe war von Frankreich die Wahl gelassen worden, ob er auf den Grund seiner ersten geheimen Vorschläge oder über den in Paris aufgestellten Entwurf der Neutralität und Defensivallianz unterhandeln wolle. Kaunitz fand die Wahl nicht rathsam; denn leicht könne man mit dem ersten völlig scheitern, und wenn der andere Weg auch nicht dazu führe, Frankreich von Preußen zu trennen, so diene er doch immer, ein gutes Vernehmen mit demselben zu begründen, und man habe dann einen Feind weniger. Er fürchtete dabei noch immer den Widerstand des Ministeriums, das sich den gewohnten Einwirkungen von preußischer Seite nicht entziehen werde; dessen Absicht wohl nur dahin gehe, den König zu dem Geständniß, daß er gefehlt habe, zu bringen, und dann die alte Vertrautheit wieder zu erneuern. Wie viel schwerer aber mußte alles werden, wenn nun neben den von Frankreich ausgegangenen Anträgen auch die österreichischen geheimen Vorschläge zur Erörterung gebracht wurden. Dennoch entschloß sich Kaunitz, sie mit den andern zu verbinden, denn nur auf diesem Wege war der große Zweck, den er vor Augen hatte, zu erreichen. Es mußte als ein Glücksfall angesehen werden, daß eine der größten Schwierigkeiten, die für

Oesterreich aus seinen Anträgen hervorgingen, durch die Lage der Dinge am französischen Hofe so gut wie hinweggeräumt wurde.

Es war die dem Prinzen von Conti eröffnete Aussicht, ihn zum polnischen Thron zu befördern. Denn das würde bei dem russischen Hofe auf starken Widerspruch gestoßen sein. In Wien vernahm man mit Vergnügen, daß die persönliche Stellung des Prinzen von Conti es nicht mehr nöthig mache[1]. In so fern lag für Oesterreich ein wesentlicher Vortheil darin, daß die Verhandlung mit dem König in die Hände der Frau von Pompadour gerathen war. Man erwartete in Wien überhaupt, daß der französische Hof aus einer künftigen Königswahl in Polen keine Hauptbedingung machen, sondern sich mit den ihm näher liegenden Gegenständen begnügen werde.

Ueber einen von diesen, die Nothwendigkeit der Erneuerung eines guten Verhältnisses zwischen Frankreich und Spanien verständigte man sich ohne Mühe. Es war jetzt auch der Vortheil von Oesterreich, den englischen Einfluß am spanischen Hofe auszuschließen und, wie man sich ausdrückte, den Bourbonismus wiederherzustellen. Einen entscheidenden Moment bildete dafür die mit Parma vorgeschlagene Auskunft. Denn die Entfernung Don Philipps aus Italien machte auch den Ansprüchen desselben auf den neapolitanischen Thron ein Ende; — man meinte, aus diesem Grund selbst auf einen Beitrag Spaniens zu den erwachsenden Kosten rechnen zu können[2]. Erhebliche Geldbeiträge forderte man auch deshalb, weil der Ausfall der englischen Sub-

[1]) „Den verminderten Credit des Prinzen von Conty, und die abgeänderte Gesinnung des Königs." Rescript vom 6. März.

[2]) „Durch die Vorstellung, was der spanischen Monarchie durch das Etablissement des Don Philipp und durch die Berichtigung der künftigen neapolitanischen Thronfolge für eine ungemeine Größe und mit keinen Schätzen zu bezahlender Vortheil zuwachse.

sidien am russischen Hofe durch französisch-österreichische gedeckt werden müsse, Oesterreich solche aber schlechterdings nicht zu leisten vermöge, vielmehr bedürfe es selbst einer monatlichen außerordentlichen Beihülfe.

Es liegt auf der Hand, wie unendlich schwer es werden mußte, in alle dem etwas Definitives zu erreichen. Von Spanien wurden auch geringfügige Zahlungen schon deshalb verweigert, weil sie einen Wechsel des Systems andeuten würden, zu dem man sich nicht entschließen konnte. Ueber den beabsichtigten Austausch selbst gingen die Ansichten zwischen Frankreich und Oesterreich noch weit auseinander. Die wesentlichste Differenz aber, an der noch alles scheitern konnte, stellte sich noch immer in Bezug auf den König von Preußen heraus.

Die Reciprocität, welche Oesterreich annahm, legten Rouillé und Bernis so aus, daß Frankreich der Kaiserin-Königin freie Hand gegen Schlesien lasse, so wie diese dem französischen Hofe gegen England; jeder Theil erlaube dem andern an seinem Feinde Rache zu nehmen; selbst aber offensiv gegen den König von Preußen vorzugehen, dazu sei man von französischer Seite nicht entschlossen, wie man auch von Oesterreich keine Offensive gegen England fordere.

Nun gingen aber die Vorschläge Oesterreichs noch viel weiter. Von Anfang machte man sich in Wien wenig Hoffnung, den König von Preußen ohne Beihülfe auch seiner andern Nachbarn niederzuwerfen; wie ja Kaunitz[1] schon im Jahre 1749 alle Aussicht auf Erfolg an diese Bedingung geknüpft hatte. Der österreichische Antrag war auch jetzt, den Fürsten, die man ge-

[1]) Mémoire de Kaunitz: qu'on nous laisseroit agir contre le roi de Prusse, et qu'on nous fourniroit des secours d'argent, le roi ne voulant pas nous donner des secours offensifs.

winne, eine Schadloshaltung aus den Gebieten des Königs von Preußen zu versprechen und sie zugleich vor seiner Rache sicher zu stellen; dazu aber sei nothwendig, den König zu einer solchen Ohnmacht herabzubringen, daß er Niemand mehr schaden könne[1].

Hierin lag die Summe des ganzen Antrags; aber es springt in die Augen, wie schwer es werden mußte, damit durchzudringen.

König Ludwig XV. zeigte sich geneigt, Subsidien an Oesterreich zu zahlen, aber selbst an einem Angriff gegen seinen bisherigen Verbündeten Theil zu nehmen, lehnte er mit Bestimmtheit ab.

Wenn nun aber von einer völligen Niederwerfung des Königs von Preußen, eigentlich einer Vernichtung seiner Machtstellung die Rede war, wie hätte man nicht in Frankreich der politischen Nothwendigkeit gedenken sollen, die dem alten Verhältniß mit Preußen zu Grunde lag. Würde nicht das Haus Oesterreich wieder allzumächtig werden? Wer stehe dafür, daß Oesterreich, wenn Preußen bezwungen sei, nicht seine Allianz mit den Seemächten wieder aufnehme und seine Kräfte gegen Frankreich richte? Die Beschränkungen, unter welchen dem Prinzen von Parma ein Theil der Niederlande angeboten wurde, schienen eine Rückkehr zu der alten Allianz offen erhalten zu sollen.

Bedenken, die so sehr auf der Hand lagen, daß man nirgends, wohin auch immer die Gerüchte von einer Annäherung zwischen Frankreich und Oesterreich drangen, an das Zustandekommen irgend einer Verbindung zwischen ihnen glaubte; von der Tragweite der damaligen Vorschläge hatte vollends Niemand eine Ahnung. Am wenigsten glaubte der Fürst daran, gegen

---

[1]) „Réduire ce prince“ dans un état à ne pouvoir jamais nouir à personne.

den ihre Spitze gerichtet war. Friedrich hörte von einer wachsenden Vertraulichkeit des französischen Gesandten in Wien, Aubeterre, mit dem Grafen Kaunitz, aber die Zeichen der Freundschaft schienen ihm zu stark, als daß er an ihre Wahrhaftigkeit geglaubt hätte. Was man ihm aus Paris von den Conferenzen zwischen Starhemberg und Bernis schrieb, verlor seinen Stachel, als man ihm das Aufhören derselben meldete, das durch eine Unpäßlichkeit des Abbé veranlaßt wurde. Er traute dem französischen Ministerium die Kühnheit eines solchen Entschlusses, durch den es sich einem allgemeinen Krieg aussetzen würde, nicht zu. In der Meinung, nur eben aus seinem Neutralitätsvertrag nehme man österreichischer Seits das Motiv her, die französischen Minister zu gewinnen, hielt er es für rathsam, denselben die Beweggründe seiner Politik noch einmal ausführlich darlegen zu lassen[1].

Die ihm von Oesterreich beigemessene Absicht auf eine neue Gebietsvergrößerung, wies er mit aller Entschiedenheit zurück. „Ich berufe mich auf das Urtheil aller nicht im Voraus eingenommener Menschen, ob ich bei dem Abschluß einer Neutralitätsconvention daran habe denken können, mich auf Kosten meines Nachbarn zu vergrößern, ob ich nicht im Gegentheil dadurch den Entschluß an den Tag gelegt habe, Deutschland, meinem Vaterland, vollkommene Ruhe zu sichern, sowie den Besitzungen, die ich von der Vorsehung erhalten habe. Die Fürsten des Reiches haben mich größtentheils ihrer Dankbarkeit und Hingebung dafür versichert. Die Neutralität auf die Niederlande zu erstrecken, habe ich in der Absicht vermieden, um nicht in die allgemeine

[1]) An Knyphausen, 16. März: Un projet pareil seroit trop biscornu et s'accorderoit mal avec la variation et la timidité du ministère de France, — il me paroit être impossible, qu'il voudroit songer à présent d'entreprendre des choses, qui par une suite immanquable rendroient la guerre générale.

Unruhe verwickelt zu werden und die Action der Franzosen nicht zu beeinträchtigen." Er erinnert nun an sein in den letzten Jahren beobachtetes Verhalten gegenüber den Oesterreichern. „In einem Augenblicke (1745), wo ich nach meinem Belieben über Sachsen verfügen konnte und Niemand im Stande war, mir dieses Land zu entreißen, habe ich meine Eroberung freiwillig aufgegeben, einzig aus Liebe zum Frieden. Ich fordere Jedermann auf, anzugeben, ob ich in dem seitdem verflossenen elfjährigen Zeitraum die allermindeste Absicht an den Tag gelegt habe, mich zu vergrößern. Von keiner Anmuthung habe ich mich dazu hinreißen lassen, meine Aufmerksamkeit ist einzig auf das Wohl meiner Staaten und meiner Unterthanen gerichtet gewesen. Wie ganz anders dagegen die Kaiserin-Königin!" Er bemerkt, daß sie durch die Vermählung eines Erzherzogs mit der Erbin von Modena und Mirandula diese Herzogthümer an ihr Haus zu bringen gesucht; in der Sache von St. Remo habe sich ihre Regierung mit anmaßendem Stolze gegen Genua betragen, denn Oesterreich halte sich nun einmal für befugt, den anderen italienischen Staaten Gesetze vorzuschreiben; im Widerspruch mit unzweifelhaften Rechten des Hauses Baiern habe es sich zum Meister von Wasserburg machen wollen, eines wichtigen Platzes für den Krieg und den Handel; es habe seine Intriguen in Polen spielen lassen, um einen Prinzen seines Hauses, oder einen Czartorisky auf den polnischen Thron zu setzen und nichts verabsäumt, um den russischen Hof dafür zu gewinnen.

Der König wußte wohl nicht, daß auch noch in dem damaligen Augenblick über die Angelegenheit von St. Remo zwischen dem kaiserlichen und dem französischen Hofe widerwärtige Noten gewechselt wurden; er erinnerte diesen an den Einfluß, den sich Oesterreich im Gegensatz mit ihm sogar in Spanien zu erwerben gewußt, und an die Nachrichten, die er von seinem Gesandten in Regensburg über den Despotismus, welchen der kaiserliche Hof am Reichstag auszuüben trachte, erhalten haben werde. Wofern nun dennoch Frankreich, wie man sage, den Plan, das Kaiserthum in dem Hause Oesterreich zu verewigen, begünstige, so müsse er sich zu trösten wissen, trotz seiner Meinung, daß darüber nur durch einhellige Wahl der Churfürsten verfügt werden dürfe.

Wenn es die heutige Form der Geschichtschreibung noch zuließe, mehr oder minder fingirte Reden in die Erzählung einzuflechten, so würde man sich versucht fühlen, die Argumente Friedrichs mit oratorischen Schmuck zu umgeben und dadurch vielleicht noch eindringlicher zu machen; man würde weiter so fortgehend auch die Erwägungen, die in Frankreich gepflogen wurden, in Rede und Gegenrede einander gegenüberstellen können.

Eigentlich der größte Theil der angesehenen französischen Staatsmänner war für den König von Preußen. Sie hatten sich ihren Ruf, und was mehr sagen will, ihr politisches und militärisches Bewußtsein im Bunde mit Preußen, dessen Emporkommen sie als ihr Werk betrachteten, im Gegensatz mit Oesterreich, das sie als den unversöhnlichen Feind von Frankreich ansahen, erworben. Und weshalb solle man sich mit Oesterreich, von dem man nichts mehr zu befürchten habe, verbinden? Auch in Italien sei das Uebergewicht der bourbonischen Macht gesichert. Man würde sich nur eine Last auflegen und die kleineren deutschen Staaten entfremden, die Vortheile, die man dem westphälischen Frieden verdanke, vernichten. Ein System, bei dem man sich wohl befinde, dürfe man nicht so leicht aufgeben[1].

---

[1]) Vgl. das Schreiben Starhembergs an Madame de Pompadour. Flassan VI. 15.

Dagegen aber wendete man von der andern Seite ein, wenn Oesterreich für Frankreich nicht mehr zu fürchten sei, so folge daraus, daß auch Frankreich nicht mehr furchtbar für Oesterreich zu sein brauche.

Der französische Gesandte in Wien, der von den eingeleiteten Unterhandlungen nichts wußte, und nur eben das wiederholte, was in der Gesellschaft des Staatskanzlers geäußert wurde, sendete eine Denkschrift über die Politik von Oesterreich ein, in der er die Motive gegenseitiger Verständigung auf eine Weise hervorhob, die wieder auf das Ministerconseil vielen Eindruck machte.

In seinen Berichten nimmt er überhaupt Partei für die Haltung Oesterreichs im Verhältniß zu Preußen, selbst noch ehe eine Differenz Friedrichs mit Frankreich zum Vorschein gekommen war; doch bleibt auch er bei dem Gedanken stehen, daß Frankreich die beiden rivalisirenden Mächte von Deutschland im Gleichgewicht halten müsse. Um vieles weiter aber gingen jetzt die vorwaltenden Tendenzen. Man meinte den König von Preußen für seine geheimen Verhandlungen mit dem Feinde von Frankreich strafen zu müssen, auch verbunden mit Oesterreich werde man doch die kleinen Fürsten in Schutz nehmen können; und überhaupt liege ein Vortheil darin, an Stelle der vielen kleinen Bundesgenossen Einen großen zu haben, auf den man sich verlassen dürfe und gegen den man die alte Animosität nicht mehr nähre; im Bunde mit Oesterreich werde Frankreich sicher sein, die Oberhand auf dem Continent zu behaupten: Holland, nicht mehr bedroht, werde neutral bleiben; Spanien, wegen Italiens unbesorgt, werde alle seine Kräfte zum Kampfe gegen England zu verwenden im Stande sein.

So lauten die Argumente, die man einander entgegenstellte.

Aber nicht durch allgemeine Erwägungen pflegen die Entschlüsse der Menschen bestimmt zu werden; persönliche Impulse, die jenseit derselben liegen, haben daran in der Regel den meisten Antheil.

Die Marquise de Pompadour, durch welche die erste Verhandlung über eine engere Verbindung zwischen Frankreich und Oesterreich eingeleitet worden war, gewann an Ansehen bei dem König, als ihre Antipathie gegen Preußen durch den Neutralitätsvertrag gerechtfertigt zu werden schien. Ihre Mitwirkung war bei der Wiederaufnahme der geheimen Verhandlung unendlich wichtig. Sie vermittelte, daß der dabei unentbehrliche Abbé Bernis in dem Vertrauen des Königs befestigt wurde.

Kaunitz säumte nicht, sich noch einmal an sie zu wenden, wie er sagte, an die liebenswürdigste Frau der Welt; die Marquise antwortete ihm auf eine Weise, durch die auch er sich persönlich geschmeichelt fühlte. Diese wunderliche Beziehung, aus früheren gesellschaftlichen Begegnungen stammend, wurde in dem damaligen Augenblick ein wesentliches Moment für die Führung der großen Geschäfte.

Man hat oft behauptet, und es ist allgemein geglaubt, in unzählige Geschichtsbücher ist es aufgenommen worden, die Kaiserin-Königin selbst habe sich überwunden, der Maitresse des Königs von Frankreich in einem sie fast als eine Gleiche behandelnden Ton zu schreiben. Maria Theresia hat das später in vertrauten Privatbriefen in Abrede gestellt[1]; man muß diese Erzählung ohne Zweifel verwerfen. Nur Geschenke machte die Kaiserin der Marquise, und auch diese waren nicht sehr glänzend.

Nicht allein durch Einwirkung von Wien, sondern eben

---

[1]) Vgl. Analekten IV.

durch ihre eigenen Verhältnisse wurde Frau von Pompadour auf die Seite von Oesterreich gezogen.

Ihre Lage und vielleicht selbst ihre Gesinnungen befanden sich damals in einer eigenthümlichen Krisis.

Sie stand seit mehreren Jahren zum König in keiner sinnlichen Beziehung mehr; sie war dagegen seine Freundin, seine Vertraute geworden. An den meisten Höfen pflegt sich eine Vertrauensstellung zu dem Monarchen zu bilden, wie sie in anerkannter Form die Privados der spanischen Könige, die Cardinalnepoten des Papstes besaßen; durch persönliche Intimität zu dem Souverän bedingt, hat sie ihre Wirksamkeit in der allgemeinen Direction der Geschäfte noch jenseit der fungirenden Minister; eine ähnliche in sehr französischer Form hatte einst Frau von Maintenon unter Ludwig XIV. eingenommen; diese war es nun, zu der auch Frau von Pompadour aufstrebte. Am Hofe fand man, daß der König immer bei dem stehen blieb, was sie sagte: ein Theil der Minister hing von ihr ab; in schwierigen Verhältnissen bemühten sich alle um ihre Vermittelung. Sie wußte sich den kleinen Launen des Fürsten anzuschließen und mit geschmeidigem Scharfsinn herauszufinden, wohin die Intentionen seiner Seele gingen. Aus der Art, wie sie sich über ein neues Vorkommniß äußerte, glaubte man abzunehmen, wie der König darüber denke. Bei ihr und mit ihr, im Gespräche mit dem, welchen sie herbeizog, wurden die geheimen Beschlüsse gefaßt[1]. Man betrachtete es nicht eigentlich als Ehrgeiz von ihrer Seite, wenn sie die Stellung einer Palastdame der Königin suchte

[1]) Argenson 28. Januar 1756. Le roi se laisse balloter par elle et sa volonté n'est que l'organe du petit conseil de la favorite. On remarque cependant chez cette dame l'affectation de paroître premier ministre et de décider tout haut. Elle déclare à chacun son fait et le roi ne la désavoue de rien.

und erhielt; die Absicht war, ihr einen Titel zu verschaffen, unter welchem sie, ohne öffentlichen Anstoß zu erregen, am Hofe bleiben konnte. Sie hatte damals einen Anflug von Devotion. Im Februar 1756 sah man sie in Paris bei den Capuzinern erscheinen, bei denen ihr vor Kurzem verstorbenes Kind eine besondere Capelle erhalten sollte, neben der, so sagte man, sie auch für sich ein Zimmer wollte einrichten lassen. Sie hörte dann die Messe in dem Convent, sprach mit dem Prior, der denselben dirigirte, und befahl ihrem Haushofmeister, eine Summe Geldes als Almosen zurückzulassen. Auch am Hofe in Versailles hörte sie alle Tage mit ihren Leuten die Messe, nach derselben blieb sie noch zum Gebete zurück. Sie klagte wohl, daß sie noch nicht die ganze Devotion empfinde, nach der sie begehre, aber sie bitte Gott darum. Alles das geschah unter der Leitung eines Jesuiten, des Pater de Sacy; man zweifelte nicht, daß es ihr Ernst damit sei, denn auch ihr schwankender Gesundheitszustand mahne sie an die künftige Welt; in den Tagebüchern des Hofes, wo man sonst keineswegs ihre Partei nimmt, wird doch die Hoffnung ausgesprochen, daß Gott vielleicht etwas Großes ausrichten, und durch ihr Wort und ihr Beispiel das Seelenheil des Königs bewirken wolle[1]. Früher hatte sie in Gesellschaft der Philosophen und sogenannten starken Geister über die Religion gespottet; jetzt sprach sie mit Ehrfurcht von der Offenbarung und von den göttlichen Gerichten; sie wolle, so sagte sie selbst, den König wieder zu der Pflicht eines Christen zurückführen.

Wie wäre das nun aber anders, als im exclusiv katholischen Sinne möglich gewesen?

[1]) Am ausführlichsten Luynes XV, 324. 326. Vgl. Argenson IV 13. Febr. 1756.

Kaunitz hatte schon immer die politischen Verhältnisse auch von dieser Seite dargestellt; die Verbindung zwischen Preußen und England sah er als eine protestantische Allianz an, um den katholischen Höfen entgegenzuwirken.

Dem entsprach es dann, wenn Abbé Bernis dem Grafen Starhemberg die Erklärung gab, der König denke mit Oesterreich in eine dauernde Verbindung zu treten, denn das erheische das Heil der Religion, nicht allein das Interesse der beiden Reiche.

Mit Vergnügen bemerkte Kaunitz diesen Ausdruck; denn man sehe daraus, daß auch der französische Hof die sich bildende protestantische Ligue verabscheue. Wahrscheinlich werde sie bald mit Säcularisationsplänen hervortreten, um die Vergrößerungsbegierde Hannovers und Preußens zu sättigen: aber die Vereinigung mit Frankreich und Rußland biete die Mittel dar, um dem System des Reiches und der Religion eine solidere Gestalt zu geben. Einen oder den andern Tag müsse es doch zum Kriege kommen, wenn anders die katholische Religion im Römischen Reich und das oberstrichterliche Amt des Kaisers nicht unterdrückt werden sollen. Er legte Nachdruck darauf, daß die dem Erbprinzen von Hessen abgedrungene Assecurationsacte den Rechten und der wesentlichen Wohlfahrt der katholischen Kirche entgegenlaufe, und doch von England, Preußen, den protestantischen Ständen überhaupt und der Republik Holland garantirt worden sei. Vielleicht biete die göttliche Providenz in der Allianz zwischen Frankreich und Oesterreich die Mittel dar, um dem ganzen Unwesen auf einmal ein Ende zu machen.

Diese Betrachtung machte nun bei der obwaltenden Stimmung Eindruck in Frankreich.

Eine Zeitlang waren die Conferenzen durch ein Leiden des

Abbé Bernis verhindert worden[1], im Laufe des April begannen sie wieder mit der besten Aussicht auf Erfolg. Starhemberg bemerkt, daß man in Frankreich mehr als bisher Mitgefühl für die Stellung Oesterreichs empfinde; — Rouillé, noch mehr aber Bernis äußere sich sehr günstig.

Noch konnte jedoch nicht von dem Abschluß des geheimen Vertrages die Rede sein, über dessen Bedingungen man sich bisher nicht geeinigt hatte, aber es schien an der Zeit, die beiden andern, den der Neutralität und der gegenseitigen Vertheidigung und Garantie, die doch auch schon eine Wandlung des Systems enthielten, abzuschließen.

Darauf drang man von Wien auch deshalb, weil der letzte sich mit dem geheimen Vorschlag vereinigen ließ, von dem ersten aber sogar zu wünschen sei, daß er bekannt werde, um das Aufsehen, das die Negociation erwecke, zu vermindern, und den eigentlichen Zweck derselben verborgen zu halten[2].

Doch war auch damit nicht zum Ziele zu kommen, ehe nicht die Verhandlung in den Formen der französischen Staatsverwaltung genehmigt worden war. Diese bestand darin, daß, nachdem eine Ministerialcommission die Angelegenheit verabredet hatte, sie dem Conseil der Minister in einem besondern Ministerrathe zur Genehmigung vorgelegt wurde. Und ein solcher wurde nun in Versailles am 19. April 1756, — es war am Ostermontag — zusammenberufen.

---

[1]) „Wegen einer am Fuß habenden Wunde". Der preußische Gesandte hielt ihn für abwesend.

[2]) Man müsse ihm nur sagen, daß der König im Begriff stehe zum Besten der Religion und Beförderung der allgemeinen Ruhe eine Allianz mit beiden kais. Majestäten zu schließen, damit der eigentliche Gegenstand unserer Handlungen desto ehrender bis zu seinem völligen Ausbruch verborgen gehalten werde.

Doch sollte dabei von den drei Verträgen, mit denen man umging, keiner besonders vorgelegt, sondern nur die Absicht des Königs, zur Förderung der Religion und der Ruhe von Europa eine Allianz mit Oesterreich zu schließen, in Erwägung gezogen werden.

Zugegen waren dabei die drei Minister, Rouillé, Machault und Graf Argenson; — der vierte, der Controleur der Finanzen, Sechelles, der ohne Zweifel mitberufen worden wäre, war kurze Zeit vorher von einem Anfall von Irrsinn heimgesucht worden — statt seiner wurde der frühere Minister, Marquis Puysieux, nochmals ein Brulart, der immer österreichische Hinneigungen kundgegeben und mit Kaunitz während dessen Anwesenheit in Frankreich in gutem Vernehmen gestanden hatte, zu der Sitzung herbeigezogen. An dem Ausfall derselben konnte kein Zweifel sein; von Allen galt nur der Kriegsminister Argenson für einen Mann entgegengesetzter Sinnesweise: aber Ludwig XV. hatte auf die Bitte der Uebrigen denselben ausdrücklich bedeutet, er, der König, habe in dieser Sache seinen Entschluß gefaßt, und werde sich in demselben durch keine Einrede irre machen lassen[1].

Darin beruhte der Einfluß der Marquise, daß sie den Entschluß des Königs hervorgerufen und befestigt hatte. Sie ward dadurch Meisterin des Ministeriums und des Staates.

Den Vortrag hielt ihr Vertrauter, Abbé Bernis, obwohl er noch nicht den Rang eines Ministers besaß. Aber er hatte das Geschäft bisher geführt, und war besonders geeignet, über eine Sache zu berichten, ohne davon mehr zu sagen, als unbedingt nothwendig war.

Es lag auf der Hand, daß in Folge der neuen Allianz der

---

1) Starhemberg bei Arneth 441. — Brief an Knyphausen vom 30. April.

Krieg allgemein werden und sogar einen religiösen Charakter annehmen könne; und so servil waren doch die noch von dem Geheimniß ausgeschlossenen Minister, Argenson und Puysieux, keineswegs, daß sie diese Besorgniß nicht geäußert hätten. Aber es gab eine Betrachtung, vor welcher diese und jede andere Einwendung schwieg. Sie bestand darin, daß dem Neutralitätsvertrag zwischen Preußen und England die Absicht zu Grunde liege, Deutschland den Franzosen zu verschließen[1]. Denn dahin waren bisher ihre politischen Einwirkungen vor allen Dingen gegangen; sie hielten es für ihr gutes Recht, den König von England in seinem Churfürstenthum zu bekämpfen; sie wollten es sich nicht entreißen lassen. Der Bund mit Oesterreich ließ diesen Weg offen.

Das war freilich nicht das einzige Motiv, aber doch ein sehr wesentliches, in Folge dessen die Allianz mit Oesterreich in der gültigen Form der französischen Staatsverwaltung allgemein genehmigt wurde.

Man konnte nun zur Vollendung und Vollziehung der einzelnen Verträge schreiten.

---

[1]) Knyphausen: Le ministère de France a principalement en vue de s'affranchir de la loi que V. M. et le roi de la Gr. Bretagne ont paru lui vouloir imposer relativement: la neutralité de l'Allemagne.

Elftes Capitel.

Allianzvertrag von Versailles.

Eine unläugbare Verwandtschaft haben die Gesichtspunkte, die dergestalt in der Mitte des achtzehnten Jahrhunderts hervortraten, mit denen, welche im sechszehnten zum Frieden von Cateau Cambresis, im siebzehnten zu dem engen Einverständniß zwischen Maria Medicis und dem spanischen Hause Oesterreich geführt hatten. Männer, die es wissen konnten, versichern mit aller Bestimmtheit, daß Ludwig XV. durch Ueberwältigung des Königs von Preußen der katholischen Kirche einen Dienst zu leisten gemeint habe: das Gefühl der katholischen Gemeinschaft trug dazu bei, die Antipathie zu beseitigen, die in dem Kampf von mehr als einem Jahrhundert zwischen den Höfen von Wien und von Versailles erwachsen war. Dazu kam wie früher die Idee einer Familienverbindung der Häuser Oesterreich und Bourbon. Die Tochter aus jener Ehe, welche schon mancherlei politischen Einfluß gehabt hatte, Prinzessin Isabella von Parma, Enkelin Ludwigs XV., die so eben ihr fünfzehntes Jahr erreichte, wurde zur Gemahlin des künftigen Kaisers Erzherzog Joseph bestimmt. Dem König, der nicht ohne Gefühle väterlicher Zärtlichkeit für seine Tochter war, schmeichelte es, seine

Enkelin sich als künftige Kaiserin zu denken[1]. Die Marquise befestigte sich auch dadurch, daß sie diesen Plan zu dem ihren machte und beförderte, in der Gunst des Königs; sie war die Vermittlerin für beide Seiten dieser Verbindungen, die religiöse und die dynastische. Dadurch aber wurde der Weg zu einer Umwandlung gebahnt, welche die Welt mit Erstaunen erfüllte, und als eine Begebenheit ersten Ranges erschien. Denn auf dem Gegensatz zwischen Bourbon und Oesterreich beruhten doch alle großen Ereignisse der letzten historischen Epoche, die Politik der beiden Cardinäle, König Ludwigs XIV., der spanische Erbfolgekrieg und die Aufstellung des Hauses Bourbon in dem südlichen Europa; die vorwaltenden Verhältnisse der europäischen Staaten waren daraus entsprungen. Daß diesem weltumfassenden Gegensatz nun eine Allianz der beiden Häuser und Mächte folgen sollte, mußte alle andern Beziehungen verändern. Der Beschluß vom 19. April 1756, in welchem der französische Staat die noch mit tiefem Geheimniß bedeckte Unterhandlung in ihrem Princip anerkannte und gutbieß, muß als einer der großen Wendepunkte der neuen Geschichte betrachtet werden.

In den beiden Verträgen, die nun abgeschlossen werden konnten, und die man die Allianz von Versailles nennt, ist noch keine vollständige Vereinbarung getroffen worden; gleichwohl ist ihr Inhalt auch an sich von vieler Bedeutung; und wir dürfen um so weniger versäumen, ihn zu erörtern, da uns eine authentische Erläuterung der österreichischen Staatskanzlei darüber vorliegt[2].

---

[1]) Argenson 12. Juin 1756: „Le roi trouveroit flatteux et même glorieux, de destiner sa petite fille à l'empire d'Allemagne et d'Italie.

[2]) Kaunitz an Starhemberg vom 28. April: „Was ich am meisten geforchten, sind kleindenkende Gemüther und die Finesse des Büreau."

Sie sind am 1. Mai abgeschlossen: nicht eigentlich zu Versailles, von wo sie datirt sind, sondern in Jouy, dem benachbarten Landhause des Ministers Rouillé, bei dem sich die beiden anderen Bevollmächtigten, Starhemberg und Bernis eingefunden hatten, denn den Charakter von Privatbesprechungen konnten die Verhandlungen noch immer nicht abstreifen — der erste eine Neutralitätsconvention, der andere ein defensiver Allianzvertrag. In jenem verspricht der Wiener Hof an dem Streite zwischen Frankreich und England weder direct noch auch indirect Theil zu nehmen; das heißt doch auch, die kaiserliche Gewalt nicht zu Gunsten des Königs von England als Churfürsten von Hannover geltend zu machen, denn sonst würde das Reich ausgenommen worden sein; wogegen der König von Frankreich zusagt, weder die Niederlande noch ein anderes der Herrschaft der Kaiserin-Königin unterworfenes Gebiet anzugreifen. Eine Nachahmung des Vertrags von Westminster, aber zugleich dessen entschiedenster Gegensatz. Denn während jener den Angriff der Franzosen von Deutschland abwehrte, ließ dieser denselben offen.

Die Worte waren mit sorgfältigster Umsicht abgewogen. Wenn der König darin sagte, er wolle keine andern Staaten in seinen Krieg mit England verwickeln, so hatte man in Wien diesen Ausdruck gefordert, damit es nicht scheinen könne, als wolle sich Oesterreich anderweitiger Obliegenheiten entschlagen.

So ward auch in dem zweiten Vertrag, einer Acte der Union und Freundschaft zu gegenseitiger Vertheidigung, ausdrücklich versichert, daß derselbe keine offensive Richtung gegen irgend eine Macht habe; — und nur sehr mäßig war die Zahl der Truppen, die man sich gegenseitig zu diesem Zweck zuzuschicken versprach, sie betrug 24,000 Mann; dabei behielt sich Oesterreich ausdrücklich vor, daß es seinerseits in dem gegenwärtigen Kriege diese Hülfe nicht zu leisten brauche, weil das der Neutralität nicht gemäß sein würde. Die Verpflichtungen Frankreichs waren nicht allein ohne eine solche Ausnahme; sie waren so allgemein, daß sie sogar gegen einen Angriff der Osmanen Geltung hatten. Lange hatten sich die französischen Staatsmänner dagegen gesträubt, aber Graf Starhemberg bestand darauf und wußte es durchzusetzen.

So weit waren die Artikel zur allgemeinen Bekanntgebung bestimmt: wörtlich verstanden, konnten sie keinen Anstoß geben. Bei weitem weniger harmlos lauten die geheimen Artikel, die man dem Defensivtractat hinzufügte[1]: das eigentliche Ziel der Verbindung tritt auch da nicht hervor; aber die Verabredungen, die man traf, deuten doch darauf hin.

Oesterreich hatte eine specielle Garantie für den Fall gefordert, daß es während des Krieges der beiden Westmächte von Preußen angegriffen würde. Die französischen Minister fanden es nicht angemessen, den König geradezu zu nennen, waren aber zu einer Stipulation erbötig, in der derselbe mitbegriffen würde.

Der vereinbarten Reciprocität gemäß konnte aber eine solche nicht anders abgefaßt werden, als daß sie auch zum Vortheil Frankreichs gereichte. Unter dieser Erwägung kam es zu einem Artikel, in welchem Oesterreich nun doch versprach, wenn Frankreich auf Anlaß des gegenwärtigen Krieges durch eine andere Macht angegriffen werde, ihm Hülfe zu leisten, und Frankreich dieselbe Verpflichtung für den Fall übernahm, daß Oesterreich einen solchen Angriff erleide. Die Ausdrücke lauten allgemein, aber ihr Sinn ist, bei einem Angriff von Preußen der Kaiserin-Königin speciell die Hülfe von Frankreich zu sichern.

Bei dem zweiten Artikel fällt es auf, daß unter den

[1]) Lange unbekannt geblieben, sind sie erst in den „Traités de paix" von Schöll publicirt worden.

Mächten, die zum Beitritt eingeladen werden sollten, nur die Bourbonen in Spanien und Italien und der Kaiser als Großherzog von Toscana namentlich genannt werden; die Oesterreicher hätten gewünscht, vor allen die Kaiserin von Rußland, namentlich in dieser Sache ihre engste Verbündete, genannt zu sehen: aber von französischer Seite wandte man ein, daß dann auch die Verbündeten von Frankreich, Schweden, Dänemark und selbst der König von Preußen genannt werden müßten. Das war der Grund, weshalb man nur die nächsten blutsverwandten Fürsten nach beiden Seiten hin namhaft machte; und wenn dann ferner bestimmt wurde, daß weitere Einladungen nur nach gemeinschaftlicher Uebereinkunft ergehen sollten, so ward eine solche in Bezug auf Rußland sogleich getroffen[1]. Eine andere Clausel des Artikels bezog sich auf die bei Abtretung von Parma vorbehaltenen Rechte.

Wir kennen den Widerwillen, mit welchem Maria Theresia die in dem Aachener Frieden festgesetzte Bestätigung ihrer Concessionen und besonders die erneuerte Garantie der Abtretung von Schlesien aufnahm; zu um so größerer Genugthuung mußte es ihr gereichen, daß durch den dritten geheimen Artikel eine Revision dieses Friedens auch in Bezug auf die territoriale Frage in Aussicht gestellt wurde. Von der Last der Bedingungen, die ihr durch England auferlegt worden, meinte sie sich mit französischer Hülfe zu befreien.

In einem vierten geheimen Artikel versprachen die beiden Theile, keine neuen Verpflichtungen gegen andere Mächte einzugehen, nicht einmal ältere zu erneuern, ohne mit einander darüber übereingekommen zu sein.

---

[1]) Die Abrede, daß künftighin die russische Kaiserin förmlich und gemeinschaftlich zur Accession eingeladen werden sollte.

Eine ähnliche Festsetzung hatte der Wiener Hof zu dem Zwecke vorgeschlagen, um dem Verdacht, als werde seine Allianz mit England doch nicht vollständig aufgelöst, damit ein Ende zu machen; sie war ihm aber noch nothwendiger deshalb, weil dadurch auch der Besorgniß, daß der Vertrag zwischen Preußen und Frankreich in irgend einer Form erneuert werden könne, vorgebeugt wurde.

In dem Anschreiben an den russischen Hof, in welchem diese Artikel erläutert werden, erscheint sogar die Hoffnung, daß sich der König von Preußen durch den Tractat selbst zu Schritten werde verleiten lassen, die ihn mit der Krone Frankreich auf immer würden verfeinden müssen[1].

Noch ist, wie gesagt, auch hierbei von den letzten Absichten der Allianz nicht die Rede; auch diese Uebereinkunft sollte nur der Vorläufer einer umfassenderen sein.

Als Kaunitz den Tractat in Wien einer Conferenz des geheimen Rathes vorlegte, an der einerseits der Kaiser und die Kaiserin, andererseits die Räthe der Minister, unter ihnen Binder, dessen Schriftzüge uns in den Actenstücken häufig begegnen, Theil nahmen, bemerkte er, er habe nicht geglaubt, daß der französische Hof denselben so bald annehmen würde; man habe allen Grund nun auch ein baldiges Zustandekommen des geheimen Vertrags zu hoffen. Denn schon durch die vorhandene Uebereinkunft werde Frankreich genöthigt, Oesterreich zu begünstigen, welches darum nicht in Abhängigkeit von dieser Macht gerathe, wie das allerdings mit Spanien geschehen sei, aber in diesem Reiche spiele Frankreich ohnehin die erste Rolle. Auch darin liege kein Anstoß, daß der französischen Garantie des westphälischen Friedens in

---

[1]) Rescript an Graf Esterhazy, 22. Mai 1756.

dem Tractat gedacht werde; denn in dem deutschen Reiche stehe es so, daß dieselbe vielmehr für die Katholiken als für die Protestanten erforderlich sei. Als den größten Vortheil hob er hervor, daß sich Oesterreich der französischen Hülfsleistung gegen die Pforte versichert habe.

Wenn man sich der ersten Deliberation nach dem Aachener Frieden erinnert, bei welcher davon ausgegangen wurde, daß Oesterreich drei gefährliche Feinde habe: Preußen, die Pforte und Frankreich, so war durch den Defensivvertrag mit Frankreich gegen alle drei Rath geschafft. Was damals wünschenswerth, aber kaum erreichbar erschien, war jetzt in dem günstigen Augenblick von dem Staatskanzler durchgesetzt.

Unter den österreichischen Staatsmännern neigten einige sich zu widersprechenden Ansichten, so lange sich noch eine Möglichkeit zeigte, die alte Allianz, bei der man hergekommen war, aufrecht zu halten: aber vor der vollendeten Thatsache traten sie zurück; keine Stimme erhob sich dagegen. Die Kaiserin ließ vernehmen, so lange sie regiere, habe sie noch keine Convention mit so vergnügtem Herzen unterschrieben; man wünschte ihr Glück zum Abschluß eines Werkes, welches zum Besten des Landes sowohl wie der Religion gereiche[1].

Die Ratificationen wurden am 28. Mai ausgewechselt und die beiden Verträge hierauf allen Höfen, wo österreichische oder französische Gesandte residirten, meistens von denselben gemeinschaftlich mitgetheilt.

Trotz ihrer unverfänglichen Fassung konnten sie nicht verfehlen, durch ihren Inhalt das größte Aufsehen zu erregen.

Wir verschieben noch, von dem Eindrucke zu sprechen, den

---

[1]) Auszug aus dem Protokoll N. Actenstück 26: Ich lese auctoritas affirmative pro memoria.

sie bei den nächstbetheiligten großen Mächten hervorbrachten, um mit einem Wort der Beurtheilung zu gedenken, die sie in Versailles selbst erfahren haben. Einer der kenntnißreichsten und scharfsinnigsten Beamten des Ministeriums der auswärtigen Angelegenheiten, Favier, der mit vielem Erfolg in der publicistischen Literatur arbeitete, schrieb Bemerkungen darüber nieder, welche von dem Widerspruch zeugen, den die beiden Verträge unter den französischen Staatsbeamten und Politikern der alten Schule fanden[1].

Gegen die Neutralitätsacte, welche besonders die Niederlande betraf, wendet Favier ein, daß sie für Frankreich unnütz und sogar nachtheilig sei; das eine, weil selbst ein vereinigter Angriff von England, Holland und Oesterreich auf die französischen Grenzen keine Aussicht habe, etwas auszurichten, das andere aber, weil Frankreich dadurch nur gehindert werde, die Niederlande in Besitz zu nehmen, was sonst bei seiner Uebermacht und dem Zustand der Gegner unfehlbar bei dem ersten Anlauf erfolgen würde.

Und noch größere Bedenken erhebt er gegen den Defensivtractat. Denn von welchem Dritten könne Frankreich, wenn man den gegenwärtigen Kriegsfall ausnehme, wohl angegriffen werden? Er geht alle Mächte durch, um zu beweisen, wie undenkbar und wie erfolglos dies sein würde. Ganz anders verhalte es sich mit Oesterreich, welches allenthalben, in den Niederlanden und in Italien, an der Elbe, Oder und Donau von feindseligen Nachbarn bedroht werde. Besonders tadelt er, daß Frankreich sich anheischig machte, Oesterreich auch gegen die Türkei, mit der es seit drei

[1]) Doutes en questions sur le traité de Versailles in Segur Politique de tous les cabinets de l'Europe III. Die Bemerkungen Segurs sind von geringem Werth.

Jahrhunderten wenigstens die ganze Hälfte dieser Zeit in Krieg verwickelt gewesen sei, mit Heeresmacht zu unterstützen; man werde damit die Türken gegen Frankreich aufregen, den jetzt so blühenden orientalischen Handel stören und den Engländern den Vortheil desselben verschaffen. Die Sicherheit Frankreichs werde durch den Vertrag nicht verstärkt, sondern vermindert.

Damals blieben diese Bemerkungen unbekannt, später haben sie deshalb großen Eindruck gemacht, weil viele von den übeln Folgen, welche Favier voraus gesagt hatte, wirklich eingetreten waren, was dann wieder viele in der Meinung bestärkte, als sei der Vertrag nichts, als das Werk einer österreichischen Intrigue und Ueberlistung gewesen.

Und ohne Zweifel haben sie ihre Wahrheit; im vollen Umfang dürfte man sie aber nicht wiederholen, seitdem die geheimen Verhandlungen, die Favier, wie er selbst bemerkt, nicht kannte, wenigstens in der Hauptsache ans Licht gezogen worden sind.

Daraus ergiebt sich, daß die Nachgiebigkeiten gegen Oesterreich dadurch aufgewogen wurden, daß dies hinwieder der alten Tendenz der französischen Politik, Deutschland zu überwältigen, kein Hinderniß in den Weg legte und dem bourbonischen Hause die sichere und friedliche Erwerbung eines großen Theiles der Niederlande in Aussicht stellte.

Wir wissen, daß der wahre Beginn der Verhandlungen im Februar 1756, — denn die geheimen Eröffnungen Oesterreichs hatten bis dahin keinen Eingang gefunden, — darauf beruhte, daß Frankreich sich den Angriff auf Hannover, den ihm Preußen versagte, durch die Verbindung mit Oesterreich offen halten wollte.

Die seit dem westphälischen Frieden von den Franzosen

verfolgte Politik, in dem deutschen Reiche eine maßgebende Autorität auszuüben, wurde nach wie vor festgehalten: sie nahm nur eine andere Richtung, der Widerstand war nicht mehr im Reichsoberhaupt, sondern in den Ständen, und zwar in dem mächtigsten von ihnen, dem König von Preußen; der Schluß des französischen Hofes war, daß mit dem keine Freundschaft weiter bestehen könne.

Die Männer alter Schule, wie Marquis d'Argenson, sahen in den Bestimmungen einen Abfall von den Traditionen der Monarchie. Sie waren entrüstet darüber, daß die Garantie des westphälischen Friedens nun eine Auslegung zu Gunsten des Hauses Oesterreich und seiner den Katholicismus fördernden Tendenzen empfing, gegen die er ursprünglich gerichtet war. Aber in dem französischen Staat gab es auch lebendige Sympathien für den Katholicismus, die in einem Momente wohl erwachen konnten, wo das Bündniß zwischen England und Preußen die Solidarität der französischen und katholischen Interessen zur Anschauung brachte. Wir erfahren, daß die Population in Paris den Wechsel der Politik mit lautem Enthusiasmus begrüßte. Frau von Pompadour meinte, sich derselben rühmen zu dürfen; sie widmete ihren Grabstichel, für den sie einiges Talent hatte, der Verherrlichung der Allianz; in der französischen Akademie sprach man davon, die neue Allianz zum Gegenstand einer Preisbewerbung in gebundener Rede zu machen.

Abgesehen aber von den Gesichtspunkten und Aufwallungen des Momentes und selbst von den Beziehungen zu der deutschen Politik ließ sich etwas dafür sagen, daß Frankreich, indem es einen großen Krieg mit England unternahm, einen Rückhalt auf dem Continent suchte.

So hat der Imperator, der im Anfange des neunzehnten

Jahrhunderts die französischen Geschicke beherrschte, den Grundsatz ausgesprochen, daß Frankreich im Kampf gegen England eine continentale Allianz haben müsse und solche am besten in Oesterreich finden werde.

Die Allianz von Versailles vom Jahr 1756 bot den Franzosen den Vortheil dar, daß dadurch aller Gegenwirkung von den Niederlanden und von Spanien, Italien und Rußland her ein Ende gemacht, und ein so umfassendes Interesse wie das katholische mit ihrer Politik in Verbindung gebracht wurde.

Die Zugeständnisse, welche dem Hause Oesterreich gemacht wurden, waren der Preis der Auflösung seiner Bundesgenossenschaft mit England. Indem dies noch alle Fäden seiner alten Allianz festzuhalten und mit einer neuen Verbindung zu verweben suchte, war es durch die Rückwirkung der letzteren aus dem bisherigen System hinausgedrängt und auf den neuen Bundesgenossen angewiesen, dessen es noch keineswegs sicher war.

Aber dagegen verlor Frankreich durch den Tractat von Versailles die föderative Stellung, welche es in der letzten Epoche angestrebt hatte, ein Wechsel, der die schwersten Folgen herbeiführen mußte.

Was man in Bezug auf das deutsche Reich hervorhob, war für den Norden und Osten nicht minder wahr.

Dort mußte die Opposition gegen Rußland, in welcher Frankreich mit Schweden und Preußen verbunden war, aufgegeben werden; die Verhältnisse zu Polen wurden dadurch, wenigstens so lange Oesterreich und Rußland vereinigt waren, vollkommen verrückt; man darf wohl behaupten, daß ohne diese Allianz sich Frankreich zu der passiven Rolle, die es bei der ersten Theilung von Polen gespielt hat, nicht verstanden haben würde.

Und wenn es seit König Franz I. einer der vorwaltenden

Gesichtspunkte der französischen Politik gewesen war, die Osmanen gegen Oesterreich zu unterstützen, so fiel dieser jetzt hinweg: der vornehmsten Tendenz, welche die beiden Kaiserhöfe an einander band, schloß sich Frankreich zwar nicht eigentlich an, aber es ließ sie gewähren und machte ihr Raum.

Die politischen Verhältnisse der Mächte wurden dadurch von Grund aus umgewandelt. Das europäische Gleichgewicht mußte sich nun andere Grundlagen suchen.

Wiewohl die Verbindung zwischen Frankreich und Oesterreich an sich nicht gegen die Natur der Dinge lief, wie sie denn über ein Menschenalter zu großem Vortheil von Oesterreich bestanden hat, so lag doch darin in Bezug auf die allgemeinen Verhältnisse auch für Oesterreich eine Neuerung der bedenklichsten Art. Denn seit langer Zeit waren Defensivbündnisse gegen die immer erneuerten Eroberungsgelüste von Frankreich nothwendig befunden worden. Schon die damaligen Verhandlungen selbst beweisen, daß diese keineswegs aufgegeben waren: Oesterreich entschloß sich nicht allein, ihnen ihren Lauf zu lassen, sondern sie sogar zu unterstützen.

Und wie dann, wenn Frankreich sie einmal wieder aufnahm im Gegensatz gegen Oesterreich selbst? Der Ausbruch der Revolutionskriege beginnt mit einer populären Reaktion gegen die Verträge von Versailles, welche in demselben Augenblick für aufgelöst erklärt wurden. Die Mächte des Widerstandes waren aber alsdann unter sich selbst entzweit.

Unter diesem Gesichtspunkt erscheint der Tractat von Versailles verhängnißvoll für Europa.

Zwölftes Capitel.

Rückwirkung des Tractats von Versailles auf England und auf Rußland.

Von der allgemeinen Betrachtung wenden wir uns zu dem damaligen Moment zurück, und zwar zunächst zu der Auflösung der Allianz zwischen Oesterreich und England, welche durch den Tractat von Versailles nothwendig wurde.

Wir kennen die Erkaltung, die in dem Verkehr zwischen dem englischen Gesandten zu Wien und dem Staatskanzler eingetreten war, aber noch hätte man doch die feindselige Tendenz, die in den Unterhandlungen zu Versailles obwaltete, nicht voraussetzen noch einen baldigen Bruch ahnen können.

Erst im Mai, nachdem dort der Vertrag bereits geschlossen war, überlieferte der Staatskanzler dem Gesandten eine Antwort auf dessen Mittheilung der englisch-preußischen Neutralitätsacte. Er drückte darin eine unumwundene Mißbilligung derselben aus, weil die Ausschließung der Niederlande von der Garantie den Franzosen gleichsam die Stelle bezeichne, wo sie angreifen möchten[1].

---

[1]) Die Worte der geschriebenen Verbalnote, welche die Antwort enthielt; elle ne s'était pas attendue devoir désigner dans un traité fait par sa Majesté Britannique la partie de ses états que la France pourrait attaquer sans avoir rien à appréhender.

Die Kaiserin gerathe dadurch in augenscheinliche Gefahr, und man könne leicht erachten, wie sehr sie das empfinde.

Wie, erwiederte Keith, habe nicht Oesterreich bisher die Vertheidigung der Niederlande nur deshalb beanstandet, weil es indeß von dem König von Preußen angegriffen zu werden befürchte? diese Besorgniß werde durch den Vertrag gehoben; Dagegen müsse er um eine nähere Erläuterung über das Verhältniß Oesterreichs zu Frankreich bitten, wovon in der Antwort eine Andeutung vorkam. Auf die Erklärung des Ministers, er sei beauftragt, sich in keine weitere Discussion irgend einer Art einzulassen, forderte Keith eine Audienz bei der Kaiserin. Kaunitz erwiederte, eine solche könne zu nichts führen, da die ertheilte Antwort von ihr und dem geheimen Rath gebilligt sei. Keith sagte, er glaube das wohl, aber er müsse den Befehl seines Herrn ausführen. Ohne alle Hoffnung, etwas auszurichten, scheint er jedoch nicht gewesen zu sein. Denn noch immer fand Kaunitz am Hofe zu Wien einigen Widerstand; er spricht selbst einmal davon, man denke ihn wegen der Verhandlungen mit Frankreich zu stürzen; er könne darüber lachen. Doch waren seine Nebenbuhler erfreut, daß die Kaiserin noch einmal die Gründe gegen ihre Verbindung mit Frankreich vernehmen werde. Graf Khevenhiller hat den Gesandten aufgefordert, sie in aller ihrer Stärke vorzutragen.

Der Gesandte hatte seine Audienz am Geburtstage der Kaiserin, am 13. Mai. Er begann mit der Bemerkung, er nähere sich ihr heute mit schwerem Herzen. Die Kaiserin erwiederte, so gern sie ihn sonst sehe, so empfange sie ihn doch heute nicht ohne Widerstreben[1]. Der Gesandte brachte hierauf

---

[1]) With some reluctance. Ich benutze das Original des Berichts.

die Erklärung, die Kaunitz zuletzt gegeben hatte, zur Sprache; so dunkel ihre Fassung laute, so enthalte sie doch unzweifelhaft eine Aufhebung des wahren Systems der alten Allianz; er bitte die Kaiserin um eine andere, durch welche die schon allzu groß gewordene Entfremdung nicht noch vermehrt werde[1]. Maria Theresia antwortete ihm: nicht durch sie sei das alte System gebrochen worden, sondern durch den englischen Hof, indem derselbe mit dem König von Preußen einen Traktat geschlossen habe. Die Nachricht von demselben habe sie getroffen, als rühre sie der Schlag; sie wolle rund heraussagen, sie die Kaiserin und der König von Preußen seien unvereinbare Menschen; keine Betrachtung der Welt könne sie vermögen, in eine Allianz zu treten, an der dieser Fürst Antheil habe. Keith nahm sich die Freiheit zu bemerken, daß bei dieser Gesinnung König Friedrich genöthigt werde, zu seiner Sicherung auf den Ruin des Hauses Oesterreich zu denken, und suchte nun auf ihr Verhältniß mit Frankreich zu kommen. Sie antwortete mit derselben Zurückhaltung wie Kaunitz; nachdem England eine Verbindung mit Preußen geschlossen habe, dürfe es sich nicht wundern, wenn sie in Verbindung mit Frankreich trete. Sie sagte das alles mit so großer Entschiedenheit, daß der Gesandte sich nicht verbergen konnte, daß sie persönlich mit ihrem Minister vollkommen einverstanden sei, und um Erlaubniß bat, von der Sache nur noch als Privatmann mit ihr zu sprechen[2].

Sie ging dann doch auf einige Erörterungen ein. Sie

---

1) That notwithstanding the ambiguity and obscurity, with which it (the answer) was worded, there was in effect an absolute renunciation of the ancient and true system.

2) Her Majesty said this with so determined an air, that I saw it was in vain, to push this point further.

versicherte, sie sei weder feindselig gegen England, noch französisch gesinnt, aber durch die Abtretungen, zu denen man sie vor und bei dem Frieden von Aachen genöthigt habe, sei Oesterreich so geschwächt worden, daß es nicht mehr allein da stehen könne und eines Bündnisses bedürfe, um sich zu behaupten. Keith erwiederte: ohne Abtretungen sei der Friede unmöglich gewesen, auch England habe sich in Amerika zu Concessionen verstanden; durch welche eben ein neuer Krieg veranlaßt werde. Er erinnerte sie an die Unterstützung[1], welche England der pragmatischen Sanction habe zu Theil werden lassen. Die Kaiserin erinnerte: diese sei doch sehr spät gekommen. Keith sprach sein Erstaunen aus, daß eine Kaiserin und Erzherzogin von Oesterreich sich in die Arme von Frankreich werfe. Mit Lebhaftigkeit fiel Maria Theresia ein: ich werfe mich nicht in die Arme, ich stelle mich an die Seite von Frankreich. Keith fragte, ob sie denn wirklich Sicherheit bei den Franzosen zu finden glaube. Wie sollte ich nicht? sagte sie. Auch im Erbfolgekriege würde Frankreich sie nicht angegriffen haben, wenn Preußen nicht vorangegangen wäre. Sie habe, fügt sie hinzu, nur zwei Feinde: Preußen und die Türkei; durch ihr Bündniß mit Rußland hoffe sie stark genug zu werden, um sich derselben zu erwehren; noch habe sie keinen Vertrag mit Frankreich gezeichnet, doch sage sie nicht, daß dies nicht geschehen solle.

Man sieht, mit welcher Entschiedenheit Maria Theresia den neuen Standpunkt der Politik ergriff. Sie hielt ihre Trennung von England für gerechtfertigt, weil dies sich mit Preußen verbunden hatte. Jedes ihrer Worte athmet Animosität gegen den König Friedrich, den sie als den Todfeind von Oester-

[1]) Interposition at the utmost expense of blood.

reich[1], als den Urheber aller ihrer Bedrängnisse, Gefahren und Verluste betrachtete, — in der That mehr, als er es war; den Motiven seines Verhaltens widmete sie nicht die mindeste Beachtung; sie fühlte sich erniedrigt und beleidigt, beraubt und schon in ihren Nachkommen von ihm bedroht; die religiöse Antipathie bestärkte sie in ihrem Hasse. Es erhellt nicht, wie ihr Gewissen über die Verpflichtungen, welche ihr zwei feierliche Friedensschlüsse auferlegten, hinweggehoben wurde. Sie werden vor der universalen Bedeutung, welche man der Wiederherstellung des Hauses Oesterreich in seinen alten Besitzstand für die althergebrachte Ordnung der Dinge in Europa und die Religion zuschrieb, verschwunden sein. Die Lossagung von England stellte ihr ihr Staatskanzler, welcher ebenso wenig mit dem König von Preußen auf Einer Seite stehen wollte wie sie, als das einzige Mittel dar, desselben Meister zu werden; auf diesem Wege konnte er selbst das oberste Ansehen in Oesterreich und Oesterreich die alte Autorität in Europa wieder gewinnen; die Kaiserin ging auf die Combination ein, die er vorschlug, und verband sich mit Frankreich in der Hoffnung, daß es mit ihr gemeinschaftliche Sache gegen den König von Preußen machen werde.

Jenes Zwiegespräch mit Keith fällt noch vor die Ratification beider Verträge, von der wir wissen, mit welcher Freudigkeit sie darauf einging.

So bedachtsam in denselben jede Andeutung einer Theilnahme Oesterreichs an den Feindseligkeiten gegen England vermieden wurde, konnten sich doch die englischen Minister bei ihrer Mittheilung nicht verhehlen, daß das allgemein politische Verhältniß dadurch total verändert wurde.

---

[1]) Sie sagte Keith: then she could never think of concerting herself with the mortal and constant enemy of her person and family.

Aus einer Bestätigung der französischen Garantie des westphälischen Friedens in einem Vertrage mit Oesterreich wurde geschlossen, daß Frankreich und Oesterreich fortan in den religiösen Verhältnissen, von denen der König von England namentlich in Hessen auf das nächste berührt wurde, Hand in Hand gehen würden. Den Unterschied zwischen der englisch-preußischen und der französisch-österreichischen Abkunft fand der erste Staatssecretair Holderneß darin, daß in jener alle alten Verträge festgehalten, in dieser dagegen annullirt würden; ohne die geheimen Artikel zu kennen, in denen von dem Inhalt des Aachener Friedens Abstand genommen war, setzte man das in England voraus. Welches auch die Farbe sein mochte, die der neuen Allianz gegeben wurde, man fühlte ihre feindselige Tendenz und war entschlossen, ihr zu begegnen[1]. Hätte sich die Kaiserin mit einer bloßen Neutralität für die Niederlande begnügt, so würde sich das Parlament das vielleicht haben gefallen lassen, um größere Irrungen zu vermeiden. Daß sie aber in Allianz mit den Franzosen trat, ließ sie selbst als eine Feindin Englands erscheinen. Ganz unter einem andern Gesichtspunkt wurden die letzten Ereignisse in London angesehen als in Wien. Man berechnete die ungeheuren Summen, welche England zur Aufrechthaltung des Hauses Oesterreich bei dem Hauptbestand seines Staatencomplexes aufgewendet habe. Daß im Aachener Frieden Cap Breton an Frankreich zurückgegeben worden sei, betrachtete man als eine an Oesterreich zur Rettung seiner Niederlande und zur Herstellung des Friedens gemachte Concession. Hätte man Cap

[1]) Michel berichtet 8. Juni aus London, daß die kalte und berechnende Sprache Colloredo's bei der Mittheilung des Tractats besonders mißfallen habe: „On en est extrêmement surpris (über den Tractat) et bien résolu, quelque soit la couleur, qu'on y veuille donner, de prendre toutes les précautions nécessaires pour s'en garantir des suites.

Breton nicht zurückgegeben, so würde man jetzt keinen Krieg in Amerika führen müssen[1]. Und nun wolle Oesterreich den amerikanischen Streit für eine ihm durchaus fremde Sache erklären: es wolle nur unter der Bedingung zu England halten, daß zugleich der König von Preußen angegriffen werde. So freudig sich die Engländer bei dem Ausbruch des Erbfolgekriegs für Maria Theresia erklärt hatten, so unpopulär wurde sie jetzt. Man bezeichnete sie als eine Undankbare und überhäufte ihren Namen mit rohen Schmähungen: man behandelte sie ungefähr, wie sonst den Papst.

Die Tragweite der französisch-österreichischen Allianz machte sich sogleich in der amerikanischen Frage bemerkbar.

Noch immer war bisher über den Frieden zwischen Frankreich und England unterhandelt worden. Wenn aber der König von Preußen sich Mühe dafür gab, so war das für Oesterreich ein Grund dagegen zu sein; denn das Ansehen des Nebenbuhlers wäre, wenn es ihm damit gelang, unendlich gestiegen. Kaunitz drückt seine Freude darüber aus, daß Frankreich endlich die Zurückgabe der weggenommenen Schiffe mit solcher Entschiedenheit gefordert habe, daß keine fernere Unterhandlung möglich bleibe. Damit ist nicht gesagt, daß er direct hierauf eingewirkt habe, aber der innere Zusammenhang ist unleugbar. Frankreich hatte die österreichische Allianz gesucht, um ohne Besorgniß seiner Gegenwirkung den Krieg gegen England nach allen Seiten unternehmen zu können. Wie davon die Idee der Verträge ausging, so hat das Zustandekommen derselben den definitiven Bruch mit England ohne

---

[1]) Michel 9. Juli: après avoir rendu le cap Breton à la France contre les pays bas, à la première occasion que les Anglais ont, les Autrichiens refusent de les assister à moins que ce ne soit à la condition de commencer par attaquer V. M. (le roi de Prusse) pendant que sans la restitution du cap Breton français, on ne serait point en guerre aujourd'hui avec les Français.

Zweifel unterstützt[1]. Schon im April fuhr die französische Flotte von Marseille aus, um die Engländer in Minorca anzugreifen. Im Mai 1756 erschienen die Kriegserklärungen von beiden Seiten.

Hatte nun England dergestalt den einen seiner alten Bundesgenossen auf dem Continent verloren, so rechnete es dagegen noch darauf, den anderen, Rußland festzuhalten. Wir wissen, wiewohl sehr entschieden gegen Preußen, war man in Rußland doch keineswegs gesonnen, zugleich das Verhältniß zu England aufzugeben und in unmittelbare Verbindung mit Frankreich zu treten.

Als bei den Unterhandlungen in Versailles an die Wiederherstellung des abgebrochenen guten Vernehmens zwischen Frankreich und Rußland, das für die Durchführung der neuen politischen Combination unentbehrlich schien, gedacht wurde, meinten die Franzosen, der erste Schritt dazu müsse von Seiten Rußlands geschehen: bei der Dringlichkeit der Sache hatten sie sich jedoch entschlossen, einen Schotten, Douglas, der als ein Anhänger des Prätendenten galt, nach Petersburg abgehen zu lassen, um unter der Hand ein besseres Verhältniß zu eröffnen. Er war schon einmal eine kurze Zeit in Petersburg gewesen, ohne daß man erfahren hätte, was er gesucht oder erreicht habe. Im April 1756 langte er wieder in Riga an und bald darauf in Petersburg: eben an dem Tage, an welchem Williams die der Truppenconvention hinzugefügte geheime Declaration auf Befehl des eng-

---

[1]) Kaunitz meldete an Esterhazy: er werde auf die Mittel fürgreifen, die von Preußen mit Vorwissen und Begenehmigung des englischen Hofes angesponnenen Mediationsvorschläge und Handlungen mit guter Art gar abzubrechen: wie denn auch die letzte französische Antwort dazu den Weg gebahnt, und auf die Zurückgabe aller ohne vorgängige Kriegserklärung weggenommenen französischen Schiffe als auf einen Präliminarpunkt und conditio sine qua non gedrungen werde. (22. Mai, doch wohl auf den Grund länger vorausgegangener Mittheilungen.)

lischen Ministeriums dem russischen Hofe zurückgab. Denn dadurch würde England, dem eben ein französischer Angriff drohe, hilflos gelassen. Die russische Regierung hielt nicht für rathsam, darüber mit der englischen zu brechen: sie beschloß die Declaration durch den eigenen Gesandten nun doch nochmals an England überweisen zu lassen; indessen müsse die einmal geschlossene Convention als bestehend betrachtet werden. Williams war noch immer der Meinung und wurde geflissentlich darin erhalten, daß die russische Rüstung nur zur Ausführung der Convention geschehe; von dem, was zwischen Oesterreich, Rußland und Frankreich im Werke war, erfuhr er Nichts. Früher hatte sich Bestuschew sehr lebhaft gegen Williams erklärt, und man erwartete, daß er nach den letzten Vorgängen mit ihm zerfallen und den Anlaß ergreifen werde, welche die französische Negociation ihm biete: eine Vermuthung, die sich jedoch irrig erwies. Douglas war ihm schon bei seiner ersten Anwesenheit widerwärtig geworden, ein intercipirtes Schreiben desselben, das seine abermalige Ankunft ankündigte, erweckte sein Mißfallen aufs neue, weil es zeigte, daß sich der französische Emissar vorzugsweise an Woronzow zu wenden gedenke; und überdies war in dem Großkanzler seine alte Animosität gegen Frankreich, durch dessen Gesandten er gestürzt zu werden Gefahr gelaufen war, noch immer lebendig. Esterhazy bemerkte, er werde durch englisches Geld gewonnen sein, um sich der Herstellung des Vertrauens zwischen Frankreich und Rußland zu widersetzen; er bat dringend, auch ihn hinreichend mit Geld zu versehen, um dagegen zu wirken. Er schmeichelte sich, in dieser Sache selbst auch ohne den Großkanzler zum Ziele zu kommen. Er hatte Woronzow und einen andern russischen Staatsmann, Olgowiew, für sich, und versäumte kein Mittel, um auch untergeordnete Personen zu gewinnen; hauptsächlich aber war es ihm gelungen, den jungen Favoriten der Kaiserin, Iwan Iwanowicz Schuwalow in sein Interesse zu ziehen. Dieser fand seinen Ehrgeiz nicht wenig geschmeichelt, daß der kaiserliche Botschafter seine Vermittelung nachsuche, um durch ihn seine Anträge und Vorstellungen der Kaiserin zu hinterbringen; er versprach alles zu thun, was dazu führen könne, die Abneigung seiner Fürstin gegen Frankreich zu überwinden.

Einen ähnlichen Dienst wie in Paris die Marquise, sollte in Petersburg der Favorit leisten; sie waren beide bestimmt, den Willen des Souveräns selbst im Widerspruch mit den fungirenden Ministern nach dem Sinne des Wiener Hofes zu lenken.

Doch liegt am Tage, daß in beiden Fällen ein großes einheimisches Interesse das wirksame Moment bildete. Auf die Mittheilung des Vertrages von Versailles ließ die russische Kaiserin antworten, daß derselbe ihren Meinungen und Gefühlen entspreche; um diese an den Tag zu legen, erwarte sie nur die Einladung zum Beitritt. Sie fügte hinzu, zu der Erneuerung ihrer Verbindung mit der französischen Krone würde sie den ersten Schritt nicht thun können, da dieselbe einst durch Abberufung des französischen Gesandten unterbrochen worden sei; doch wolle sie so weit die Hand dazu bieten, daß die beiderseitigen Gesandten an Einem Tage ernannt würden. Zurückhaltende Erklärungen, die aber doch die Absicht kund gaben, mit Frankreich in ein freundschaftliches Verhältniß zu treten, wie das ja durch das große Vorhaben, zu dem sie in Gemeinschaft mit Oesterreich zu schreiten vor Begierde brannte, unumgänglich wurde.

In Folge der zwischen den russischen Ministern und dem Grafen Esterhazy ausgetauschten Erklärungen hatte man bereits an die Festsetzung der Präliminarien einer Offensivallianz Hand angelegt. Indem man bei der Hauptabsicht, Schlesien zu erobern, beharrte, bestimmte man zugleich die Vortheile, die sich Rußland vorbehielt. Man legte dabei die im Jahre 1745 zu Stande gebrachten Entwürfe zu Grunde. Das vornehmste Moment dabei ist, daß Rußland die Eroberung des Königreichs Preußen ausbedang, nicht jedoch in der Absicht es für sich zu behalten: es sollte gegen eine Abtretung polnischen Gebietes an den russischen Grenzen an Polen überlassen werden. Der Großkanzler ließ sich die Erwerbung einer Herrschaft in Schlesien, sobald dies Land erobert sein würde, zusichern. Sachsen, welches früher auf einen Theil von Schlesien Anspruch gemacht hatte, sollte allerdings auch jetzt herbeigezogen, aber auf Magdeburg angewiesen werden. Man dachte, Schweden durch die Herstellung seiner Herrschaft in Pommern in den Bund zu ziehen. Indem man das alles entwarf, kam man auch bereits auf den Operationsplan zu reden. Denn unverzüglich noch in dem laufenden Jahre wünschten die Russen den Krieg anzufangen.

Dafür aber war selbst Esterhazy nicht. Er machte seinen Hof auf die Mängel in den Kriegsvorbereitungen, namentlich in Bezug auf die Heerführung aufmerksam, die er in der russischen Armee wahrnahm. Ueberdies lagen die politischen Verhältnisse noch nicht so, daß sie eine unverzügliche Eröffnung der Feindseligkeiten gestattet hätten. Esterhazy wiederholte, wiewohl es dessen kaum bedurfte, die Versicherung vollkommenen Einverständnisses in der Absicht, welche aus dem gemeinschaftlichen Staatsinteresse entspringe, aber er bemerkte doch, die Ausführung derselben zu unternehmen, würde ohne vorgängige Beistimmung des französischen Hofes allzu gefährlich sein; diese sei aber bis zur Stunde noch nicht erreicht, noch immer nehme dieser Hof Rücksicht auf den König von Preußen; die Unterhandlung könne noch ein paar Monate dauern, und indeß die Zeit zu weit vorrücken, um noch in dem laufenden Jahre die Armee zusammenziehen, ihre Märsche ausführen und die Operationen beginnen zu können[1]. Die Kaiserin antwortete hierauf: nach dem Nachdruck, mit welchem die den König von Preußen betreffenden Eröffnungen von dem Wiener Hofe gemacht und dem Eifer, mit welchem man russischer Seits darauf eingegangen sei, nachdem man schon viel Unkosten darauf gewandt habe, thue es ihr Leid, daß der gegen denselben vorbereitete Schlag nun doch nicht sogleich erfolgen solle[2], aber unwandelbar entschlossen, die einmal gefaßte Absicht, die für den österreichischen Hof bei weitem am vortheilhaftesten sei, auszuführen, conformire sie sich auch hierin dem Ermessen desselben, und überlasse ihm die Fortsetzung der Negociation mit Frankreich unter der möglichsten Schonung des diesseitigen Geheimnisses. Die schon angeordnete Verstärkung der in Livland und Esthland vereinigten Truppen werde man einstellen, aber diese selbst in einem solchen Stand halten, daß sie jeden Augenblick etwas unternehmen könnten. Auch österreichischer Seits würde man sich gewiß ohne alles Aufsehen in die gleiche Bereitschaft setzen.

Wenn in allem, was Preußen anbetrifft, das russische Ministerium nicht allein im Einverständniß mit dem österreichischen, sondern selbst in einer gewissen Abhängigkeit von ihm erscheint — so war das doch in Bezug auf Frankreich noch nicht der Fall. Man hat sogar bei dem Großfürsten und seiner Gemahlin die Besorgniß rege gemacht, als könne dabei die Absicht vorwalten, sie

---

[1]) Abgedruckt in der Schrift: Neue Actenstücke 37.

[2]) Daß der wider den König von Preußen aufgehobene Schlag nun wieder sinke — daß der Ausschlag jetzt noch nicht mit dem gemeinschaftlichen Wunsch übereinstimme. Note, so dem Grafen Esterhazy vom russischen Hofe zugestellt worden bei Esterhazy's Bericht vom 29. Juni.

einmal von der Thronfolge auszuschließen. Nur darin schloß man sich an, daß die diplomatische Trennung gehoben und der von Oesterreich gefaßte Plan dazu benutzt werden könne, um den französischen Hof vollends zur Beseitigung aller Rücksicht auf Preußen zu vermögen.

Dreizehntes Capitel.

Verhandlung über den geheimen Tractat gegen Preußen.

In einem späteren Momente der österreichisch-französischen Verhandlung hat Graf Bernis[1] seine Verwunderung ausgesprochen, daß das ursprünglich angenommene Princip der Reciprocität, d. h. die Gleichheit der Verpflichtungen Oesterreichs gegen England und Frankreich gegen Preußen, in Wien nicht fest gehalten werde, und doch sei dieses die „fundamentale Basis" der ganzen Uebereinkunft. Nur unter dieser Voraussetzung habe man die beiden Akten von Versailles geschlossen: der Sinn der Höfe sei gewesen, mit denselben die geheimen Verhandlungen zu verstecken: sie seien gleichsam das Frontispiz des großen Gebäudes. Er schließt hieraus, daß demgemäß Alles, was in den Akten vom 1. Mai stipulirt worden, nach den Intentionen der geheimen Verhandlung ausgelegt werden müsse[2]; sonst würde der französische Hof den Artikel, nach welchem Oesterreich in dem Kriege gegen England neutral bleiben solle, niemals zugegeben haben. Es würde gegen Treue und Glauben laufen, wenn der Wiener Hof, auf

---

[1]) Remarques du Comte Bernis sur le contreprojet à la convention préliminaire et secrète. (Im Wiener Staatsarchiv).

[2]) Les deux actes de Versailles, dans l'esprit des cours de Versailles et de Vienne étaient soumis aux arrangements du traité sécret.

denselben sich stützend, alle Theilnahme an der Offensive gegen England verweigern wollte[1].

Die Absicht war allerdings nicht auf eine thätige Mitwirkung Oesterreichs gegen England gerichtet, wohl aber auf Concessionen, durch welche das Machtverhältniß Frankreichs im Kampfe mit England wesentlich verstärkt werden würde. Und nicht lange blieb verborgen, was die Franzosen dabei im Auge hatten. Man bemerkte bald, daß ihnen die Ausstattung des Don Philipp mit Flandern und Tournaisis noch nicht genügte: endlich, sagt Kaunitz, sprach Frankreich das Wort aus, es verlange die Abtretung der gesammten Niederlande[2].

Die belgischen Provinzen waren der älteste Gegenstand des Haders zwischen Frankreich und dem Hause Burgund-Oesterreich; sie diesem zu entreißen, war der beständige Gesichtspunkt des französischen Ehrgeizes, wie einst der spanischen Monarchie, so später der großen Allianz gegenüber. Als diese zusammenbrach, und der Erbe der spanischen Ansprüche es rathsam fand, sich mit Frankreich zu vereinigen, so tauchte der Gedanke mit historisch-politischer Folgerichtigkeit auf.

Zur Unterstützung dieser Forderung wurde bemerkt, die Erwerbung von Schlesien bilde einen so großen Vortheil für Oesterreich, daß schon der Grundsatz der Gegenseitigkeit einen entsprechenden Gewinn für Frankreich erheische, der ihm in seiner Stellung gegen England zu Statten komme. Die Abtretung an Don Philipp namentlich mit dem Vorbehalt der Reversion sei weit entfernt, einen solchen zu gewähren; darüber

[1] de vouloir faire valoir l'acte de neutralité comme un moyen d'éviter tout parti offensif contre l'Angleterre.

[2] En fin la France lâcha le mot et demanda tous les Pays-bas, en se reservant la faculté de disposer de ces provinces pour ne laisser à Don Philippe que ce qu'elle trouvait bien.

würde es sogar zu Zwistigkeiten kommen können. Wolle man eine wahre Allianz schließen, so müsse man diesen Stein des Anstoßes aus dem Wege räumen. Hauptsächlich in diesem Anspruch lag der Grund, wenn Frankreich doch noch nicht in die Vorschläge zur völligen Niederwerfung des Königs von Preußen und zu eigener Theilnahme an dem Kriege gegen denselben zu bringen gewesen war.

Es leuchtete ein, daß das auch fortan ohne diese Concession schwerlich geschehen würde. In Wien hätte man den Antrag erwarten können, er mußte aber erst geschehen sein, um in seiner ganzen Bedeutung gefaßt zu werden. Das dynastische Verhältniß, das bei dem Austausch der kleinen italienischen Herzogthümer vorgewaltet, setzte sich dadurch in ein politisches um. Denn an die Krone Frankreich, die ihre Stellung immer behielt, nicht an einen wenig bedeutenden Herzog und dessen Nachkommen, deren Sinnesweise sich leicht verändern konnte, sollte die Abtretung geschehen und sogleich mit der vorläufigen Einräumung der wichtigsten Seehäfen eröffnet werden; die Schadloshaltung des Don Philipp würden die bourbonischen Mächte nach freiem Ermessen übernehmen. Es war noch nicht ausgesprochen, ob Don Philipp die Herzogthümer behalten oder ob er sie zurückgeben sollte, aber auch im letzten Falle dachte man den Werth derselben zu Geld anzuschlagen und von der Summe abzuziehen, die dem Hause Oesterreich für die Abtretung der Niederlande gezahlt werden sollte; die Abtretung wurde in die Form eines Verkaufs gehüllt: sie würde dann um so mehr für alle Zeiten gegolten haben[1]. — „Der Entschluß, den wir zu fassen haben, ist groß": so

[1]) Wir berühren nur so vieles, daß der Antrag wegen der Cession unserer gesammten Niederlanden um so außerordentlicher und bedenklicher in die Augen fallen müsse, da solcher noch mit den ferneren Begehren begleitet worden, die Cession nicht auf den Don Philipp, sondern auf die

heißt es in der ersten Antwort auf den Bericht Starhembergs, in welchem diese Erörterung enthalten war: der Antrag ist so außerordentlich und bedenklich, daß er genaue Einsicht in seinen Sinn und Ueberlegung der zu erwartenden Folgen nöthig macht.

Wir wissen, daß die Politik des Grafen Kaunitz von jeher dahin ging, die Niederlande zu einer Ausgleichung oder vielmehr zur Herbeiführung eines intimen Verständnisses mit Frankreich zu benutzen. In den damaligen Berathungen hob er die politische Bedeutung dieser Landschaften und ihren wachsenden Reichthum noch stärker als früher hervor, was ihn zu dem Schluß führte, ohne anderweite große Vortheile würde eine Abtretung derselben zu widerrathen sein; würden diese aber bewilligt, so erklärte er sich dafür; in Anbetracht, sagt er, daß der König von Preußen niedergekämpft werden müsse, denn dessen Macht sei durch die Eroberung von Schlesien verdoppelt worden; gelänge es ihm, was sehr möglich sei, durch Krieg und andere zufällige Umstände eine neue Erwerbung zu machen, so würde er dem Erzhause völlig unerträglich werden, und dies in steter Gefahr schweben; von derselben werde zugleich die Religion und das kaiserliche Ansehen betroffen. Da nun die Mitwirkung Frankreichs um keinen andern Preis zu erreichen sei, so müsse man dazu schreiten; die Wiedereroberung Schlesiens werde mit der Abtretung der Niederlande nicht zu theuer erkauft[1]. Es sei gestattet, die Worte des Rescripts anzuführen, das nun an Starhemberg er-

Cron Frankreich zu richten, dieser Crone mit Einverständniß des Spanischen und Neapolitanischen Hofs die Bestimmung des Aequivalents von den ernannten Don Philipp zu überlassen, der bemerkten Cession die Gestalt eines Verkaufs zu geben, Jedannoch zum Voraus auf Mäßigung der Summ anzutragen, und zugleich das Mittel zu erschweren, welches einen Geld-Beytrag von Spanien und Neapel bewürken könnte.

[1]) Auszug aus dem Protokoll bei Arneth 451.

ging. Bei großen und verwickelten Absichten, heißt es darin, sind große und geschwinde Entschließungen nothwendig; „wir wollen dir nicht verhalten, daß wir nach gepflogener reifer Ueberlegung, allen großen Bedenken zum Trotz, doch erbötig sind zur Cession unserer gesammten Niederlande unsere Zustimmung zu geben, jedoch nur unter gewissen Bedingungen, und ohne diese nicht."

Man hielt in Wien für das Beste, die Negociation nicht durch einen weitern Notenwechsel zu führen, sondern sie der Geschicklichkeit Starhembergs und dessen mündlicher Verhandlung anzuvertrauen. Man wies ihn an: zugleich Ja und Nein zu sagen, ja, wenn man die Bedingungen, welche Oesterreich machen müsse, annehme, nein, wenn man sie verwerfe.

Von den Bedingungen, auf welche Starhemberg unabweichlich zu bestehen angewiesen war, bezog sich die wichtigste auf die Niederlande selbst. Oesterreich war bereit, sie abzutreten, aber nicht unmittelbar an Frankreich, dessen Macht man nicht in dem Grade vermehren dürfe, daß dadurch das europäische Gleichgewicht in Gefahr gerathe, sondern im Ganzen und Großen an Don Philipp, der sie unter denselben Bedingungen besitzen sollte, wie bisher das Haus Oesterreich. Unmittelbar sollte Frankreich nur Luxemburg, Chimay, Beaumont und einige andere früher von ihm besessene und dann wieder zurückgegebene Landstriche bekommen.

Zugleich forderte man die Festsetzung, daß diese Zusage erst dann zur bindenden Gültigkeit gelange, wenn Schlesien und Glatz zurückerobert und ihr Besitz durch förmlichen Friedensschluß dem Erzhaus versichert sei.

Um dies aber zu erreichen, müsse nun auch Frankreich zur Bekämpfung des Königs von Preußen energisch mitwirken, und zwar einmal, indem es selbst ein Truppencorps ins Feld stelle und vereinigt mit den Kaiserlichen operiren lasse, und sodann, indem es zu den Bündnissen mit den deutschen Fürsten, die nöthig seien, wenn man den Krieg mit einiger Sicherheit des Erfolges unternehmen wolle, die Hand biete.

Bei allem Eifer, mit welchem Graf Kaunitz den für sein Vorhaben einzig geeigneten Moment ergriff, bestand doch noch ein erheblicher Unterschied zwischen dem, was er anbot, und dem, was Frankreich verlangte. Er wollte einen besondern niederländischen Staat bilden, von dem sich voraussetzen ließ, daß er, wenn er auch zunächst durchaus von Frankreich abhänge, später dennoch sich losreißen und vielleicht im Einverständniß mit England, Holland und Oesterreich der französischen Krone sogar Widerstand leisten könne. Wie hätten aber nicht auch die französischen Staatsmänner die Möglichkeit dieser Eventualität wahrnehmen sollen? Die angetragene Auskunft lief ihren eigensten Tendenzen entgegen, sie wollten nicht etwa einen belgischen Staat gründen, sondern die südlichen Niederlande auf immer mit Frankreich vereinigen.

Nur allmählich trat Starhemberg mit seinen Bedingungen hervor.

Das erste, worüber man sich verständigte, war die Bestimmung, daß die Zusagen in Bezug auf die Niederlande ungültig sein sollten, so lange nicht Schlesien in sicheren und anerkannten Besitz der Kaiserin-Königin übergegangen sei. Frankreich verwarf die Erwähnung eines allgemeinen Friedensschlusses, weil das zu unabsehlichen Weiterungen führen könne; es hielt auch nicht für gut, die Zusagen in einer besondern Declaration auszusprechen; aber es willigte ein, daß sie den ersten Artikel der Präliminarien der zu treffenden Convention bilden sollten, und damit begnügte sich Oesterreich; denn in Geschäften von so großer Wichtigkeit dürfe man sich an Formalitäten nicht binden.

Dagegen war man in Wien mit dem Botschafter, dessen

Geschicklichkeit sonst die Erwartungen, die man von ihm hegte, noch übertraf, beinahe unzufrieden, daß er die Absicht einer Abtretung der Niederlande ausgesprochen hatte, ohne über die Modalität derselben sogleich übereinzukommen; doch fand man begründet, was er sagte, daß Zurückhaltung eine undienliche Verzögerung des Geschäfts überhaupt herbeigeführt haben würde.

Es ist nicht nöthig, die Unterhandlung in ihrem Lauf zu begleiten, da sie doch unter sehr veränderten Umständen zu einem definitiven Ergebniß geführt hat. Nur die Grundlagen des späteren Vertrags der geheimen Allianz sind damals gelegt worden: aber von Wichtigkeit ist es, die Hauptmomente derselben kennen zu lernen.

Der vornehmste liegt in der Einwilligung der Franzosen, daß die Cession der Niederlande nicht geradezu an die Krone geschehe, sondern an Don Philipp, dem gegen Abtretung der italienischen Herzogthümer die Hauptmasse der neuen belgischen Landschaften zufallen sollte. Denn was auch die Zukunft einmal bringen mochte, für die Gegenwart gereichte es den Franzosen zum unbeschreiblichen Vortheil, der belgischen Niederlande wenigstens indirect, denn an der Gesinnung Don Philipps konnte kein Zweifel aufkommen, mächtig zu werden. Zugleich lag in diesem Abkommen ein weiterer Schritt zur Ausgleichung der inneren Differenzen des Hauses Bourbon. Nur forderte Frankreich die vollkommene Losreißung des Landes von dem Verhältniß mit den Seemächten, namentlich die Aufhebung des Barrieretractats — wofür Holland durch andere Zugeständnisse zu gewinnen sein würde. Was den Franzosen selbst aber angeboten wurde, schlugen sie nicht hoch an, auch Luxemburg nicht; das einzige, was ihnen im Kriege gegen England nützlich werden könne, sei die Erwerbung der beiden Hafenplätze Ostende und Nieuport; — sie verlangten selbst in dem Fall, daß der Krieg in Deutschland nicht glücklich gehe, den einstweiligen Besitz dieser Plätze bis 10 Jahre nach dem Frieden[1].

Denn ihre Absicht war immer darauf gerichtet, die maritime Macht, die ihnen in ihrer unmittelbaren Nähe entgegenstand, zu brechen; die belgischen Küstenlande nicht allein von einem Bündniß mit England loszureißen, sondern zu einem Angriff auf dasselbe zu benutzen; die großen Geldaufwendungen, zu denen sie sich anheischig machten, schienen zu dieser Forderung zu berechtigen. Sie unterließen nicht, zu bemerken, daß sie viel stärkere Verpflichtungen übernehmen würden, wenn ihrer ursprünglichen Absicht gemäß die Cession der gesammten Niederlande an sie selbst geschehen wäre. Zunächst nahmen sie auch jetzt noch Anstand, ihre unmittelbare Betheiligung an dem Kriege gegen Preußen zuzusagen; denn schon dadurch erweise man Oesterreich einen unschätzbaren Dienst, daß man England abhalte, dem König von Preußen zu Hülfe zu kommen.

Ueberhaupt stießen die Unterhandlungen auch in diesem Stadium noch auf mancherlei Schwierigkeiten.

Es machte nicht wenig Aufsehen in Wien, als man vernahm, in Petersburg sei doch wieder der Absicht Conti's auf den polnischen Thron Erwähnung geschehen, man fürchtete dort, darin liege eine Gegenwirkung gegen Frau von Pompadour. Bald aber zeigte sich, daß dies nicht der Fall war; höchstens konnte sie den Wunsch hegen, den Prinzen, in welchem sie einen sehr unversöhnlichen Gegner sah, von dem Hofe zu entfernen; das intime Vertrauen des Königs in die Dame und den Abbé Grafen Bernis, ihren Freund, erfuhr keine Unterbrechung. Starhemberg

---

[1]) Bernis: Les villes maritimes du comté de Flandre pourraient seules lui être de quelque utilité contre ses véritables ennemis.

bekennt, daß dies Verhältniß das vornehmste Fundament bilde, auf dem er fortarbeite; bei Beginn der neuen Verhandlung sagt er noch einmal, niemals habe er der Marquise mehr bedurft; man verdanke ihr alle bisherigen guten Erfolge[1].

Ein Zwischenfall eigenthümlicher Art lag in der Eröffnung des französischen Hofes, daß er im Einverständniß mit der Republik Genua ein paar neue Regimenter nach Corsika zu werfen gedenke; Graf Kaunitz wandte ein, daß es ja der Grundsatz der soeben geschlossenen Neutralität sei, daß Frankreich keine andern Mächte in seine Streitigkeit mit den Engländern verwickeln wolle, gegen welche doch dies Vorhaben offenbar gerichtet sei, — so brachte es die Consequenz schriftlicher Erklärungen mit sich —, aber zugleich autorisirte er Starhemberg, die Einwilligung Oesterreichs mündlich auszusprechen, was denn auch in Frankreich vollkommen genügend befunden wurde.

Die Absicht auf Corsika hing mit dem umfassenden Vorhaben zusammen, die Engländer aus dem Mittelmeer zu vertreiben, zu welchem Ziel es dann als ein großer Schritt erschien, daß sich der Marschall Richelieu des Forts St. Philipp auf Minorca bemächtigte; er hielt die Nachricht für wichtig genug, um sie durch seinen Sohn überbringen zu lassen, der damit am 10. Juli in Paris eintraf. Bald folgte die Eroberung von Port Mahon.

Der Hof befand sich damals in Compiegne, wo Frau von Pompadour nicht versäumte, den Sieg mit einem anmuthigen Fest in ihrer Wohnung — der Eremitage — zu begehen. Sie vertheilte Degenschleifen à la Mahon an die anwesenden Cavaliere.

---

[1]) Elle veut qu'on l'estime. Er knüpft die Bitte daran, daß ihr der Hof eine Anerkennung geben möge; was die Geschenke provocirt haben wird, deren Maria Theresia gedenkt.

Dahin versetzte sich die Unterhandlung mit Oesterreich: und zwar mit dem für diese Macht vortheilhaftesten Unterschiede, daß Rouillé, der jetzt mehr Schwierigkeiten machte, als bisher, von den vertraulichsten Berathungen ausgeschlossen wurde. Dadurch gestaltete sich die Lage der Dinge so, daß Starhemberg das Gelingen seiner Sache mit Zuversicht erwartete. Denn ohne Zweifel sagte er, wünsche man in Frankreich die Hauptsache; darin bestehe die Stärke der Position von Oesterreich, es dürfe nur nicht säumen, sie sich zu Nutze zu machen. Auch davon, daß man mit dem Anerbieten der niederländischen Abtretung in der Modification, mit der es jetzt gemacht wurde, in Frankreich nicht recht zufrieden war, fürchtete er keinen Rückschlag. Denn das Interesse Frankreichs, Oesterreich von den Seemächten loszureißen, werde so stark empfunden, daß man auch auf minder günstige Anerbietungen eingehen würde. Das Prinzip der Gegenseitigkeit der Verpflichtungen Frankreichs gegen Preußen, Oesterreichs gegen England gelangte dadurch zu noch größerer Bedeutung, daß die beiderseitigen Vortheile einander bedingten. Die Wiedereroberung von Schlesien schloß insofern ein eigenes Interesse von Frankreich ein, als sie die Bedingung der Erwerbung der Niederlande für das Haus Bourbon bildete.

Aufs neue wurde Starhemberg angewiesen, sich durch die Weigerung der Franzosen, an dem Kriege gegen Preußen unmittelbaren Antheil zu nehmen, nicht irre machen zu lassen, sondern auf diese Cooperation als eine Bedingung, ohne die man nicht abschließen könne, zu bestehen. In Erwägung der unauflösbaren Verflechtung der beiderseitigen Vortheile gaben die Franzosen nach. Sie verstanden sich zur Errichtung einer dritten Armee im Reiche, in der Stärke von 28,000 Mann.

Auch damit war die Absicht des Wiener Hofes noch nicht

vollständig erreicht; er hielt an der Nothwendigkeit einer ferner Schwächung des Königs von Preußen hartnäckig fest. Eben hiebei traf er, wie wir wissen, mit der russischen Intention zusammen, welche zugleich dahin ging, Schweden herbeizuziehen; und zwar durch seine besonderen Vortheile. Noch bestand kein Verständniß mit Sachsen; das Geheimniß des großen Vorhabens hätte ihm weder Oesterreich noch Frankreich anvertraut, aber man zweifelte nicht, daß es sich bei dem ersten ernstlichen Antrag anschließen würde. Den Churfürsten von der Pfalz hoffte man dadurch zu gewinnen, daß man ihm die clevisch-märkischen Länder, von deren Ueberziehung durch die französischen Truppen schon vielfach die Rede war, in Aussicht stellte. Holland sollte für die Verluste, die ihm aus der Unabhängigkeit der belgischen Niederlande erwachsen würden, durch ein Stück preußischen Gebietes in Westphalen enschädigt werden.

Sollte nun Frankreich dies zugestehen? Mußte es nicht fürchten, daß Oesterreich in Deutschland eine vollkommen überwiegende Macht erwerbe und ihm dereinst selbst gefährlich werden könnte.

Aber es war eine Bedingung, ohne die Oesterreich den geheimen Vertrag nicht abschließen zu wollen zu wiederholten Malen auf das Bestimmteste erklären ließ. Endlich fühlte Bernis sich bewogen, im Allgemeinen darauf einzugehen, wofür ihm dagegen eine verhältnißmäßige Schwächung des Königs von England zugestanden wurde. Er wollte dieser Macht außer Minorca auch Gibraltar entreißen. Man wird begierig, worauf seine Absicht in Deutschland gerichtet war. Es war keine Territorialacquisition für Frankreich selbst: man dachte aber die letzte große Erwerbung Hannovers, das Herzogthum Bremen und Fürstenthum Verden, von demselben loszureißen [1].

---

[1]) Remarques de Bernis. S. M. est determinée au dépouillement du roi de Prusse, pourvu, que l'Angleterre soit affaiblie dans une pro-

So sollte nach dem russischen Entwurf Schweden wieder in den Besitz von Pommern zurückkommen, Polen in den Besitz des Königreichs Preußen. Für Dänemark war, wenn es sich anschließe, Bremen und Verden bestimmt. Welche Aussicht für König Friedrich! Von der einen Seite Schlesiens, Pommerns und Preußens, von der andern der rheinisch-westphälischen Besitzungen und, wie berührt, auch Magdeburgs beraubt, würde er ein sehr schwacher Churfürst von Brandenburg geworden sein. Und welches Schicksal für Deutschland! Frankreich im virtuellen Besitz der belgischen Niederlande mit unbezweifeltem Uebergewicht über Holland und die rheinischen Churfürsten; der König von Polen, Churfürst von Sachsen, abhängig von Rußland; die beiden nordischen Kronen mit verdoppelten Territorien im Reiche ausgestattet. Es wäre von den fremden Mächten vollkommen abhängig geworden. Unläugbar ist doch, daß das Dasein eines mächtigen Preußen mit der Idee eines selbständigen deutschen Gemeinwesens untrennbar vereinigt war.

Noch waren keine definitiven Festsetzungen zwischen den beiden Höfen von Versailles und Wien zu Stande gekommen, aber in der Hauptsache war man einverstanden: Bernis sollte nicht nach Madrid, sondern als Botschafter nach Wien gehen, um hier alles zu vereinbaren, und zwar in seiner Eigenschaft als Ambassadeur, denn als Minister hätte er in Frankreich damals nicht eintreten können.

Noch immer fanden diese Pläne selbst in Wien einigen

portion raisonnable et que l'accomplissement des conditions essentielles du traité ne depend pas du succès entier de toutes les vues qu'on se propose — Bernis fordert: le démembrement de Bremen et Verden. Wenigstens in einer Note sei bemerkt, daß man von Kaunitz behauptete, er habe das Fürstenthum Ostfriesland für sich selber ausersehen. So die Berichte vom Reichstag in Regensburg.

Widerspruch, weil Frankreich dadurch allzumächtig werden würde, aber Kaunitz meinte dem zuvorzukommen, wenn er nur den König von Preußen erst niedergeworfen habe, und sein Wort war das allmächtige im Rathe Maria Theresia's geworden. Auch in St. Petersburg hat man der Kaiserin Elisabeth in Erinnerung gebracht, daß sie, weder Frankreich zu der Uebermacht, nach der es offenbar trachte, gelangen, noch den Protestantismus in Deutschland unterdrücken lassen dürfe. Aber das machte keinen Eindruck mehr, der Eifer gegen Preußen drängte alles in den Hintergrund und war noch immer im Steigen begriffen. So viel sich aus den Aeußerungen des Staatskanzlers abnehmen ließ, war sein Gedanke, daß der Kampf von russischer Seite eröffnet werden sollte. Oesterreich werde sich anfangs neutral halten, aber eben zur rechten Zeit losbrechen, um den König zwischen zwei Feuer zu nehmen[1]. Indeß würde England gegen Frankreich beschäftigt sein, und das neue Bundesverhältniß dieser Macht sich zu Gunsten Oesterreichs entwickelt haben. Da man von Rüstungen des Königs von Preußen hörte, so schlug Bestuschew vor, ein russisches Corps gegen Schlesien vorrücken zu lassen. Dem österreichischen Botschafter schien das doch noch nicht an der Zeit zu sein.

[1]) Funck an Bristol: Wien, 12. Juni, on serait bien aise ici, que la Russie en attaquant le roi de Prusse attachât le grelot et que dans la suite on put se mêler comme partie entrevenante pour le mettre entre deux feux.

Vierzehntes Capitel.

Preußisch-englische Politik in dieser Zeit.

Politik ist eine Art von Strategie. Wenn es dem Strategen häufig darauf ankommt, die Kriegspläne des Feindes, die geflissentlich in Dunkel gehüllt werden, zu erkunden, und ihnen bei Zeiten zu begegnen, so ist es für den Politiker fast die vornehmste Aufgabe, das Geheimniß der feindseligen Anschläge zu durchdringen, um sich dagegen in Bereitschaft zu setzen.

Man sieht ein Ungewitter ohne Gleichen sich zusammenziehen, das sich über den so eben erst zu selbständigem Dasein emporkommenden preußischen Staat zu entladen und ihn zu vernichten drohte. Wenn in späteren Zeiten behauptet worden ist, ein unmotivirtes Eroberungsgelüste habe Friedrich II. bewogen, das Schwert zu ziehen; so wirft die Evidenz der Thatsachen einen Schimmer von Ironie auf diese Vorstellung; in der That war die Existenz des Königs in Gefahr; nur sehr nach und nach entwickelte sich in ihm eine Ahnung von dem Umfang derselben.

Der Vertrag von Versailles, von dem er durch seinen Gesandten Knyphausen gleich im ersten Augenblick ziemlich gut unterrichtet wurde, setzte ihn nicht in große Besorgniß. Als ihm derselbe später auf Befehl Ludwigs XV. mitgetheilt wurde, mit der Bemerkung, er sei nur auf die Befestigung des europäischen Friedens berechnet, nahm Friedrich das ohne Einwendung auf; er ließ dem König von Frankreich seinen Dank für die Mittheilung aussprechen; als er den Gesandten wieder sah, berührte er die Sache jedoch mit keinem Wort, er sprach mit ihm nur von militärischen Angelegenheiten, über die derselbe ein Urtheil hatte.

Gleichwohl vermuthete er vom ersten Augenblick an, daß es mit dem Verständniß der beiden Mächte auf einen Angriff auf Hannover abgesehen sei; er meinte, Oesterreich billige einen solchen nicht allein, sondern reize dazu an. Wenn sich das aber auch so verhielt, so sah er keine Gefahr darin, welche er, mit England vereinigt, nicht hätte bestehen können.

Von vieler Wichtigkeit war für einen solchen Fall die hessische Sache. Soeben erschien ein angesehener österreichischer Staatsmann in Cassel, um den Erbprinzen zum Eintritt in den kaiserlichen Dienst zu vermögen. Dem aber war der Landgraf bereits zuvorgekommen: er hatte seinen Sohn bewogen, sich nach Berlin zu begeben. Da sprach nun der König mit ihm; er stellte ihm vor, daß er sein Erbland zum Sitze des Krieges machen würde, wenn er zu Oesterreich überträte. Der Prinz war leicht davon zu überzeugen: indem er die Versicherung gab, daß er die dem Lande ertheilte Religionsassecuranz beobachten wolle, bat er zugleich um eine Stelle im preußischen Dienst. Der König sprach darüber mit dem englischen Gesandten Mitchell, der in denselben Tagen bei ihm eingetroffen war. Auf jeden Fall, sagte dieser, sei es besser, daß der Prinz in preußische Dienste trete, als in französische oder in österreichische. Dann, erwiederte der König, werde ich ihn morgen in meinen Dienst aufnehmen. Er fand den Prinzen so schwach und unzuverläßig, daß er lieber Nichts mit ihm zu thun gehabt hätte; eben wegen dieser Sinnesart aber war es um so nöthiger, ihn durch eine Stellung in der preußischen Armee auf dieser Seite festzuhalten. Hessen wurde dadurch vor einer religiösen Verwirrung bewahrt, die leicht aus dem österreichischen Dienstverhältniß entstanden wäre. Durch den Widerspruch, den die Religionsassecuranz im Reiche erweckte, wurden die preußischen Minister stutzig; sie fragten wenigstens bei dem König an. Er antwortete, jede Nachgiebigkeit würde die Anmaßung der Gegner verstärken, und von den übrigen Protestanten als ein Zeichen der Schwäche betrachtet werden; welchen Werth behalte Preußen für sie, wenn es versäume, sie zu unterstützen: eine edle Festigkeit könne vielleicht den Gegnern Rücksicht einflößen. „Ich halte mich nie zu denen, welche in Fällen, wo man das Recht auf seiner Seite hat, zaghafte Rathschläge geben, man muß den Kopf hoch tragen[1].“

Die durch den Tractat von Westminster geschlossene Verbindung war nun fast der wichtigste Moment der europäischen Politik; sie hatte den König von Preußen die Freundschaft von Frankreich gekostet; der Vertrag von Versailles war daraus entsprungen; eine universale Veränderung lag darin, daß wie Frankreich und Oesterreich, so nun Preußen und England zusammenstanden. Der neue englische Gesandte, Andrew Mitchell, war ganz der Mann dazu, das Verständniß mit Friedrich unter den damaligen Umständen zu pflegen. Er war der Sohn eines Geistlichen in Edinburg und hatte seine Bildung durch Reisen auf dem Continent vollendet; er gehörte der antijacobitischen Partei an, die sich in dem Sturme von 1745 aufs engste dem protestantischen Königthume anschloß; er wurde Mitglied des Parlaments für Aberdeen und eine Zeit lang Unterstaatssecretär für Schottland

[1]) 3. Juli 1756. Je ne serai jamais de ceux qui proposent des concils timides, si on a le droit de son côté et il faut aller tête levée.

in London, so daß er auch die Geschäfte kennen lernte; er war von ächter Sympathie für die Sache erfüllt, die jetzt zwischen England und Preußen eine gemeinschaftliche wurde. Zunächst schien England am meisten bedroht zu sein, und es wurde daselbst sehr gut aufgenommen, als Friedrich die Erklärung gab, England könne unter allen Umständen auf seine Hülfe rechnen.

Die Drohung der Franzosen, eine Landung in England zu versuchen, beschäftigte eine Zeitlang die allgemeine Aufmerksamkeit. Man hat in Frankreich ernstlich davon gesprochen, 60,000 Mann zu einer Invasion in England zu verwenden; Marschall Belleisle war beschäftigt, längs der Seeküste ein Unternehmen dieser Art vorzubereiten. Wie weit war Friedrich von der Stimmung zurückgekommen, in der er wohl selbst Rathschläge dazu an die Hand gab; jetzt erinnerte er die Engländer, die Sicherheit ihrer Insel ja nicht zu vernachlässigen; eine starke Flotte werde hinreichen, die Franzosen von jeder Invasion abzuschrecken[1]. Für die Vertheidigung Hannovers war er entschlossen, das Aeußerste zu thun. Man berechnete, Oesterreich könne etwa 100,000 Mann gegen Hannover marschiren lassen, Frankreich 50,000 Mann, die vornehmlich aus deutschen Truppen bestehen sollten. Denen gegenüber wollte der König 100,000 Mann ins Feld stellen, und gegen die übrigen hauptsächlich ebenfalls deutsche Truppen in englischem Sold. Er zählte auf Braunschweig, Sachsen-Gotha, hannoversche und hessische Mannschaften und vielleicht auf den Churfürsten von der Pfalz, so sehr man diesen auch von der anderen Seite bearbeiten möge. Friedrich meinte, man müsse demselben nur einen Gesandten schicken, der seinem Charakter entspreche, von möglichster Keckheit, einer scherzhaften

[1]) While we had a strong fleet at home, France would heardly adventure to invade.

Unterhaltungsgabe und zugleich katholischem Bekenntniß. Es war unter diesen Umständen, daß England mit Sachsen in neue Verhandlungen trat: der König seinerseits hoffte Nichts davon.

Dabei ist auch einmal von russischer Hülfe die Rede gewesen, denn noch waltete die Voraussetzung ob, daß die Russen auf der Seite von England ausharren würden[1]. König Friedrich sagte, er würde sie sehr ungern sehen, und das Beste wäre, sie kämen nicht, wenigstens nicht, wenn man ihrer nicht auf das dringendste bedürfe; wenn sie kämen, würde er das nur insofern billigen, als es eine Bürgschaft wäre, daß sie sich nicht auf die andere Seite schlagen würden. Aber könnt Ihr sie denn bezahlen, fragte er den englischen Gesandten, seid Ihr ihrer gewiß und wahrhaftig sicher? Mitchell sagte: der König, mein Herr, ist davon überzeugt; wir empfangen darüber die besten Versicherungen.

Welch ein Ereigniß für Friedrich war es nun, daß sich Die, deren Hülfeleistung man ihm selbst gegen seinen Willen in Aussicht stellte, nach und nach als seine entschiedensten Gegner erwiesen. Einen sehr unangenehmen Eindruck machte schon die Kunde von jener Sendung eines französischen Emissars nach Rußland, den man für einen Jacobiten hielt, und der nun mit Esterhazy vereinigt, dahin arbeite, eine Tripelallianz zwischen Frankreich, Rußland und Oesterreich anzubahnen. Bald aber trafen Nachrichten von viel positiverem und zugleich dem drohendsten Inhalt ein.

Der König hat in dieser Zeit durch zwei untergeordnete Elende, einen sächsischen Kanzelisten[2] und einen österreichischen Gesandt-

[1]) Mitchell 27. Mai. He thought, that the peace of Germany would not be disturbed by any power whosoever, while Russia continued well disposed towards England.

[2]) Ueber den ersten, des Namens Mentzel, Auszug aus den Untersuchungspartikeln in den neuen Aktenstücken S. 5; über den zweiten, Weingarten, Arneth S. 489.

schaftssecretär, die sich ihm verkauften, um ihm die Geheimnisse ihrer Cabinete zu verrathen, Nachrichten und Actenstücke empfangen, die ihm einen Blick in das Treiben seiner Feinde an den benachbarten Höfen gestatteten. Sie hatten den Vorzug, authentisch zu sein: aber sie waren abgerissen, ohne Zusammenhang und kamen von Stellen, wo man in das Geheimniß der Geschäfte nicht einmal eingeweiht war. Sie dienten dazu, seinen Verdacht rege zu halten, der sich denn besonders auf die beiden Höfe von Wien und Dresden und ihre Verbindung mit Rußland richtete; er ward überzeugt, daß etwas gegen ihn im Werke sei. Zur Bildung einer sicheren Anschauung der Verhältnisse aber reichten sie bei weitem nicht hin. Für diese waren die Nachrichten maßgebend, die der regelmäßige gesandtschaftliche Verkehr und jetzt die englischen Mittheilungen brachten[1].

Friedrich war in Stettin mit einer seiner gewöhnlichen Revüen beschäftigt, als ein paar Depeschen des Gesandten im Haag, Hellen, bei ihm eingingen, die über eine Annäherung des russischen Hofes an den französischen keinen Zweifel übrig ließen; — man bekam Grund zu der Meinung, daß Rußland im Begriff stehe, sich von England loszusagen. Da die Hoffnung, den Frieden von Deutschland zu erhalten, und Friedrichs eigene Sicherheit eben auf dem guten Verhältniß dieser beiden Mächte untereinander beruhte, so begreift man, wie sehr er davon betroffen werden mußte.

Indem er dem englischen Gesandten wiederholte, welchen Gang auch immer die Dinge nehmen möchten, er sei entschlossen, seine Verbindlichkeiten gegen England heilig zu erfüllen[2], machte er

---

[1]) Vom 31. Mai und 12. Juni.

[2]) He told me in the frankest way: that happen what would, he would fulfil his engagements of stand by.

ihn doch zugleich aufmerksam, daß man darauf denken müsse, sich durch die Allianz der Gegner nicht überraschen zu lassen[1]. König Georg hatte bei ihm angefragt, mit welchen von den deutschen Fürsten man sich verbinden solle. Friedrich ist zweifelhaft über Baiern, weil es durch seine Nachbarschaft allzusehr von Oesterreich abhänge, noch mehr über Sachsen, an dem man bei seinen engen Beziehungen zu Frankreich und Rußland unter einem durch und durch österreichisch gesinnten Minister nur einen unzuverlässigen Verbündeten haben würde; nur auf die oben genannten Nachbarn wagte er zu trauen. Zugleich wirft er seinen Blick in weite Ferne; sehr erwünscht werde es sein, den beiden Kaiserhöfen die Feindseligkeit der Osmanen entgegen zu setzen: aber das Allerbeste wäre doch, wenn es den Engländern gelänge, sich aus ihrer Allianz mit Rußland nicht verdrängen zu lassen.

Dies letzte Verhältniß blieb der vornehmste Gegenstand der Aufmerksamkeit[2].

Zuweilen schien es, als ob der König einen Bruch ernstlich besorge. Als er nach seiner Rückkunft Mitchell wiedersah, legte er ihm die Frage vor, ob England in dem Falle, daß Rußland gegen sie sei, nicht seine Flotte nach der Ostsee schicken werde, um die preußische Küste sicher zu stellen. Dabei gab er jedoch auch die Hoffnung nicht auf, daß es noch zur Herstellung eines guten Verhältnisses kommen werde. Aber alle Tage ward dies unwahrscheinlicher. Mitchell empfing mit einem nach England bestimmten Courier ein Schreiben von Williams, das die Nachricht

[1]) Il sera d'une nécessité absolue, de songer à des arrangements à prendre, pour ne pas succomber à un parti si formidable et supérieur.

[2]) Schreiben an Finkenstein, Stettin, 7. Juni. Eine eigenhändige Nachschrift zu diesem Schreiben ist an Mitchell mitgetheilt und aus dessen Papieren bekannt geworden.

enthielt, daß Bestuschew der Verbindung Rußlands mit Frankreich entgegenzuwirken versprochen habe. Zugleich aber verrieth er ein Gefühl peinlicher Gedrücktheit über den Nachtheil, in den England in St. Petersburg gerathen war; über die russischen Rüstungen ging er leicht hinweg. Alles das machte Mitchell sehr bedenklich; er sagte dem Minister Finkenstein, als ehrlicher Mann könne er ihm die Lage der Dinge nicht verheimlichen. Dieser antwortete, wenn Williams nicht mehr Credit habe, namentlich nicht bei der Kaiserin selbst, die er dadurch verletze, daß er der Großfürstin mit allzu vieler Beflissenheit den Hof mache, so möge man ihn von dort entfernen. Mitchell zuckte die Achseln, er bemerkte, daß Williams mehr Geist, als Urtheil habe, und gestand ein, daß er durch einen fähigeren Mann ersetzt werden sollte. Ueber die Mittheilung selbst war Finkenstein nicht sehr erschrocken; er meinte diesen Hof, an dem er vor ein paar Jahren selbst als Gesandter gestanden, genau zu kennen und leitete das zweideutige Verhalten desselben von der Eifersucht Woronzows gegen Bestuschew her; mit Zuversicht sprach er die Erwartung aus, daß dieser, der dem andern weit überlegen sei, den Platz behaupten würde. Aber Mitchell machte noch eine andere Mittheilung, die zwar von einer untergeordneten Stelle kam, aber doch sehr bedeutend erschien. Er hatte den Courier gefragt, was er in Petersburg gehört und auf der Reise gesehen habe. Der antwortete ihm, in der Hauptstadt trage man sich unter andern mit dem Gerücht, die Kaiserin von Rußland werde im Verein mit der Kaiserin-Königin den König von Preußen angreifen[1], wozu ein großes Heer sich in Livland vereinige, das demnächst

[1]) Bruits qui courent à St. Petersbourg selon le rapport du Courier Pollok: l'impératrice de Russie de concert avec l'impératrice-reine aller attaquer le roi de Prusse.

mit Kalmücken verstärkt werden solle; er fügte hinzu, daß er auf seinem Wege ansehnliche Truppenmärsche und Truppenanhäufungen bemerkt habe.

Auf König Friedrich machten nun diese Mittheilungen um so mehr Eindruck, da er in demselben Augenblick sowohl von dem Gesandten in Wien, Klinggräff, als von dem Minister in Schlesien, Schlabrendorf, die Nachricht erhielt, daß sich das österreichische Heer in Böhmen und Mähren zusammenziehe. An der Richtigkeit derselben hegte er keinen Zweifel, wie es sich denn in der That so verhielt; er meinte vorauszusehen, daß er in Zeit von zwei Monaten drei verschiedene Lager an seinen Grenzen haben werde, ein russisches und zwei österreichische. Was könne dabei die Absicht sein. Er hielt es noch für möglich, sie gehe dahin, die römische Königswahl des ältesten Erzherzogs durchzuführen, ohne deßhalb ihm oder dem König von Großbritannien ein gutes Wort zu geben; — zugleich aber kamen ihm die früheren Pläne des Hauses Oesterreich in den Sinn; dessen Absicht werde sein, während Rußland ihm in Ostpreußen zu schaffen mache, ihm selbst durch Sachsen kommend unmittelbar auf den Leib zu gehen.

Man säumte nicht, die Nachrichten aus Schlesien Mitchell mitzutheilen, der dann sofort eine Note darüber aufnahm. Indem man ihm die Besorgnisse aussprach, die sich daran knüpften, forderte man ihn zu einer Erklärung auf, ob Preußen in diesem Fall auf die Unterstützung Englands rechnen dürfe. Mitchell erwiederte, er glaube nun selbst daran, daß ein Angriff auf den König im Werke sei; auf diesen Fall, der sich nicht habe voraussehen lassen, sei er nicht instruirt, aber als Engländer und ehrlicher Mann spreche er die Ueberzeugung aus, daß seine Nation und seine Regierung dem Vertrauen des Königs vollkommen entsprechen würden. Die Bemerkung Finkensteins, daß die Allianz zwischen Wien und Versailles die Bande zwischen England und Preußen um so enger und unauflöslicher machen müßte, nahm er mit freudiger Beistimmung auf. Aus einem Worte des Königs sieht man, daß er über die Motive der Allianz der Franzosen mit Oesterreich, obwohl er über die Verhandlungen nicht näher unterrichtet war, keinen Zweifel mehr hegte. Seine Gefahr, sagte er, rühre lediglich daher, daß er den Franzosen nicht habe gestatten wollen, mit Hannover nach ihrem Belieben zu verfahren[1]. So äußerte auch Graf Finkenstein gegen den englischen Gesandten: indem der König den Sturm über sich hereinbrechen sehe, wisse er auch, von wo derselbe ausgehe; es sei der Widerstand, den er der französischen Invasion in Hannover entgegengesetzt habe; das gebe ihm aber auch ein doppeltes Recht, die Unterstützung von England in Anspruch zu nehmen; er müsse wissen, worauf er rechnen könne. Mitchell ergriff auch diesen Gesichtspunkt, den er höchst gerecht fand, mit vielem Eifer; indem er Finkenstein nach einer längeren Conferenz verließ, versprach er demselben, sich nicht eher schlafen zu legen, als bis er die Depesche darüber werde vollständig geschrieben und sie dem Courier überliefert haben.

Das war am 22. Juni. Am 5. Juli war Mitchell bereits in den Stand gesetzt, dem preußischen Minister eine Antwort zu geben, die seinem Sinne entsprach. Das Vertrauen, sagte er, das König Friedrich den Engländern bewiesen, finde bei diesen die vollkommenste Erwiederung: König Georg wünsche sich

[1]) Que c'était en haine de ma convention faite avec l'Angleterre et par dépit de ce que la France n'avait pas pu agir comme elle l'avait souhaité contre les états de Hannovre, qu'en mordant de s'en ressentir contre moi.

mit Preußen auf das Intimste zu vereinigen; so sehr die englische Seemacht in allen Meeren beschäftigt sei, so würde er doch alles Mögliche thun, um eine Abtheilung derselben nach der Ostsee zu schicken; doch habe er die Hoffnung, das Verhältniß mit Rußland zu erneuern, noch nicht aufgegeben: man müsse einen äußersten Schritt vermeiden, bis alle Aussicht dazu geschwunden sei.

Gewiß, ächte Aeußerungen befreundeter Gesinnung, die aber doch keinen sichern Rückhalt boten. Die Engländer vermieden, mit Friedrich ein noch genaueres Verständniß zu schließen, so lange man nicht über die russische Politik klarer sehe. In Wahrheit wußten sie noch nicht, wie eng diese mit der österreichischen verflochten war.

Und wenn man weiter um sich blickte, so ließ sich auch von keiner andern Seite eine zuverlässige Verbindung erwarten.

Den südlichen Mächten, bei welchen England an sich Einfluß besaß, imponirte die Allianz Frankreichs mit Oesterreich, die darauf berechnet war, sie in die Gemeinschaft der gefaßten Pläne fortzuziehen. Bei den nordischen wirkte ebenso die Annäherung von Rußland und Frankreich. Auch auf Schweden konnte Friedrich nicht mehr zählen, seitdem Frankreich von ihm getrennt war, welches die Politik dieser Macht beherrschte. Eben so wenig auf Dänemark. Durch die Gefahr einer Invasion in Schleswig im gottorpischen Interesse, welche den heißesten Wunsch des Thronfolgers bildete, wurde Dänemark zu einer ängstlichen Rücksichtnahme auf die russische Regierung genöthigt, die sonst zu einer Begünstigung dieses Vorhabens hätte bewogen werden können. Von Frankreich durfte es Förderung seiner territorialen Interessen gegen England-Hannover erwarten.

Von unmittelbar eingreifender Wichtigkeit war es, wie sich die beiden benachbarten Regierungen, die Republik der vereinigten

Niederlande und der Churfürst von Sachsen, König von Polen, zu dem begonnenen großen Zerwürfniß stellen würden.

Auf die Republik glaubte man rechnen zu dürfen, weil sie ihre politische Existenz den protestantischen Principien verdankte und sich von jeher an England angeschlossen hatte. Sollte es ihr nicht lieber sein, im Bunde mit Preußen zu stehen, als mit Oesterreich? Aber in der Epoche der mercantilen Interessen war das Bewußtsein derselben in verdoppelter Stärke auch in Holland erwacht; man theilte dort die Eifersucht gegen die Seeherrschaft von England, welche in Frankreich an die Tagesordnung kam. Bei der Wiederherstellung und Ausrüstung seiner Marine bediente sich Frankreich besonders einiger der vornehmsten Handelshäuser in Amsterdam[1]. Diese hatten sich zu ansehnlichen und vortheilhaften Lieferungen zu diesem Zweck verpflichtet. Die Holländer wollten überdies das Recht der neutralen Flagge in dem Umfang behaupten, wie es im Tractat von 1674 von England zugestanden war, so daß es ihnen gestattet blieb, den kriegführenden Mächten Schiffbauholz zuzuführen[2]; das Verhältniß des Gleichgewichts der europäischen Seemächte, wie es im siebzehnten Jahrhundert bestand, hätten die Holländer herzustellen gewünscht. Was nun der englische sowohl wie der preußische Gesandte von der Nothwendigkeit, nochmals zusammenzuhalten, vorstellen mochten, so hörte man das in den Generalstaaten wohl an und wußte wenig dagegen zu sagen, aber es brachte dem unmittelbar wirksamen Interesse gegenüber keinen

---

[1]) Deux ou trois des plus grands marchands ayant fait des contracts pour livrer à la France toutes sortes des munitions navales (Bericht des preußischen Gesandten in Haag 14. August 1756).

[2]) Tractatus navigationis et commercii art. 4 bei Dumont VII, 1 S. 283.

Eindruck hervor. Und zwar um so weniger, weil die republikanisch-aristokratische Partei, welche in Amsterdam, der Provinz Holland und dadurch in den Generalstaaten überhaupt vorwaltete, in den beiden Königen die Beschützer des Hauses Oranien und der statthalterischen Ansprüche sah[1]. Die Mutter und Vormünderin des minderjährigen Statthalters Anna war die Tochter des Königs Georg II., Freundin Friedrichs II.

Unter allen deutschen Ländern aber kam es bei weitem am meisten auf Sachsen an wegen seiner doch immer ansehnlichen Armee und seiner geographischen Lage in der Mitte zwischen Oesterreich und Preußen.

So vollkommen an Oesterreich gefesselt, wie König Friedrich, durch die geheimen Mittheilungen, die ihm zukamen, nur einseitig unterrichtet, annahm, war der sächsische Hof doch in der That nicht. Seiner Schwäche, die durch eine schlechte Geldwirthschaft vermehrt wurde, eingedenk, schwankte er nach den verschiedenen Seiten hin. Er hatte mit Frankreich, aber ebenso gut mit England über Subsidien negociirt. Die eine und die andre Unterhandlung war abgebrochen.

Dann war zum Erstaunen des sächsischen Hofes der Vertrag von Westminster geschlossen worden; er billigte ihn nicht, noch mißbilligte er ihn, er wagte sich kaum darüber auszusprechen.

Derselbe Fall trat ein, als der Tractat von Versailles zu Stande kam; in Sachsen besorgte man anfangs, daß nun Frankreich die Absicht Oesterreichs, einen lothringischen Prinzen auf den polnischen Thron zu befördern, begünstigen würde[2].

---

[1]) Mitchell 2. Juli: de prendre des liaisons plus fortes avec V. M. (le roi de Prusse), si préalablement on ne vise pas un peu plus clair dans la conduite de la cour de Russie.

[2]) Die Geheimnisse des sächsischen Cabinets I. S. 296. 317 ff.

Bald darauf haben die Franzosen dem sächsischen Hofe zunächst die Accession zu dem Versailler Vertrage angemuthet, doch ist man von Seiten Sachsens darauf nicht eingegangen: Graf Brühl ließ vernehmen, er wolle den weitern Gang der Dinge abwarten und sich bis dahin an das Bundesverhältniß halten, in dem Sachsen mit den beiden Kaiserhöfen zu Wien und zu St. Petersburg stehe. Die geheimen Verhandlungen zwischen Oesterreich und Frankreich wurden, wie berührt, auch dem sächsischen Hofe verborgen gehalten; noch gegen Ende Juni 1756 hielt man österreichischer Seits fest darüber.

Auch über die österreichisch-russischen Verhandlungen wurde dem sächsischen Hofe keine nähere Mittheilung gemacht. Der sächsische Gesandte in Wien, Graf Flemming, beschwert sich einmal, daß Kaunitz ihm über die Ankunft eines Couriers aus St. Petersburg zu sprechen vermieden habe. Nur über seine allgemeine Absicht drückte sich der Staatskanzler in einer Weise aus, daß darüber kein Zweifel übrig blieb. Flemming fühlte sich veranlaßt, dem Grafen Brühl die verfängliche Frage vorzulegen, ob er es für Sachsen vortheilhafter erachte, daß Preußen im ungestörten Besitz von Schlesien bleibe, oder daß Oesterreich diese Provinz wiedererwerbe, und zwar ohne den früher bei einem solchen Wechsel beabsichtigten Vortheil Sachsens. Der Minister gab die Antwort, auch von Oesterreich könne Sachsen nicht erwarten, in jenem Fall mit besonderer Rücksicht behandelt zu werden; doch würde man dann nicht die Gefahr zu bestehen haben, mit welchem das Uebergewicht der preußischen Macht sowohl Sachsen als Polen bedrohe. Man muß es wohl auf die besonderen sächsischen Interessen beziehen, wenn der Minister weiter von künftig möglichen günstigen Erfolgen redete, die man benutzen müsse und für die man nicht verfehle, sich der Freundschaft von Rußland zu versichern[1].

Ganz derselben Meinung war Graf Flemming. Er deutete an, durch die Aufstellung einer guten Armee, wenn sie auch noch nicht 30,000 Mann betrage, werde man sich bei dem österreichischen Hofe in Ansehen setzen. Uebrigens war er mit dem gegen Preußen gerichteten Vorhaben der beiden Höfe im Allgemeinen sehr einverstanden. „Möchte der Plan nur zur Reife gedeihen und so bald wie möglich ausgeführt werden." Wenn es dem Fürsten Kaunitz gelinge, den König von Preußen zu demüthigen, so würde man ihm eine Bildsäule setzen müssen.

Man wußte das nicht so genau, aber darüber konnte sich Niemand täuschen, daß sich Sachsen, wenn es zum Bruch kam, auf die Seite von Rußland und Oesterreich schlagen würde.

---

[1]) Brühl an Flemming 26. Juli 1756 im Recueil des déductions par Hertzberg S. 24: aussi ne désespère — je point que nous ne puissions profiter des événemens favorables, qui se présenteront peut-être dans la suite et pour lesquels nous ne manquons point de ménager sur tout l'amitié de la Russie.

Fünfzehntes Capitel.

Entgegengesetzte Pläne. Ausbruch des Krieges.

Im Angesicht der wachsenden Bedrohungen von allen Seiten hatte Friedrich für nothwendig gehalten, seine Armee zu verstärken. Es ist nicht gegründet, was übertreibende Gerüchte verbreiteten: er habe eine Anzahl neuer Regimenter errichtet: er nahm nur eine Verstärkung der bestehenden vor. Die Compagnien und Schwadronen wurden auf einen etwas höheren Bestand gebracht und eine Anzahl neuer Garnisons-Bataillone gebildet. Die Augmentation wird auf 18,500 Mann berechnet, — eine für jene Zeit doch immer beträchtliche Zahl[1]. Das preußische Kriegsheer war jetzt auf mehr als anderthalbhunderttausend Mann gebracht, alles trefflich eingeübte und schlagfertige Truppen. Die Befürchtungen, die es den Nachbarn einflößte, waren eins der vornehmsten Motive der Bewegungen und Pläne, welche zur Repression der preußischen Macht gefaßt wurden. Noch meinte jedoch Friedrich, keinen unmittelbaren Angriff fürchten

[1]) In dem österreichischen Bericht an Frankreich findet sich die Angabe, daß Friedrich 9 bis 10 neue Regimenter errichtet habe. Die Nachrichten von der Armee weisen nur die Formation eines Feldregiments, das aus einem Garnison-Bataillon gebildet war, und dreizehn neue Garnison-Bataillone nach.

zu müssen. Noch im Juni sprach er gegen Mitchell die Hoffnung aus, daß der Friede in dem laufenden Jahre nicht unterbrochen werden würde. Da hörte er von der Formation zweier Lager in Böhmen und Mähren, was dann zusammentreffend mit entsprechenden Bewegungen unter den Russen die Besorgniß, daß das doch sehr möglich sei, in ihm erweckte.

Die Stärke der in beiden Lagern versammelten Truppen giebt der in Wien anwesende französische Gesandte Aubeterre auf 47,000 Mann zu Fuß, 16,000 Pferde, 3000 Dragoner an; überdieß aber seien 120,000 Ungarn befehligt, sich in Bereitschaft zu halten.

Aubeterre, der von den geheimen Unterhandlungen keine Kenntniß hatte, war erstaunt über diese Truppenanhäufungen. Denn so wenig er sonst den König von Preußen liebt, ist er doch davon überzeugt, daß man demselben mit Unrecht das Vorhaben eines Angriffs zuschreibe. Bisher habe dieser Fürst noch immer große Umsicht an den Tag gelegt; wie könne man denken, daß er Oesterreich in einem Augenblicke angreifen wolle, wo es die stärkste Armee, die es jemals besessen, in den Erblanden habe, und wo es der Freundschaft Frankreichs durch die Verträge von Versailles versichert, alle seine Truppen aus Italien und selbst aus den Niederlanden nach dem Centrum heranziehen könne. Er urtheilt, alle Vorkehrungen, die der König treffe, seien nur auf seine eigene Sicherheit berechnet, und eine Wirkung der Unruhe, in die ihn die Annäherung zwischen Oesterreich und Frankreich versetze. „Ich sollte wünschen," schreibt Aubeterre an seinen Hof, „die österreichische Regierung hätte die beiden Lager nicht formirt. Der Zweck, die Truppen einander zu nähern, hätte auch ohnedieß erreicht werden können; indem man eine drohende Haltung annimmt, will man beweisen, daß man sich nicht fürchtet. Ich bin überzeugt, im Grunde des Herzens hegt man den Wunsch, der König von Preußen möchte die Feindseligkeiten beginnen, doch glaube ich nicht, daß er das wagen wird[1]."

Aus den Berichten Aubeterres erfährt man, daß der kaiserliche Hof gleichzeitig auch mit den Ständen der verschiedenen Provinzen Verhandlung pflog, um sich die nöthigen Mittel zur Unterhaltung der Truppen zu verschaffen; man rechne auf zehn bis zwölf Millionen Gulden, — mit denen man den Krieg in diesen Ländern ein paar Jahre aushalten könne. „Ich weiß nicht, fügt er hinzu, was ich von allen diesen Vorbereitungen denken soll."

Wenn nun der Gesandte einer befreundeten Macht Anstoß an diesen Rüstungen nahm, wie mußten sie auf Friedrich wirken. Man hat oft gesagt, der österreichische Staatskanzler habe den König zu einem Angriff reizen wollen: wenigstens waren die Mittel, die er ergriff, recht eigen dazu angethan.

Zugleich mit der Kunde von österreichischen Rüstungen verbreitete sich eine freilich unsichere und unverbürgte, aber doch nicht ganz falsche nähere Nachricht über die Negociationen zwischen Frankreich und Oesterreich. Die Kaiserin-Königin wolle einen Theil der Niederlande, man nannte Ypern, an Frankreich überlassen, wofür aber wieder Frankreich acht Millionen Sub-

---

[1]) J. Aubeterre 7. Juillet an Rouillé. J'aurois voulu, qu'on n'eut point formé les deux camps, de Bohème et de Movavie, pour ôter tout prétexte d'ombrage. Il me paroit, qu'en rapprochant les troupes on remplissoit le même objet, mais il me paroit, que le ministère autrichien croit aussi devoir se montrer, pour qu'on ne puisse pas le soupçonner de timidité. Je suis persuadé, que dans le fond de l'âme on ne seroit pas faché de voir le roi de Prusse commencer les hostilités, mais je ne m'imagine pas que ce prince l'ose.

sidien an Oesterreich zahle, damit dieses in Stand komme, Schlesien wieder zu erobern. Man wollte bereits den Plan des Unternehmens kennen: das böhmische Heer werde, durch Sachsen ziehend, wahrscheinlich mit sächsischer Hülfe, Brandenburg angreifen; — ein anderer Angriff solle von dem Gebirge her auf Schlesien erfolgen, mit Hülfe eines russischen Corps, das durch Polen heranziehe; einen dritten Anfall würden die Russen von Kurland aus gegen Preußen ins Werk setzen.

Nach einer andern von glaubwürdiger Stelle herrührenden Meldung sollte Kaunitz geäußert haben, Oesterreich werde dem König von Preußen 80,000 Mann regelmäßiger und 20,000 Mann unregelmäßiger Truppen entgegensetzen; schon sei es darüber mit Frankreich einverstanden und eine Verbindung mit Rußland im Werke: die drei Mächte würden sich zu dem Unternehmen vereinigen, der übermäßigen Vergrößerung Preußens ein Ende zu machen; — die Sache könne selbst für England in Bezug auf die regierende Familie einen unerwünschten Ausgang haben.

Und nicht geradezu dürfte man läugnen, daß Kaunitz Dinge dieser Art geäußert habe. Bei aller seiner Zurückhaltung und mysteriösen Art und Weise ließ er doch durchblicken, daß er mit welterschütternden Plänen umgehe, daß er Schlesien zu erobern und dem Katholicismus im Reiche das Uebergewicht zu verschaffen denke[1]. Das Eine erschien als die Bedingung des Andern. Denn mußte nicht die Wiedereroberung von Schlesien zur Herstellung der alten Autorität des Hauses Oesterreich führen? Auf dem Besitz dieser Provinz beruhte die vornehmste Stärke der protestantischen Gegenmacht. Ihr denselben zu entreißen, sie

[1]) Flemming an Brühl, 9. Juni: on ne remarque que trop — qu'on ne songe à rien, qu'à donner une autre face aux affaires de religion dans l'Empire et à reconquérir la Sillesie.

völlig niederzuwerfen, wie es im Plane war, würde das österreichische Kaiserthum zum Meister von Deutschland gemacht und dem Katholicismus die alte Ueberlegenheit zurückgegeben haben.

Gegen die, welche einigermaßen sein Vertrauen besaßen, verhehlte Kaunitz nicht, wie sehr er dabei auf Rußland zähle. Der sächsische Gesandte machte ihn aufmerksam, daß es viel kosten werde, um Rußland in Bewegung zu bringen. Kaunitz antwortete: an dem Gelde liege nichts, wenn es nur gut angewendet werde. Wieder aber sagte der Gesandte: werde nicht Friedrich dies wahrnehmen und mit aller seiner Macht gegen Oesterreich angehen? Kaunitz erwiederte: man sei vorbereitet, ihn zu empfangen. Er schien nur einen Vorwand zu wünschen, um mit Preußen zu brechen, ohne als der angreifende Theil zu erscheinen.

Der englische Gesandte spricht die Ansicht aus, daß ein Angriff Friedrichs in Wien sehr willkommen sein werde[1].

Am deutlichsten und zuverlässigsten treten die herrschenden Gesichtspunkte in einem von der Hand Binders stammenden Rescript an Esterhazy hervor. Darin wird der russische Hof von den Rüstungen des Königs von Preußen in dem vermeinten Umfang[2] und von den Gegenanstalten, die Oesterreich treffe, in Kenntniß gesetzt; da heißt es dann: zu der Heeresmacht, die man in Böhmen und Mähren zusammenziehe, lasse man die versammelten Truppen aus den übrigen Provinzen, auch aus Ungarn stoßen und setze die Vorrathshäuser in Stand. „Wenn uns der König von Preußen sechs bis acht Wochen Zeit läßt, so werden

---

[1]) Keith: 21. Juli. I imagine that they would not be sorry, if H. Pr. My. gave the first blow, in order to put them in the casus foederis demanding the assistance of France and Russia. Bei Raumer 275.

[2]) Da erschienen die 9 Regimenter und die Formation von vier Lagern, „das stärkste an unsern Grenzen". An Esterhazy 17. Juli.

wir in Böhmen und Mähren eine Armee von 90,000 Mann aufstellen und sie in dem Falle, daß der Krieg in diesem Jahre nicht den Anfang nimmt, dort überwintern lassen." Dem ersten Staatsfehler, heißt es weiter, den der König durch seinen Tractat mit England begangen, füge er jetzt den zweiten hinzu, „indem er durch seine Kriegsveranstaltungen den beiden Kaiserhöfen den besten Vorwand giebt, ihre Armeen an den Grenzen zusammenzuziehen;" schon fürchte man auch in Sachsen einen Einfall und Durchmarsch von Seiten Preußens; man vertraue, Rußland werde solche Vorkehrungen treffen, um bei etwa erfolgendem Angriff die bundesmäßige Hülfe zu leisten.

Ein bevorstehender Kampf kündigt sich in den entgegengesetzten Richtungen an, welche in den Kreisen, in denen das politische Leben pulsirt, die Oberhand gewinnen.

Es waren das die Tage der sich auf allen Seiten vollziehenden großen Entschlüsse; während in Compiegne zwischen Frankreich und Oesterreich definitive Verhandlungen, die auf eine Vernichtung der preußischen Monarchie zielten, gepflogen und zwischen den beiden Kaiserinnen die alten auf den nämlichen Zweck gerichteten Absichten erneuert wurden, ging Friedrich mit sich zu Rathe, ob er nicht zu dem Angriff, auf den seine Feinde rechneten, dennoch schreiten sollte.

Die Verhandlungen, die gegen ihn im Gange waren, kannte er nicht im Einzelnen; er sah nur die Vorboten unzweifelhafter Feindseligkeiten; noch schien es ihm möglich, der vollen Entwickelung derselben zuvorzukommen. Noch war Frankreich nicht ganz entschieden, Rußland nicht zureichend gerüstet; Friedrich faßte den Gedanken, sich auf Oesterreich zu stürzen und dessen militärische Aufstellung zu zertrümmern, ehe sie sich befestige; würde Oesterreich außer Stand gesetzt, den Krieg in dem lausenden wie auch im nächsten Jahre zu unternehmen, so würde auch den beiden anderen Mächten der Muth vergehen, sich an den Feindseligkeiten zu betheiligen[1].

Dies ist der Gedanke, aus dem seine Waffenerhebung entsprungen ist und der dem Kriege zu Grunde lag. An der Spitze einer schlagfertigen Armee, die jeden Augenblick im Felde erscheinen konnte, meinte Friedrich den vornehmsten seiner Feinde zu überraschen und niederzuwerfen, was ihm den anderen gegenüber freie Hand und in ihrer Mitte eine beherrschende Stellung verschafft haben würde.

Dann aber wäre auch, so dürfte es scheinen, das Beste gewesen, ohne allen Verzug eine Invasion eben auf die Plätze zu richten, wo sich die österreichischen Truppen versammelten, wie man in den alten deutschen Feldzügen immer zuerst die feindlichen Musterplätze zu zerstören suchte. Das war es, was man in Wien in diesem Augenblick am meisten fürchtete und König Friedrich war dazu zu schreiten gesonnen, doch gab es eine Rücksicht, die seinen Eifer einhielt.

Seine Verhältnisse mit England waren durch den Gang, den das Ereigniß nahm, immer freundschaftlicher geworden: seine Aeußerungen und Rathschläge wurden dort mit Enthusiasmus begrüßt. Der Premier Newcastle sagte wohl, er werde sie zu seinem Handbuche machen; wenn er früher Sympathien für Oesterreich gehabt habe, so sei er jetzt ein guter Preuße. Man ließ vernehmen, Preußen solle fortan den Stützpunkt Englands auf dem Continent bilden; man werde die Neutralitäts-

---

[1]) Journal of Mitchell. (Schmidts Zeitschrift für Geschichtswissenschaft I. S. 150 ff.) This formidable conspiracy might dissipate in a smoke, if the party principally concerned would be so far reduced as not to be in a condition to support the war next year.

akte zu einem förmlichen Allianzvertrag umgestalten, wozu ein Entwurf gemacht wurde. Bei alle dem waren die englischen Minister nicht für einen unmittelbaren Bruch mit Oesterreich; außer den früher gehegten, auf Rußland bezüglichen Besorgnissen hatten sie auch die, daß Hannover von Frankreich überzogen werden möchte, während sich Friedrich auf Oesterreich stürze.

Von vieler Bedeutung war nun der persönliche Verkehr Friedrichs mit Sir Andrew Mitchell, der das volle Vertrauen seines Hofes besaß und Bewunderung für den König empfand. Eines Tages legte ihm Friedrich die allarmirenden Nachrichten vor, die er soeben aus Schlesien und Sachsen empfangen hatte. Den widrigsten Eindruck machte es auf ihn, daß ein österreichisches Lager unmittelbar an den Grenzen zwischen Neiße und Cosel abgesteckt sein sollte. Wenn er aber daraus schloß, daß es dort auf einen unmittelbaren Angriff abgesehen sei, so erklärte es Mitchell dagegen für wahrscheinlicher, daß man von österreichischer Seite nur ihn selbst zu einem Angriff zu reizen beabsichtige, weil man dann auf die Hülfe von Frankreich und Rußland rechnen könne. Friedrich stellte das nicht in Abrede. Aber in dem Vorgehen von Oesterreich sah er eine Beleidigung, die er sich nicht gefallen lassen könne noch werde: „er sei nicht der Mann" — so drückt er sich aus — „um sich Nasenstüber gefallen zu lassen". „Aber überhaupt," fuhr er fort, indem er auf ein Portrait der Kaiserin-Königin zeigte: „diese Dame will den Krieg, sie soll ihn baldigst haben. Meine Truppen sind in Bereitschaft, und ich muß das Complot meiner Feinde brechen, ehe es zu stark wird." Mitchell antwortete mit einer Erinnerung an den schlechten Eindruck, den ein plötzliches Losbrechen hervorbringen würde, und schlug ihm vor, noch einmal bei der Kaiserin über die Absicht ihrer Rüstungen anzufragen.

Der König verwarf dies anfangs, weil es doch zu nichts führen und den österreichischen Hof nur noch herrischer machen würde, aber er zog es doch in Ueberlegung; als er am Abend Mitchell nach einem italienischen Lustspiel, das sie gehört hatten, wieder sah, — es war bei dem chinesischen Hause — sagte er ihm, er nehme seinen guten Rath an und wolle seinen Gesandten in Wien beauftragen, die Anfrage zu machen, und zwar bei der Kaiserin selbst, ohne Dazwischenkunft ihres Ministers[1].

Den Tag darauf, am 18. Juli, erließ er an Klinggräff die hierauf bezügliche Weisung. Er sollte, mit Beobachtung aller herkömmlichen Höflichkeiten der Kaiserin vortragen, daß die Versammlung ihrer Truppen in Böhmen und Mähren den König zu der Anfrage veranlasse, ob ihre Rüstung den Zweck habe, ihn anzugreifen. Friedrich erwartete, sie werde sich auf seine eigenen Truppenbewegungen beziehen; der Gesandte sollte dann antworten, daß der König einige Regimenter nach Pommern habe abrücken lassen, um Preußen gegen eine in ansehnlicher Stärke versammelte russische Armee, welche das Land bedrohe, zu decken[2]; an den Grenzen gegen Oesterreich habe er nicht die mindeste neue Vorkehrung getroffen. Sollte die Kaiserin hierauf

---

1) Ich nehme das aus dem Journal of Mitchell, welches jedoch in den Daten nicht durchaus genau ist. Wenn es mit dem Worte the next day seine Richtigkeit hat, wie es doch so scheint, so kann die Unterhaltung nicht erst gegen Ende des Juli, sie muß am 17. stattgefunden haben.

2) Wenn in dem Abdruck der Instruction bei Schäfer I, p. 630 diese Erwähnung der russischen Rüstungen fehlt: so rührt dies daher, daß sie erst nachträglich bei der Revision derselben eingeschaltet worden ist. Die Worte sind: pour couvrir la Prusse contre les mauvais desseins que pourraient avoir les Russes, qui ont assemblé 70,000 hommes sur cette frontière. Man sieht dabei das Verfahren gleichsam des Studirzimmers. Von dem ersten Entwurf wurde eine Reinschrift gemacht, die der König dann wieder revidirte. Mit den Veränderungen, welche er dabei anbrachte, gingen dann die Depeschen ab.

erklären, jeder Fürst sei berechtigt, in seinem Lande zu thun was ihm beliebe, so möge er sich das gesagt sein lassen, sie nur noch auf den Unterschied zwischen den Lagern, die sie alle Jahre bilde, und ihren gegenwärtigen Anhäufungen von Truppen und Kriegsmaterial aufmerksam machen und sie dann nochmals fragen, ob das, was sie geäußert habe, ihre ganze Antwort enthalte.

Sonderbar, daß man dem König Friedrich fast einen Vorwurf daraus machen könnte, wenn er in diesem Augenblick noch zögerte, die Waffen zu ergreifen. Er that es aus Rücksicht auf die doch nicht vollkommene Sicherheit seiner Informationen und auf seine freundschaftlichen Beziehungen zu England, für welches eine einleuchtende Rechtfertigung dessen, was er unternahm, erforderlich war.

In Wien machte das Herkommen des Hofes doch einige Vorbereitungen nöthig, ehe die Audienz stattfinden konnte.

Der Staatskanzler, der um seine Vermittelung ersucht werden mußte, befand sich eben in einer militärischen Conferenz mit den Generalen Brown, Neuperg und Piccolomini, als der Gesandte bei ihnen eintrat. Man meinte an demselben eine gewisse Unruhe und Verlegenheit zu bemerken, indem er für die ungewöhnliche Anfrage, die er zu machen hatte, und die er nicht verschwieg, Audienz begehrte. Kaunitz, der gleich darauf zur Kaiserin, welche sich in Schönbrunn aufhielt, hinausfuhr, überlegte auf dem Wege, was man auf die Anfrage erwiedern solle. Er urtheilte, alle Erörterungen müßten schon aus dem Grunde vermieden werden, weil sie zu einer Unterbrechung der ergriffenen militärischen Maßregeln führen würden; die Antwort, die man gäbe, müßte fest und höflich alle Deutungen, günstige sowohl als ungünstige, ausschließen[1]. Am 26. Juli fand die Audienz in Schön-

[1]) Lettre du Comte de Flemming au Comte de Brühl Vienne de 28 Juillet 1756 in Recueil von Hertzberg I. S. 59 ff.

brunn statt; es war ein Gallatag, die Antichambre, durch welche Klinggräff zu gehen hatte, mit Hofleuten gefüllt. „Ich habe," so schreibt er dem König, „den Befehl Ew. Majestät Wort für Wort, wie sie mir vorgeschrieben waren, ausgeführt. Die Kaiserin antwortete, die Sache sei von so zarter Natur, daß sie, um nicht fehl zu gehen, für das Rathsamste gehalten habe, ihre Antwort niederzuschreiben; sie hatte ein Papier in der Hand, von welchem sie mir dieselbe ablas". Es war eben eine solche, wie sie Kaunitz bei sich selbst beschlossen und dann mit der Kaiserin verabredet hatte. „In der Krisis der europäischen Angelegenheiten habe die Kaiserin für ihre Pflicht gehalten, Maßregeln zu ihrer eigenen Sicherheit und der ihrer Freunde und Verbündeten zu treffen, durch die Niemand benachtheiligt werden solle[1]." — Maria Theresia ersuchte den Gesandten, diese Antwort seinem Herrn mitzutheilen, und machte die gewohnte Verbeugung, um ihn zu entlassen. Er entfernte sich unverzüglich; die Hofleute glaubten doch, als er so rasch wieder erschien, einige Betroffenheit auf seinem Gesicht zu lesen. In seinem Bericht ist davon keine Spur, er meint: die Kaiserin sei durch die Anfrage gleichsam an die Wand gedrängt; er machte aus ihrer Antwort, die ziemlich mit der Voraussetzung Friedrichs zusammentraf, gegen Niemand ein Hehl.

Der sächsische Gesandte, dem sie von Kaunitz mitgetheilt wurde, ist der Meinung, ihre dunkle Energie werde dem König Unruhe machen. Mitchell, dem sie Friedrich unmittelbar, nachdem sie eingegangen war, vorlegte, war wenigstens damit zufrieden,

[1]) Die Antwort, wie sie Kaunitz mittheilt, stimmt nicht ganz genau mit den Worten überein, welche Klinggräff berichtet. Die Kaiserin sprach nicht von ihrem devoir und der dignité de sa Couronne, sie sagte nur elle avoit jugé à propos.

daß sie keine Offensive ankündigte. Der König erwiederte, er komme aber dabei um keinen Fuß breit weiter: er wolle und könne sich mit derselben nicht begnügen.

Denn indessen waren ihm Nachrichten über den Fortgang der Verhandlungen zwischen Frankreich und Oesterreich und noch eine andere über einen zwischen den beiden Kaiserhöfen gegen ihn bereits verabredeten Angriffsplan zugekommen, die sehr beunruhigend lauteten: die Truppenzahl sei festgesetzt, welche die beiden Höfe gegen ihn in das Feld stellen sollten; nur durch die Unordnungen der russischen Armee sei man genöthigt, den Angriff auf das nächste Jahr zu verschieben[1]. Auch Oesterreich habe noch eines und das andere vorzukehren, was ihm Verzug wünschenswerth mache. Wie es bei Nachrichten dieser Art zu gehen pflegt, das Wahre war mit Falschem vermischt; in der Hauptsache jedoch hatte Friedrich Recht, wenn er annahm, daß ein Angriff auf ihn beschlossen sei, aber noch bis zum nächsten Jahre aufgeschoben werden solle.

Da traf nun die Wiener Antwort bei ihm ein, die, weit entfernt, seine Besorgnisse zu zerstreuen, nicht anders, als sie verdoppeln konnte. Der Courier Klinggräffs ward an dem nämlichen Tage, an dem er anlangte, mit einer neuen Anweisung an denselben abgefertigt. Der Gesandte sollte eine nochmalige Audienz erbitten und der Kaiserin bemerken, nicht

---

1) Bei Hertzberg heißt es, diese Nachricht sei Mitte Juli eingetroffen Recueil I, s. 141. Sie erscheint ungefähr in denselben Ausdrücken, wie in einer Depesche an Klinggräff vom 24. Juli. Das Original der Benachrichtigung hat sich bisher nicht wiedergefunden. Hätte sie schon vor dem 18. Juli vorgelegen: so würde sie in der ersten Instruction an Klinggräff erwähnt oder doch ihm mitgetheilt worden sein. Da die Mittheilung erst den 24. geschah, so darf man schließen, daß die Nachricht erst in der Zwischenzeit angelangt ist.

sie sei, was ihre Antwort andeute, der gefährdete Theil; ihre Länder und die ihrer Verbündeten seien von keinem Angriffe bedroht, wohl aber die preußischen; wie der König denn mit aller Sicherheit erfahre, daß zwischen ihr und der Kaiserin von Rußland ein Bündniß zur Offensive gegen ihn abgeschlossen und diese nur wegen der Mängel der russischen Rüstungen bis auf das nächste Jahr verschoben sei. Wenn nun die Kaiserin-Königin längst der Grenzen militärische Veranstaltungen treffe, gleich als wäre der Krieg schon erklärt: so halte er sich für berechtigt, eine kategorische Deklaration von ihr zu fordern, daß sie ihn weder in dem laufenden, noch in dem folgenden Jahre angreifen werde: er müsse wissen, ob er in Krieg oder in Frieden mit ihr sei: sie habe darüber zu entscheiden. Sollte sie, so fügt er hinzu, abermals eine orakelhafte und ungewisse Antwort ertheilen: so werde sie damit jene Absichten stillschweigend eingestehen; ihm dürfe man das Unglück, welches daraus folgen werde, nicht zuschreiben: er würde unschuldig daran sein. Friedrich war entschlossen, in dem Falle, daß eine ungenügende Antwort eintreffe, unverzüglich zu den Waffen zu greifen. „Wenn man mir, so heißt es in einer eigenhändigen Nachschrift, keine deutlichere Erklärung giebt, als die vorige: so habe ich kein anderes Hülfsmittel, als den Krieg". Er erwartet, bis zum 15. August die entscheidende Antwort zu empfangen; durch denselben Courier, den Klinggräff damit an ihn abfertige, soll er auch den Marschall Schwerin, jetzt in Neiße, benachrichtigen, ob man Frieden habe oder Krieg, damit dieser dort die nöthigen Anstalten treffen könne.

Kein Zweifel, daß der König sich ruhig verhalten haben würde, wenn die Antwort der Kaiserin befriedigend ausgefallen wäre. Er hatte noch nicht alle Hoffnung aufgegeben. Dem englischen Gesandten wiederholte er, man werde in Deutschland im laufenden und nächsten Jahre Frieden behalten; er wünsche nichts mehr als dies, denn von dem Kriege habe er nichts zu erwarten.

Seine momentanen Ueberlegungen erhellen unter Anderem aus einer Anfrage, welche er an einen seiner Minister richtete, worauf dieser ihm nicht ministeriell, sondern in der Weise einer Conversation antworten möge. Oesterreich habe jetzt eine große Armee gegen Schlesien beisammen: er, der König, habe, man könne sagen, noch nicht Einen Mann nach Schlesien marschiren lassen. Sei es aber nicht nothwendig, einige Anstalten zu treffen? Man sollte wohl zwei Lager in Schlesien formiren, das eine in Oberschlesien unter Feldmarschall Schwerin, das andere bei Schweidnitz, über welches der König vielleicht selbst das Commando übernähme. Auch sollte man ein Observationscorps im Halberstädtischen bilden. Niemand würde etwas gegen diese Veranstaltungen einwenden können, denn so viel Vertrauen verdiene der Wiener Hof nicht, daß man ihn machen lassen dürfe, was er wolle. Inzwischen aber werde er die Antwort von Wien erwarten.

Noch konnte er sich nicht überreden, daß Frankreich zu Feindseligkeiten gegen ihn entschlossen sei. Wohl ging ihm die drohende Erklärung zu, diese Macht würde der Kaiserin-Königin beistehen, wofern er dieselbe angreife; daraus meinte er aber schließen zu dürfen, daß der Staatskanzler die mit Rußland gegen ihn vereinbarte Absicht den Franzosen unter dem Vorwande, man erwarte einen Angriff von Seiten Preußens, noch verborgen halte. Wenn man ihm in Frankreich seine Verbindungen mit England zum Vorwurf machte: so erwiederte er, wie sollte er nicht mehr Vertrauen zu einer Macht haben, die seine Staaten garantire, als zu der andern, welche die Erneuerung der Allianz mit ihm ablehne. Noch könne er nicht glauben, daß Frankreich in das Bündniß gegen ihn, mit dem man umgehe, eintrete. Wahrhaft leid würde es ihm sein, wenn er gegen seine früheren Verbündeten das Schwert ziehen müßte; es wäre ein Krieg wie der, welchen einst die Ligue von Cambray gegen Venedig geführt habe. Er werde alle seine Kräfte zum Widerstande einsetzen; der Erfolg werde kein anderer sein, als daß auch diese Ligue sich wie jene auflöse und dann das alte natürliche Verhältniß sich wieder herstelle. So schrieb er am 21. August; am 24. fügte er hinzu: er werde in keinem Falle angriffsweise gegen Frankreich verfahren. „Aber, sagte er, Niemandem kann man es verdenken, wenn er Maßregeln zu seiner eigenen Sicherheit ergreift. Die Antwort der Kaiserin-Königin erwarte ich mit Spannung; wenn sie genugthuend ausfällt, so wird Alles ruhig bleiben; enthält sie aber keine positive Sicherheit, so werde ich sie als eine Kriegserklärung betrachten. Es wird mir unangenehm sein, wenn Frankreich sich alsdann in den Krieg mischt; aber dem zum Trotz werde ich meinen Weg geradeaus gehen[1].“

Er verbarg sich nicht, daß ihm auch das bevorstehen könne. „Ich bin von einem Krieg mit dem Hofe von Wien und seinen Verbündeten, Frankreich und Rußland, bedroht, der vielleicht lange dauern wird; ich werde die Streitkräfte von Europa gegen mich haben. — Ich werde mir durch mein Vorgehen Rußland auf den Hals ziehen; aber ich habe schon lange gesehen, daß es dazu kommen muß und bin darauf vorbereitet.“ Nur erwartete er das nicht alles auf einmal und auf der Stelle. Als ihm die Engländer die Besorgniß aussprachen, daß durch seine Schild-

[1]) Je serai bien fâché si ci après la France voulait se mêler de cette guerre, mais malgré cela j'irai mon droit chemin.

erhebung Hannover einem Anfall der Franzosen ausgesetzt werde, eine Eventualität, welche Mißvergnügen in der englischen Nation verursachen und das Ministerium gefährden könne, bemerkte er, daß er ihnen bis zu Anfang des künftigen Jahres einen Theil seiner in Pommern stehenden Truppen zur Verfügung stelle, dann aber bedürfe er deren selbst: die Nachwelt werde einmal sagen, er habe mehr für den König von England gethan, als dieser für Preußen. In seinem Entschluß blieb er unerschütterlich. „Wenn die Antwort der Kaiserin-Königin," so schreibt er in einer für England bestimmten eigenhändigen Note, „nicht vollkommen klar und genügend ist, so kann ich, ohne Gefahr für die Sicherheit meiner Staaten und selbst meiner Ehre, ihr keine Zeit lassen, ihre verderblichen Absichten gegen mich auszuführen. Ich rufe den Himmel zum Zeugen an, ich kenne kein anderes Mittel mich aus dieser schweren Lage zu retten, als meiner Feindin zuvorzukommen" [1].

Noch ein anderes Moment wirkte hierbei auf seine Entschließungen ein. Aus den sächsischen Papieren, die ihm zugingen, nahm er ab, daß Graf Brühl ihm allenthalben entgegenarbeite. Er hielt ihn für seinen bittersten und für einen trotz der geringern Macht des Staates, dessen Politik er leitete, doch wegen dessen unmittelbarer Nachbarschaft sehr gefährlichen Feind; nicht unbekannt blieb selbst, daß man in Dresden den Gedanken hege, den Erfolg der österreichisch-russischen Angriffe abzuwarten, um sich ihnen noch zur rechten Zeit beizugesellen. Das sei eben, sagt er

---

[1]) Si la réponse de la Reine ne se trouve pas entièrement claire et satisfaisante, je ne puis sans sacrifier la sureté de mes états et mon honneur même lui laisser le temps d'exécuter toute la noirceur de ses desseins. — J'atteste le ciel, que je ne connais pas d'autres moyens de me tirer d'un pas aussi difficile qu'en la prévenant.

in empörter Aufwallung, als warte man dort nur darauf, daß er von Andern festgehalten werde, um ihm den Dolch ins Herz zu stoßen. Und wenn nun zugleich ruchtbar wurde, daß in Sachsen eine ansehnliche Vermehrung der Armee beschlossen sei, so sah Friedrich darin eine mit dem großen Plane, ihn im nächsten Frühjahre anzufallen, zusammenhängende Maßregel[1].

Um so dringender erschien ihm die Nothwendigkeit, durch eine authentische und unzweifelhafte Erklärung der Kaiserin-Königin des Friedens auch auf das künftige Jahr versichert zu werden. Spätere Zeiten konnten andere Conjuncturen bringen. Das volle Bewußtsein der damaligen Lage drückt sich in der Anfrage Friedrichs aus, ob ihn die Kaiserin im laufenden und im nächsten Jahre nicht angreifen wolle; ohne Alles zu wissen, was vorging, traf er damit, wie man sagt, den Nagel auf den Kopf.

Der Staatskanzler hatte diesmal von Klinggräff eine schriftliche Anfrage gefordert, und der Gesandte, nach neuer Weisung von Berlin, eine mit einer gewissen Ausführlichkeit abgefaßte Note übergeben. Der Ton, in dem sie gehalten war, mißfiel in Wien, wo man die alte Superiorität noch nicht vergessen konnte. Die Kaiserin sagt, sie habe nur deßhalb, um in den Grenzen anständiger Mäßigung zu bleiben, die Note nicht ohne Weiteres zurückgewiesen, doch hielt sie nicht für gut, sie selbst zu beantworten; sie überließ das dem Grafen Kaunitz. Dem aber hatte es der König leicht gemacht, eine eingehende Antwort zu vermeiden. Bei der Unzulänglichkeit seiner Information war es ihm begegnet, den Abschluß eines neuen Tractats zwischen Oesterreich und Rußland

[1] Schreiben an Knyphausen: il n'attend que l'occasion de m'enfoncer le poignard au coeur que mes autres ennemis m'arrêteront, pour le lui laisser faire à loisir.

als gewiß anzunehmen, in Folge dessen die beiden Höfe zum Angriff gegen ihn entschlossen seien. Mit dem Einverständniß über einen Angriff gegen ihn, so wie dem Hinderniß einer unmittelbaren Ausführung desselben, das in der schlechten Beschaffenheit der russischen Truppen liege, verhält es sich ganz wie er angab, aber ein neuer Vertrag war darüber nicht geschlossen worden. An diesen Irrthum nun hielt sich der Staatskanzler: er begnügte sich, diese Behauptung für grundfalsch zu erklären; die Hauptfrage ließ er unberührt.

Man verbarg sich in Wien nicht, daß dabei eine Mentalreservation obwalte, aber welches Recht, sagte man, habe der König von Preußen, eine Zusicherung dieser Art zu verlangen. Wahrscheinlich suche er sich durch seine Anfrage nur über das Verhältniß Oesterreichs zu Rußland aufzuklären; aber es sei gut, ihn darüber und über die nächste Zukunft überhaupt im Dunkel zu lassen. Habe er doch auch seinerseits keine Versicherung für die beiden Jahre gegeben; und selbst wenn er das thäte, so würde damit nur ein Stillstand bestehen, aber kein Friede.

Seinerseits empfand der König das ganze Gewicht dieser ausweichenden Antwort. Er sagt, darin werde zwar seine Angabe über einen mit Rußland getroffenen Vertrag widerlegt; aber über die Hauptfrage, den Angriff in diesem oder dem kommenden Jahre betreffend, komme kein Wort darin vor. „Da nun", so heißt es in einem für eine Depesche nach England bestimmten Dictat weiter, „der üble Wille der Oesterreicher klar am Tage liegt, die Truppenanhäufungen in Böhmen und Mähren ununterbrochen fortdauern und meine schlesische Grenze, wie verlautet, demnächst berühren werden, so kann ich nicht länger Anstand nehmen, für meine Sicherheit zu sorgen und meinen Feinden zuvorzukommen."

Wohl wußte Friedrich, daß er als der angreifende Theil erscheinen und Oesterreich Anlaß erlangen würde, die Hülfe der anderen Mächte gegen ihn in Anspruch zu nehmen; allein er urtheilte, das sei ein Mißverständniß des Wortes; der wahrhaft Angegriffene sei er doch selbst und die beiden andern Mächte würden auch, wenn er sich nicht rege, die Partei von Oesterreich ergreifen.

In einer Denkschrift hat er gesagt, durch die Allianz der drei Mächte, von denen eine jede ihre alten Verbündeten aufopfere, habe sich ein neues Triumvirat in Europa gebildet; es sei die Pflicht der beiden anderen, sich der Gewaltsamkeit des neuen Bundes aus allen Kräften entgegenzusetzen[1].

Frankreich überließ Preußen dem Hause Oesterreich; dieses seinen alten Verbündeten in den letzten Kriegen am Ende des 17. und am Anfange des 18. Jahrhunderts, das protestantische Königthum in England, der bourbonischen Gegenwirkung.

Die Veränderung aller großen Situationen, die damit zu Tage trat, hatte sich jetzt dahin gewendet, daß nicht so sehr England bedroht wurde, als Preußen in seiner Existenz als selbständige deutsche und europäische Macht.

Friedrich war der Meinung, daß dem tyrannischen Verfahren der drei Mächte gegenüber durch die beiden andern ein neues System des Gleichgewichts begründet werden sollte; im Gefühl der Gefahr, die ihn zunächst selber bedrohte, wollte er keinen Augenblick versäumen, um ihr zu begegnen. Alles war

[1] Voyant que le nouveau triumvirat formé en Europe, bien loin de conserver quelque menagement pour ses anciens alliés s'achemine tout droit à l'execution de ses dangereux projets; il parait juste que l'Angleterre et la Prusse, bien loin de se laisser amuser par eux travaillent avec la même vigilance pour s'opposer.

dazu vorbereitet. Unverzüglich nach dem Eintreffen des Klinggräff-schen Couriers ergingen unter Winterfeld's Mitwirkung die Befehle an die an der Elbe, der Saale und in der Mark Brandenburg versammelten Regimenter sich in Marsch zu setzen.

Wie man aus den Aeußerungen Friedrichs gegen den englischen Gesandten, mit dem er die Antwort des Wiener Hofes noch einmal in Erwägung zog, erkennt, war sein Plan in diesem Augenblick der folgende. Er wollte seinen Weg nach Böhmen durch Sachsen nehmen[1], wodurch er verhindern könne, daß sich dies zu seinen Feinden schlage. In drei verschiedenen Colonnen, zusammen 65,000 Mann stark[2], wollte er in Sachsen einbrechen: die Truppen sollten sich an den sächsisch-böhmischen Grenzen vereinigen: bei Melnick wollte er über die Elbe gehen und die Oesterreicher in ihrem Lager, das sie, wie er höre, bei Prag aufschlagen würden, aufsuchen, auseinander jagen und seine Winterquartiere in Böhmen nehmen. In dem letzten Augenblick ließ er den sächsischen Gesandten an seinem Hof von seinem Vorhaben benachrichtigen. Das ungerechte Verfahren des Wiener Hofes und die Weigerung desselben, auf irgend eine anständige Auseinandersetzung einzugehen, nöthige ihn, nachdem er alles gethan zur Behauptung der öffentlichen Ruhe, ein Armeecorps durch Sachsen marschiren zu lassen. Denn er müsse Vorkehrungen treffen, um nicht wieder in eine Lage zu gerathen, wie die, in welche ihn der sächsische Hof in den Jahren 1744 und 45 gebracht habe. Er fügte dem noch einige begütigende Worte hinzu, aber

[1]) Mitchell: The reasons for this marching in Bohemia (durch Sachsen) are that by being there he can prevent the Austrians from getting between them and his own country, which they might have done had he gone into Silesia.

[2]) Die Geschichte des Generalstabs rechnet 67,550 Mann.

sein Entschluß war gefaßt, den Widerstand der sächsischen Truppen, der ihm in dem Lande entgegentreten könne, zu erdrücken.

Zum Ergreifen dieses Feldzugsplanes trug es bei, daß Friedrich nicht allzuweit entfernt zu sein wünschte, wenn etwa die Franzosen in Deutschland einbrechen und Hannover bedrohen sollten. Wohl mußte man befürchten, daß die Oesterreicher ihrerseits einen Einfall in Schlesien unternehmen würden: dort aber war Schwerin aufgestellt und zwar mit hinreichender Macht, um die Angriffe zurückzuweisen und die in der Nachbarschaft angelegten Vorrathshäuser zu zerstören. Zu einem Einbruch in Böhmen war er ursprünglich nicht bestimmt. Der König meinte, wenn Schwerin die feindlichen Truppen zurückweise und zu gleicher Zeit die königliche Armee in Böhmen eindringe: so werde Oesterreich, falls es nicht schon bei seinem Vorrücken Vernunft annehme, dann wenigstens das Schwert in die Scheide stecken, und dadurch seine Verbündeten veranlassen, Frieden zu halten.

Kaum jemals ist eine Invasion unternommen worden, die so bestimmt und bewußt auf dem Gedanken beruht hätte, den Frieden zu befestigen, das heißt durch einen raschen Schlag die Feinde zu nöthigen, die Absichten, die sie gefaßt hatten, aufzugeben.

Die große Combination, die dem preußischen Staate ein Ende auf immer machen sollte, in ihren Prinzipien vereinbart und dem Abschlusse nahe, war noch nicht zu Stande gekommen. Und wie gesagt, Friedrich täuschte sich nicht darüber, daß sein Angriff auf Oesterreich dazu dienen konnte, die gegen ihn gefaßten feindseligen Entwürfe zur Reife zu bringen. Eben sein Unternehmen aber war auch im Stande, sie zu zerstreuen und ihn auf immer zu sichern; es erschien ihm dazu als das einzige Mittel; keine Erwägung der Welt wäre fähig gewesen, ihn davon zurückzuhalten. Die Sinnesweise, die ihn belebte, mit der er geboren war, trieb ihn unwiderstehlich dazu vorwärts.

Wer kann die Umstände beherrschen, die zukünftigen Handlungen ermessen, den aufwogenden Elementen gebieten? In dem Conflict der Weltverhältnisse und der persönlichen Gesinnung entspringen die großen Entschließungen. Die Fortentwickelung der Menschen beruht darauf, daß es Staaten giebt, welche die innere Kraft besitzen, und Fürsten an ihrer Spitze, die den Mannesmuth haben, unter allen Umständen ihre Stelle zu behaupten, und ihre Selbständigkeit, welche ihr inneres Leben ist, gegen überlegene Feinde zu vertheidigen.

In dieser Gesinnung griff Friedrich zu den Waffen. Es war am 28. August 1756, eines Sonnabends, früh gegen 5 Uhr, daß er auf dem Paradeplatze in Potsdam zu Pferde stieg, die Truppen eine kleine Schwenkung machen ließ, sich dann an ihre Spitze setzte und den Weg nach der sächsischen Grenze einschlug. Mit ihm war sein Bruder Heinrich als Führer seines Regiments[1]; eine freudige Stimmung beseelte die Mannschaften. Den folgenden Tag wurde die sächsische Grenze von verschiedenen Abtheilungen der drei Colonnen in weitem Umkreis überschritten.

Unerwartet ist es, daß Friedrich, indem er das Schwert

[1]) So berichte Mitchell mit Bestimmtheit (at he head of which the prince himself was). Ich nehme es an, obgleich ein Schreiben des Prinzen (datirt vom 28. August) bei Schöning, der siebenjährige Krieg I, S. 57 dem zu widersprechen scheint. Wenn dieser Brief richtig datirt ist, so würde der Prinz der Erste gewesen sein, der das sächsische Gebiet, und zwar noch am Tage des Abmarsches, erreicht hätte. Nach Mitchell marschirten mit dem Könige aus: erstens Kavallerie: die Leibgarde, das Regiment des Prinzen von Preußen; zweitens zu Fuß: 3 Bataillone Garde, 1 Bataillon Retzow, 2 Bataillone Prinz Heinrich, alle complet, jedes Bataillon hatte 50 Mann Ueberzählige.

zog, doch damit noch nicht den Krieg unwiderruflich zu eröffnen meinte. So wenig Zweifel an der kriegerischen Absicht des Wiener Hofes ihm auch die letzte Antwort übrig ließ, so sehr ihn der Ton derselben verletzte — er fand ihn Stolz und Verachtung athmend —, so nahm er von ihrem ausweichenden Inhalt doch den Anlaß zu einer dritten Anfrage, zu der sie insofern Raum ließ, als sie sich nicht ausdrücklich auf die Hauptanfrage bezog. Er faßte die Hoffnung, durch seine Schilderhebung, ohne noch zu schlagen, den Wiener Hof zu einer Erklärung, wie er sie verlangt hatte, zu vermögen. „Da ich keine Sicherheit mehr habe," schrieb er an Klinggräff, „weder für die Gegenwart, noch für die Zukunft: so bleibt mir kein anderes Mittel übrig, als das der Waffen, um die Anschläge meiner Feinde zu zerstreuen. Ich setze mich in Marsch und hoffe, in Kurzem werden Die, welche jetzt von ihrem Stolz verblendet sind, anderer Meinung werden. Dabei habe ich jedoch so viel Selbstbeherrschung, daß ich Vorschlägen einer Verständigung, so bald sie mir geschehen, Gehör geben werde. Denn ich hege keine ehrgeizigen Entwürfe, noch eigennützige Wünsche. Das Motiv meines Verfahrens liegt einzig darin, daß ich mir Sicherheit verschaffen und meine Unabhängigkeit behaupten will." Es scheint ein greller Widerspruch zu sein, der dringende Wunsch den Frieden zu erhalten und die waffenmuthige Kriegseröffnung; aber eins bedingt das andere.

Klinggräff wurde beauftragt, von der Kaiserin-Königin ohne weitern Zusatz die einfache Versicherung zu fordern, daß sie Preußen weder in diesem, noch in dem kommenden Jahre angreifen werde. Friedrich erklärte sich bereit, sobald er diese Antwort erhalte, seine Truppen zurückzuziehen und die regelmäßige Ordnung der Dinge wieder eintreten zu lassen. Indem er in Sachsen vorrückte, war er doch darauf gespannt, welche Antwort er von Wien erhalten würde; denn diese sollte über Krieg oder Frieden entscheiden. Das bereits abgefaßte Manifest wurde noch zurückgehalten, freilich in der Erwartung, daß es doch demnächst werde erlassen werden müssen. Marschall Schwerin bemerkt in einem Schreiben an den König, daß er in dem Einmarsch in Sachsen noch keine Kriegserklärung sehe, und daß man erst die Antwort auf die neue Anfrage abwarten müsse, ehe man zu offenen Feindseligkeiten schreite; die bereits erhobenen Waffen wurden noch innegehalten. In der Umgebung des Königs war man der Ueberzeugung, daß eine den Wünschen entsprechende Antwort des Wiener Hofes Alles beendigen werde. Der König sprach aus, wenn er in der Antwort der Kaiserin-Königin seine Sicherheit finde, so werde er zur Stelle Halt machen, die Waffen niederlegen, und selbst für die aufgewendeten Kriegskosten keine Entschädigung verlangen. Dahin führte ihn seine bisherige Politik, die gegen ihn gerichteten Anschläge wären auch so noch rückgängig geworden.

Aber in Wien herrschte eine entgegengesetzte Stimmung vor. Nach der zuletzt gegebenen Antwort erwartete man dort nichts anderes, als daß Friedrich zum Angriff schreiten werde. Man sah dem ohne Besorgniß entgegen, denn einmal meinte man, nicht so ganz schlecht gerüstet zu sein, um den Preußen nicht begegnen zu können; und selbst auf erste Nachtheile war man gefaßt. Möglich, daß Friedrich Böhmen wenigstens zum Theil besetze, möglich selbst, daß er eine Schlacht gewinne: aber man brauche davor nicht zu erschrecken. Denn mit diesem Fürsten müsse man doch gewiß sich noch einmal schlagen. Komme es jetzt zum Kriege, und zwar durch einen Angriff von Preußen, so könne man sich der Hülfeleistung von Rußland und von Frankreich versichert halten, man dürfe einen guten Ausschlag der Waffen, die Wiedereroberung Schlesiens, eine Schwächung des feindseligen Königs erwarten: ein zeitweiliger Verlust komme dabei nicht in Betracht.

Die neue Anfrage Friedrichs in Wien erweckte mehr Verwunderung als Aufmerksamkeit und ward mit gewohntem Selbstgefühl erwiedert. Der Staatskanzler erklärte, die letzte Antwort sei die einzige gewesen, welche sich mit Würde habe geben lassen. Damit waren die Würfel gefallen; das Thor wurde aufgethan, hinter welchem der altrömischen Vorstellung nach die Kriegskräfte gefesselt liegen.

Einst hat ein orientalischer Eroberer vor dem Beginn einer Schlacht seinem Widersacher sagen lassen, er möge sich zum Kampfe einstellen, damit an den Tag komme, was im Schoße des Schicksals verborgen sei. Dazu sind die großen Kriege bestimmt, nach dem Maße der Kraftentwickelung und intellectuellen Führung jedes Theils die Schicksale der Welt weiter zu bestimmen.

Die Franzosen der alten Schule, welche etwas von der deutschen Geschichte wußten, sahen in Friedrich einen neuen Gustav Adolf, der aber zugleich ein Deutscher sei; außer diesem Unterschied, der allerdings von historischer Bedeutung ist, denn jetzt brauchten die deutschen Protestanten keinen fremden Beschützer mehr, bestand aber noch ein anderer, der darin lag, daß Gustav Adolf mit Frankreich gegen Oesterreich verbündet war, Friedrich aber sowohl Frankreich wie Oesterreich zu bekämpfen hatte. Noch eine dritte Macht sollte sich diesen beiden zugesellen, und ein allgemeiner Kampf beginnen, der über das Sein oder Nicht-Sein Preußens entscheiden mußte.

Durch den Krieg, welcher damit ausbrach, sind keine territorialen Veränderungen hervorgerufen worden; eben darin lag der große Erfolg, daß das nicht geschah, und daß sich der

Staat, zu dessen politischer Vernichtung die Mächte des Continents verbunden waren, in seinem vollen Bestand behauptete.

Die Vertheidigung selbst gab ihm ein hohes Ansehen in der europäischen Staatenwelt. König Friedrich wurde, indem er sich vertheidigte, zum großen Manne des Jahrhunderts. Die folgenden Generationen empfingen daher die fortwirkenden Impulse, die aus dem Gefühl einer ruhmvoll bestandenen Gefahr und der geretteten Unabhängigkeit entspringen.

Ein Unglück ohne Gleichen, das den preußischen Staat in dem folgenden Zeitraum betraf und ihn in einen Ruin, wie er im Jahre 1756 beabsichtigt war, wirklich verwickelte, ist dadurch zu der Epoche geworden, in der sich derselbe verjüngte, so daß er in steter Continuität von lebensvoller Arbeit endlich zu Erfolgen gelangt ist, wie sie die Welt ebenfalls noch nicht gekannt hat.

Analekten.

1.

Preußische Manifeste.

Ein Krieg bricht aus; von beiden Seiten werden Manifeste gewechselt; Deductionen erscheinen, in denen jeder Theil sein Recht vertheidigt; dann folgen die Schriftsteller eben auch nach der Partei, der sie angehören; in der Literatur setzt sich der Hader unaufhörlich fort, da ja die Parteien und Interessen, aus denen er hervorgegangen ist, immer fortbestehen.

Man erwarte hier nicht eine eingehende Erörterung der Fragen, wie sie damals und später die Literatur beschäftigt haben: es würde zu kleinlichen Widerlegungen führen. Zwischen den Manifesten aber besteht in Bezug auf die Aufmerksamkeit, die sie verdienen, allezeit ein Unterschied, welcher auf der Stellung jeden Theiles zu den vorliegenden Thatsachen beruht; recht schlagend tritt derselbe in unserm Falle hervor. Friedrich hatte unzweifelhaft Recht, wenn er sich von einem großen Angriff der continentalen Mächte bedroht glaubte; das war selbst mehr der Fall, als er annahm. Die österreichischen Manifeste, die sonst von nicht geringem publicistischen Talente zeugen, mußten an dieser Thatsache so viel als möglich vorbeigehen. Man konnte sie nicht unbedingt abläugnen, da sie gegründet war, noch viel weniger aber eingestehen, da das Geheimniß beobachtet werden sollte. Es kann nun nicht viel darauf ankommen, was von den Contraventionen Preußens gegen die Friedensschlüsse oder seiner unbequemen Nachbarschaft für Sachsen oder über seine Stellung zur Reichsverfassung und zum Protestantismus gesagt wird. Es mag nicht selten zweifelhaft sein, auf welcher Seite das formelle Recht war, aber das sind Fragen für diplomatische Feldzüge, nicht für militärische: der Ausbruch des Krieges wird dadurch nicht aufgehellt. Dagegen haben die preußischen Manifeste historischen Werth: einmal, weil sie die Gesichtspunkte, unter denen König Friedrich die Waffen ergriff, aussprechen, und sodann, weil sie, wiewohl nicht ohne Einseitigkeit, die Lage, in der sich Europa befand, zur Anschauung bringen. Das erste führt den Titel:

„Ursachen, welche Se. Königl. Majestät in Preußen bewogen, Sich wider die Absichten des Wienerschen Hofes zu setzen, und deren Ausführung zuvorzukommen."

Es war schon abgefaßt, als der König seinen Einmarsch in Sachsen vollzog. Noch am Abend vorher sprach er den Wunsch aus, daß es zurückgehalten werden möge, bis auch auf die dritte Anfrage in Wien eine Antwort eingelaufen sei, — nicht als ob man eine günstige mit einiger Sicherheit erwartet hätte; man glaubte vielmehr, sie würde ungünstig ausfallen und gleich für diesen Fall ward das Manifest eingerichtet, um es, wenn derselbe eintrete, unverzüglich erscheinen zu lassen. Der König wollte es veröffentlichen, wenn er in Böhmen einrücke, was er sich sehr nahe dachte. Es ist besonders dadurch merkwürdig, daß darin der deutsche Gesichtspunkt wenigstens ebenso entschieden hervortritt, als der preußische. Man geht davon aus, daß auch das neue Haus Oesterreich die herrschsüchtigen Pläne, mit denen sich einst Kaiser Ferdinand II. getragen habe, noch immer verfolge, — nämlich den Fürsten des deutschen Reiches „das Joch über den Hals zu werfen" und die protestantische Religion zu unterdrücken. Da nun der König von Preußen ihm hierin Widerstand leiste, so sei er es, gegen den der Wiener Hof alle seine Batterien richte. Selbst die Absicht der Wiedereroberung von Schlesien erscheint hauptsächlich als ein Theil des allgemeinen Planes.

Auf diesen Gesichtspunkt werden auch die Bestrebungen des Wiener Hofes, dem König von Preußen Rußland zu entfremden, zurückgeführt. Es ist bezeichnend, wenn es heißt: der König habe jede Gelegenheit zur Entzweiung sorgfältig vermieden, wie man von einem Feuer alle feuerfangende Materien entferne.

Man sieht aus dem Manifest, daß das Hauptmoment, auf welchem die Entzweiung zwischen Oesterreich und England beruhte, in Berlin nicht unbekannt geblieben war. Wir lesen darin: bei dem Ausbruch der Irrungen zwischen Frankreich und England habe es Oesterreich zur Bedingung der dem Könige von England zu leistenden Hülfe gemacht, daß derselbe in einen Angriff auf Preußen einwillige. Da aber dieser Fürst es vorgezogen habe, zum Schutze von Deutschland einen Neutralitätsvertrag mit dem Könige von Preußen zu schließen, so habe sich Oesterreich an Frankreich gewendet und eine Allianz mit dieser Macht getroffen, von der es sich schmeichle, die größten Vortheile zur Ausführung seines Vorhabens zu ziehen, wenngleich vergeblich. Es folgt der Bericht über die Rüstungen von österreichischer und auch russischer Seite, die Anfragen Klinggräffs und die ertheilten Antworten, um die Gefahr, in der sich der König befinde, einem Jeden zur Anschauung zu bringen. Der Unterschied, den Friedrich zwischen Aggression und dem Anfang von Feindseligkeiten machte, die eben nur die Aggression verhindern sollten, wird darin ausführlich begründet. Das Manifest athmet das Gefühl des Augenblicks, in welchem sich noch hoffen ließ, die deutschen Fürsten von Oesterreich zu trennen und den Feind niederzuwerfen, ehe derselbe fremde Hülfe erhalte. England wird darin mit Freundschaft, sowohl Frankreich wie Rußland mit großer Schonung behandelt. Das kleine Werk ist von dem zweiten Cabinetsminister Grafen Finkenstein verfaßt.

Verschieden von demselben ist eine Denkschrift ebenfalls von dessen Hand, die man im Archiv findet, unter dem Titel:

> „Gründlicher Entwurff der Beschaffenheit, worin sich gegenwärtig die Sachen von Deutschland befinden."

Der König war schon in Sachsen, als er seine Minister aufforderte, durch seine Gesandten den Höfen innerhalb und außerhalb des deutschen Reiches die Gründe seines Verfahrens vorzutragen. Dazu ist der „Gründliche Entwurff" bestimmt. Von vornherein wird in demselben noch mehr Nachdruck auf die brandenburgischen Ansprüche auf die schlesischen Herzogthümer gelegt: „der König habe die gegründetste Ursache gehabt, ein seinen Voreltern entrissenes und vorenthaltenes Eigenthum zu vindiciren und sich durch den Weg der Waffen in den Besitz desjenigen wiederumb zu setzen, so ihm von Gott und Rechtswegen zukam". Das aber habe man in Wien als ein nie zu vergebendes Verbrechen angesehen. In der Hauptsache trifft der Entwurf mit dem Manifest zusammen; der erste Cabinetsminister Podewils bezeugte dem jüngeren Kollegen seinen vollen Beifall über die Arbeit, deren Beweisführung er schlagend fand. Sie wurde darauf ins Französische übersetzt, um auch im Ausland mitgetheilt zu werden. In einer umfassenden Sammlung über die Actenstücke der Epoche dürfte sie nicht fehlen.

Von bei Weitem größerer Bedeutung aber und überhaupt eines der merkwürdigsten Manifeste aller Zeiten ist das

„Mémoire raisonné sur la conduite des cours de Vienne et de Saxe, et sur les desseins dangereux contre Sa Majesté le roi de Prusse, avec les pièces originales et justificatives qui en fournissent les preuves."

Damit hat es folgende Bewandtniß. Schon aus den durch Verrätherei an Friedrich gelangten sächsischen Papieren, die eben das enthielten, was er am wenigsten hätte erfahren sollen, war ein Auszug abgefaßt worden, der bei dem Ausbruch des Krieges nach Frankreich übersendet wurde, um die dortigen Minister von der unumgänglichen Nothwendigkeit zu überzeugen, in der sich der König befunden habe, in Sachsen einzurücken. Wenn der König bei seinem Einmarsch in Sachsen nicht sogleich davon Gebrauch machte, so rührte das daher, daß die letzte Antwort aus Wien noch nicht eingetroffen war. Er ließ zunächst eine sehr gemäßigt gehaltene Erklärung erscheinen, „die Declaration derjenigen Gründe, welche Se. Königl. Majestät in Preußen bewogen, mit Dero Armee in Se. Königl. Majestät in Pohlen und Churfürstliche Durchlaucht zu Sachsen Erblande einzurücken", die bereits am 29. August in Jüterbogk vertheilt worden ist.

Der König führt darin die Nothwendigkeit aus, sich gegen Oesterreich sicher zu stellen; aus dieser aber folge die andere, daß er sich Sachsens versichern müsse, denn das gebe die Erinnerung an die Vorfälle des Jahres 1744 an die Hand; und so bringe es die Regel des Krieges mit sich; er protestirt, daß er keine offensiven Absichten habe und Nichts mehr wünsche, als die glückliche Stunde erscheinen zu sehen, in der er das Land seinem Fürsten wieder zurückgeben könne.

Nur einen Augenblick waren diese Eröffnungen so harmlos. Nachdem alle Hoffnung auf einen friedlichen Austrag oder eine Verständigung mit Sachsen verschwunden war, ließ Friedrich eine heftige Invective gegen die sächsische Politik und den Grafen Brühl drucken:

„Mémoire pour justifier la conduite du roi contre les fausses imputations de la cour de Saxe.“

Darin liegt das aus den geheimen Mittheilungen geschöpfte und durch intercipirte Schreiben vermehrte Material zu Grunde.

Der König hatte den Gedanken, die ihm zugegangenen Briefschaften und Actenstücke, wie sie vorlagen, abdrucken zu lassen. Hauptsächlich die Besorgniß, daß man ihre Authenticität ableugnen werde, vermochte ihn, sich der Originale im Dresdener Archive zu bemächtigen. Er hielt das für ein gerechtfertigtes Verfahren, da er die gegen seine Feinde zeugenden Beweisstücke in den Händen haben müsse, um den Beweis der Gerechtigkeit seiner Sache unwiderleglich zu führen. Er sendete sie auf der Stelle nach Berlin[1] und hätte auch jetzt gern gesehn, wenn sie in extenso publicirt worden wären.

Nach einigen Bedenken aber zog man vor, ihren Inhalt in einem Memoire zusammenzufassen, dem dann die wichtigsten Stellen der Papiere als Beweisstücke hinzugefügt werden sollten. Mit der Abfassung dieser Schrift wurde Hertzberg beauftragt, der schon den oben erwähnten Précis verfaßt hatte. Der König forderte bei

[1]) An Podewils schreibt er am 12. September aus seinem Hauptquartier Seidelitz: er kenne aus dem Précis die Machinationen, die der sächsische Hof seit dem Dresdner Frieden an allen andern Höfen gegen Preußen angesponnen habe. „Um nun“, sagt er weiter, gegen die ganze Welt die Wahrheit davon darthun und legitimiren zu können, daß Nichts darunter von mir angeführt worden ist, so nicht aus authentiken Piecen erwiesen und Jedermann vorgelegt werden könne, so habe ich bei meiner jetzigen Anwesenheit in Sachsen vor gut gefunden, die Originalien von solchen Correspondenzen in den Dresdner Archiven aufsuchen und nehmen zu lassen.“

Benutzung und Mittheilung der Schriftstücke die Unterdrückung alles Dessen, was sich auf die russisch-englischen Unterhandlungen aus früherer Zeit beziehe, und Schonung von Rußland; was aber Oesterreich und Sachsen betreffe, denen er keine Rücksicht schuldig sei, so möge Alles publicirt werden, was sich vorfinde. Hertzberg, schon vorbereitet, legte unverzüglich Hand ans Werk. Bereits am 16. October konnten dem Könige gedruckte Exemplare des Mémoire zugesandt werden, dem dieser selbst, da es sich auf so viele Actenstücke gründete, den Titel Mémoire raisonné gegeben hat.

Das Außerordentliche bei diesem Manifest ist, daß darin Unterhandlungen der geheimsten Art publicirt wurden, welche einen Blick in Zustände eröffnen, von denen Niemand eine Vorstellung hatte. Man begreift, daß es ein unermeßliches Aufsehen machte und mannigfaltige Widerreden hervorrief, die nicht leichter Hand abgewiesen werden konnten und bis auf den heutigen Tag dauern.

Eine der vornehmsten, durch das Memoire angeregten Controversen betrifft den zwischen Oesterreich und Rußland im Jahre 1746 geschlossenen Tractat, in welchem König Friedrich und seine Minister den Anfang der auf den Ruin von Preußen abzielenden Coalition erblickten; er enthält eine Anzahl von geheimen Artikeln, unter denen sich einer, der vierte, der einzige, der in dem Memoire mitgetheilt wurde, auf Preußen bezieht.

Darin heißt es allerdings, daß die Kaiserin-Königin an dem Frieden festhalte und die erste nicht sein wolle, sich den in demselben ausgesprochenen Verzichtleistungen auf Schlesien und Glatz zu entziehen; zugleich aber wird hinzugefügt, daß alle ihre Rechte darauf so wie die Garantie derselben durch die Kaiserin von Rußland aufleben würden, wenn der König von Preußen aus dem Frieden trete, indem er entweder Oesterreich oder Rußland oder auch Polen angreife.

Von jeher hat man eingewendet, daß dieser Artikel nichts weniger als offensiv sei, da derselbe ja einen Angriff des Königs von Preußen ausdrücklich voraussetze; man hat das in neuerer Zeit wiederholt, zumal da der Ton überhaupt friedlich laute; und auch von Autoren, die sonst am preußischen Interesse eifrig festhalten, wird diese

Tendenz jetzt nicht mehr urgirt. Aber ich denke, sie ist unzweifelhaft. Die englische Regierung, welche im Jahre 1750, denn damals bestanden noch vertrauliche Verhältnisse zwischen England und Oesterreich, aufgefordert wurde, diesem Tractat beizutreten, lehnte das ab, denn nur ein Angriff auf Oesterreich selbst würde der englischen Regierung das Recht geben, sich von der Garantie für Schlesien loszusagen, nicht aber ein Angriff auf Polen oder auf Rußland: allzuleicht könne der Artikel den Vorwand zum Friedensbruch mit Preußen geben. Nur mit Ausnahme dieses Artikels ist England dem Tractat von 1746 beigetreten.

Man kann also nicht sagen, daß derselbe unverfänglich gewesen sei. In Sachsen hat man die Sache von Anfang an so angesehen, wie in England. Der sächsische Geheime Rath hatte seinen Churfürsten König August III. ausdrücklich vor dem Beitritt gewarnt, weil ein solcher den Frieden gefährden und dem König von Preußen den Anlaß geben würde, seine Waffen gegen Sachsen zu wenden. Es trifft nicht zum Ziel, wenn man in Wien versicherte, man denke nicht auf einen Angriff gegen den König von Preußen, sondern „auf abhilfliche Mittel" gegen dessen Angriffe durch Einverständniß mit den benachbarten Höfen. Der Kern der Frage ist, ob durch einen andern Angriff, als auf Oesterreich selbst die Garantie von Schlesien aufgehoben werden könne, ob in einer Abkunft dieses Inhalts nicht ein Bruch des Dresdner Friedens in seinem wichtigsten Artikel liege. Insofern der Tractat von 1746 eine solche enthält, schloß er eine Feindseligkeit gegen Preußen in sich ein, und die Einladung zum Beitritt zu demselben trug diesen Charakter. Im September 1753 ist nochmals über einen solchen mit Sachsen verhandelt worden. Graf Brühl hat sich selbst bereit erklärt, nicht allein dem Haupttractat, sondern auch dem vierten Artikel beizutreten, wenn das nur in einer besonderen Acte geschehe[1]. Von österreichischer Seite hat man es damals nicht für dringend gehalten, so lange England diesen Artikel nicht angenommen habe, was man noch immer auszurichten

[1]) Aus der von Adolf Beer, Aufzeichnungen des Grafen William Bentinck S. LXXVII mitgetheilten Depesche von Sternberg.

hoffe. In den Verhandlungen mit Rußland hat zuweilen auch Sachsen die Initiative ergriffen. Die sächsischen Minister schürten die Feindseligkeit Rußlands gegen Preußen unaufhörlich. Einer derselben hatte den bestimmten Auftrag, sich den antipreußischen Einwirkungen Oesterreichs auf Rußland unbedingt anzuschließen. In Rußland war man einverstanden, daß Sachsen an dem Kampfe Antheil nehmen solle, sobald der gemeinschaftliche Gegner aus dem Sattel gehoben sei. Alles dies erhellt aus den Actenstücken mit unleugbarer Gewißheit. Wenn aber in dem Memoire behauptet wird, daß Sachsen in das obschwebende Verständniß der drei andern Höfe eingetreten sei, so kann man dem nicht beistimmen. Es wird nicht eigentlich als Thatsache darin gemeldet; sondern nur als Folgerung aus dem Vorhergehenden (espèce de démonstration). So verhielt es sich jedoch in der That nicht. Wir kennen die Schwankungen, in denen sich die sächsische Politik bewegte. In dem Jahre 1755—56 war Sachsen in die Verhandlungen der großen Mächte Frankreich, Oesterreich und Rußland nichts weniger als eingeweiht. Jenen den König von Preußen so unmittelbar bedrohenden Beschluß vom October 1755 begrüßte Graf Brühl mit Freuden: allein an den Verhandlungen zwischen Esterhazy und Bestuschew hatte er keinen Theil. Durch das Verhältniß zu Polen war Rußland des sächsischen Hofes ohnehin sicher. Es liegt etwas Erniedrigendes darin, wie sich Graf Brühl zu demselben stellte.

Nach dem Tode Friedrichs hat Hertzberg in einer akademischen Sitzung die Meinung ausgesprochen, der Krieg würde sich haben vermeiden lassen, wäre der König nicht zum Angriff geschritten, denn nur auf den Angriff von seiner Seite seien alle gegnerischen Verabredungen berechnet gewesen. Man sieht, in die Rathschläge Friedrichs, der diese Frage unter Anderem im Gespräch mit Mitchell oft erwogen hatte, war Hertzberg damals noch nicht eingeweiht, seine Informationen waren nur unvollständig; er war auf die Schriftstücke angewiesen, die man ihm vorlegte.

Bei aller historischen Bedeutung, die dem Memoire zukommt, ist es für die Anschauung der allgemeinen Angelegenheiten nicht genügend, da die archivalischen Dokumente nur theilweise wegge=

nommen worden waren und nur unvollständig mitgetheilt wurden; überdies aber die Unterhandlungen zwischen den großen Höfen dem sächsischen unbekannt blieben. Daher kommt es auch, daß in einigen neueren Büchern über die sächsische Politik, die aus authentischen Papieren genommen sind, keine wesentlichen Aufklärungen über die allgemeine Situation sich finden. Die Autoren, die daraus ihre Informationen schöpften, haben einige Mängel des Hertzbergschen Memoires nachzuweisen vermocht; über die Hauptsache blieben sie selbst im Dunkel. Sie sind dann auf den Gedanken gerathen, daß König Friedrich den Krieg unternommen habe, um Sachsen zu erobern. Sie beziehen sich dabei auf eine in der akademischen Ausgabe der Werke Friedrichs mitgetheilte Aufzeichnung des Königs, in welcher dieser die Eroberung von Sachsen als ein für Preußen höchst wünschenswürdiges Ereigniß bezeichnet: denn dadurch werde die Position von Brandenburg gegen Oesterreich erst vertheidigungsfähig. Unleugbar hat sich Friedrich später einmal mit diesem Gedanken getragen; auch in andern noch nicht bekannt gewordenen Aufzeichnungen, in denen er sich in „Träumereien" — so nennt er es ausdrücklich — über die künftige Stellung von Preußen ergeht, gedenkt er einer solchen Eventualität; er führt sogar noch näher aus, wie dann die Elbe mit Befestigungen zur Deckung seines Gebietes zu versehen sei. Der in den Werken mitgetheilte Aufsatz findet sich bei den Papieren aus dem Jahre 1775, in welchem Oesterreich und Rußland in lebhaften Hader über die orientalischen Angelegenheiten gerathen waren, so daß ein Ausbruch des Krieges zwischen ihnen bevorzustehen schien; Kaiserin Katharina II. wünschte nichts mehr. Die möglichen Erfolge eines solchen Kampfes überlegend, würde der König es für das Wünschenswertheste erachtet haben, Böhmen und Mähren dem Kaiserhause zu entreißen und den Churfürsten von Sachsen damit auszustatten, dessen Gebiet dann an ihn übergehen solle. Zur Ausführung dieser Idee ist nicht allein nichts geschehen: Friedrich war vielmehr gegen den Krieg und hat ihn vornehmlich verhindert. Im Jahre 1756 konnte überhaupt davon nicht die Rede sein. Wie hätte sich der König von England, Churfürst von Hannover, jemals dahin bringen lassen sollen, ein solches

Unternehmen zu unterstützen? Aus der Zeit selbst ist dafür Nichts beigebracht worden, was der Rede werth wäre. Man hat dafür angeführt, was über einen Aufenthalt des General Winterfeldt, etwa im Frühjahr 1756, berichtet wird, er habe da viele Bekanntschaften gemacht und die Ansicht gefaßt, die sächsische Armee sei bereit, zu Preußen überzugehen. Das mag wahr sein und den König in der Meinung bestärkt haben, daß er zur Zeit wenig Widerstand finden werde; aber von dem Plan, Sachsen zu erobern und für sich zu behalten, ist darin keine Spur enthalten.

Kommen wir auf die preußischen Kundgebungen zurück, so stoßen wir, gleichsam niedersitzend im Archiv zur Seite des kundigen und wohlwollenden Archivars Dr. Friedländer, auf ein Memoire unter dem Titel:

> Mémoire détaillé et justificatif sur les griefs de Sa Maj. le roi de Prusse et sur ses demarches contre les cours de Vienne et Dresde. (Die Worte et sur ses demarches sind von derselben Hand, aber nachträglich hinzugefügt.)

Es vereinigt den Stoff des Manifestes „Ursachen“ und des Mémoire raisonné, jedoch in anderer Fassung und Form und überdies mit eigenthümlichen Zusätzen, die einen in der Geschichte der nächstvorangegangenen Zeit bewanderten Autor verrathen. Dem Hause Oesterreich werden eine Menge von Gewaltsamkeiten vorgerückt, die es sich seit der Zeit Ferdinands III. gegen Fürsten und Herren von Bedeutung habe zu Schulden kommen lassen. Die Vasallen des Reiches behandle es als seine eigenen Vasallen, es verfahre gebieterisch, wo es glaube, keinen Widerstand zu finden: zu diesem Zwecke sei besonders der Reichshofrath organisirt. Das Schriftchen stammt schon aus etwas späterer Zeit, als man im deutschen Reiche für Oesterreich Partei nahm. Der Verfasser knüpft oft an ältere historische Verhältnisse an und erhebt sich dann und wann zu emphatischer Beredtsamkeit. Was würde geschehen sein, wenn nicht zur rechten Zeit die gegen Preußen geschmiedeten Anschläge entdeckt worden wären? Norddeutschland würde von den Nationen überfluthet worden sein, die sich in dem dreißigjährigen Kriege ein schreckliches Gedächtniß gestiftet[1].

Der Wiener Hof versäumte nicht, die preußischen Staatsschriften durch Gegenmanifeste zu beantworten. Trotz ihrer schon erwähnten Mängel enthielten sie doch, geschickt abgefaßt, wie sie waren, Einiges, was geeignet war, Eindruck hervorzubringen; und der König selbst hielt eine Beantwortung derselben für wünschenswerth. Dazu wurden nun die aus den sächsischen Archiven genommenen Actenstücke noch einmal einer Durchsicht unterzogen und eingehender benutzt. Die Abfassung der neuen Staatsschrift wurde wieder Hertzberg übertragen. Sie erschein unter dem Titel:

> Réfutation de l'ouvrage intitulé: Remarques sur les manifestes de guerre du roi de Prusse, lettres circulaires et d'autres mémoires publiés depuis le commencement de cette guerre jusqu'à présent.

Sie ist dadurch ziemlich formlos geworden, daß sie eine Widerlegung der österreichischen Behauptungen sehr im Einzelnen versucht, mit derselben aber eine abermalige Erzählung der gegen Preußen vorgewesenen Machinationen verbindet. Wenn man österreichischer Seits Nachdruck darauf legte, daß die Verbindung zwischen Oesterreich, Rußland und Sachsen nicht bewiesen sei, so war das für Hertzberg der Anlaß, sie durch Mittheilung einer neuen Reihe von Actenstücken zu erhärten. Dabei wurde auch Manches, was im ersten Feuer positiv behauptet worden war, zum Beispiel über die Verhältnisse von Sachsen, auf das richtige Maß zurückgeführt. Insofern ist die Refutation eine Ergänzung des Mémoire raisonné; sie hat durch neue Mittheilung von Actenstücken einen selbständigen Werth. Einigen Anstoß erregten noch immer die Beziehungen zu Rußland, aber es schien wichtiger, die Darstellung, die durch Weglassungen geschwächt werden würde, in aller ihrer Stärke erscheinen

---

[1]) Si la divine providence n'avait fait découvrir au roi les finesses des desseins des cours de Vienne et de Saxe — on aurait vu renouvelées les scènes barbares de la guerre de trente ans, les innocentes victimes de la fureur de ses troupes indisciplinées trop tard au secours; on aurait vu les états de Sa Majesté dévastés pour des siècles.

zu lassen. Man wiederholte jedoch zugleich, was die Ueberzeugung des Königs war, daß im Interesse von Preußen Nichts liege, was ihn mit Rußland entzweien könnte, und das Interesse Rußlands vielmehr dahin gehe, Preußen nicht zu unterdrücken, noch zu schwächen[1]. Wie oft hat sich dies in späteren Epochen bewährt!

2.
Aeußerungen Friedrichs II. Ergänzungen.

Es könnte scheinen, als sei es überflüssig, über den Ursprung eines Krieges viel Worte zu machen, über den der Fürst, der zuerst die Waffen ergriff, sich selbst hat vernehmen lassen. Friedrich hat sich zweimal über die Ursachen und den Ausbruch des Krieges geäußert.

Ein davon handelnder, erst durch die Sammlung der Werke (T. XXVII. 3) bekannt gewordener Aufsatz unter dem Titel: Apologie de ma conduite politique, der in der zweiten Hälfte des Jahres 1757 niedergeschrieben wurde, enthält eine Rechtfertigung seiner Schilderhebung.

Denn sehr verbreitet mochte die Meinung sein, welche Hertzberg später kund gab, daß der Krieg sich hätte vermeiden lassen. Nachdem eine Schlacht verloren worden und alle benachbarten Mächte sich gegen Friedrich erhoben, erschien sein Verfahren sogar als ein politischer Fehler; und er fühlte sich verpflichtet, diese Meinung zu widerlegen.

Obgleich durchdrungen von der Idee, daß der Souverän, der selbst als der erste Minister des Staates anzusehen sei, dennoch keine Verantwortlichkeit habe, als gegen Gott allein, urtheilt er doch, daß ein guter Fürst Recht thue, wenn er dem Volke, das ihm gehorche, die Gründe seines Verhaltens auseinandersetze.

Indem er nun ausführt, daß er die allgemeine Feindseligkeit,

---

[1]) Recueil I S. 115: Il n'y a que les cours de Vienne et de Dresde seules qui ayent pû travailler à faire prendre une résolution semblable et qui ne pourra jamais être justifié, puisque la cour de Pétersbourg n'a rien à démêler avec celle de Berlin et que n'est pas même de son intérêt que la Prusse soit opprimée et affaiblie.

die sich gegen ihn erhoben und die aus untergeordneten Ursachen herrühre, als Politiker nicht habe voraussehen können, giebt er die Motive an, die ihn zu seinem Verhalten bewogen: denn sein Gewissen sei rein und er könne es wagen, gleichsam laut zu denken.

Er erinnert vor Allem daran, daß er sich als souveräner König gefühlt habe, daß er sich nicht habe hergeben können, Krieg zu führen und Frieden zu haben je nach dem Wunsche Frankreichs. Einige Aeußerungen und Vorschläge der Franzosen hatten sein Selbstgefühl gereizt; aus seiner Aufzeichnung sieht man, was ihm in Erinnerung geblieben war: er wollte ihnen gegenüber vollkommen unabhängig handeln und so angesehen sein.

Das ist überhaupt der Zweck bei diesem apologetischen Aufsatz, den Vorwurf abzulehnen, der ihm über den Bruch mit Frankreich gemacht werden konnte. Auf die übrigen Motive geht er wenig ein.

Unter andern Verhältnissen wurde die Einleitung in die Geschichte des siebenjährigen Krieges geschrieben.

Ueberhaupt herrscht bei diesem Werke der didaktisch-militärische Gesichtspunkt vor. Unmittelbar nach dem Frieden dachte der König doch sogleich an die Möglichkeit eines neuen Krieges mit Oesterreich; — er setzt, hauptsächlich für seine Nachfolger, gleich in der Vorrede auseinander, welche Lagerplätze sie in einem solchen Falle zu nehmen haben werden. Einen so complicirten Krieg, wie der letzte gewesen, erwartete er nicht wieder.

Friedrich schrieb unter dem Eindruck, den ihm der Abfall Englands von der gemeinschaftlichen Sache, der soeben geschlossene Vertrag von Versailles, die Politik des Lord Bute überhaupt gemacht hatten. Er sah darin umsomehr eine feige Treulosigkeit (lâche abandon), da man den Franzosen seine rheinischen Landschaften überlassen hatte. Für ihn und sein Haus war die vornehmste Frage, wie er dazu gekommen war, sich auf die Seite von England zu stellen, und vornehmlich dies setzt er auseinander. Er geht von den Irrungen zwischen Frankreich und England in Amerika aus, die er bei weitem mehr den Engländern als den Franzosen zur Last legt, namentlich dem Herzog von Cumberland, der, um den Herzog von Newcastle zu stürzen und seinen Freund Fox an dessen Stelle zu bringen,

England in einen neuen Krieg habe verwickeln wollen: der König von England, unterrichtet, daß der Vertrag Preußens mit Frankreich demnächst ablaufe, habe ihm Anträge zu einer Verbindung machen lassen, die von ihm angenommen worden seien. Der innern Bewegungen in der englischen Nation, welche den Wechsel der Politik hervorriefen, gedenkt er dabei nicht. Das oben erwähnte Motiv seiner Losreißung von Frankreich tritt hier nochmals hervor. Von den Franzosen sei ihm der Antrag gekommen, an einem Angriff auf Hannover Theil zu nehmen, aber Frankreich habe ihn dabei behandeln wollen, wie die Pforte einen Hospodar der Wallachei; er habe berechnet, daß, wenn er darauf nicht eingehe und sich mit England verbinde, die Franzosen Hannover nicht angreifen, das Reich in Ruhe bleiben, und auch Oesterreich keine Gelegenheit finden würde, gegen ihn loszubrechen. Er verhehlt nicht, daß er zugleich gehofft habe, durch den Einfluß von England auf Rußland einzuwirken: denn König Georg habe ihm versichert, daß er auf die Freundschaft der Kaiserin Elisabeth zählen könne.

Was die gegen ihn angesponnenen Anschläge betrifft, so nimmt er sie als bewiesen an, und begnügt sich, die Actenstücke des Mémoire raisonné seiner Geschichte beizulegen. Nur Das hebt er auch hier schärfer hervor, was auf ihn besondern Eindruck gemacht hatte; und von hohem Werthe ist, daß man die persönlichsten Motive authentisch vernimmt Eine umfassende Schilderung der allgemeinen Lage darf man bei Friedrich nicht suchen, wie es ja auch nicht seine Absicht war, eine objective Geschichte des Ursprungs jener Zerwürfnisse zu schreiben, sondern nur seine eigene Haltung zu rechtfertigen. Auch diese aber tritt nicht in ihr volles Licht. Da bleibt immer für historische Forschungen ein weites Feld offen. Vornehmlich erscheint der Wunsch, den Frieden zu erhalten, nicht in der Stärke, in der er vorhanden war, wie man das besonders aus den Berichten Mitchells ersieht, der dem König in der Zeit der Krisis zur Seite stand und sein Vertrauen genoß. Ich will hier einige Actenstücke über die letzte Anfrage Klinggräffs beibringen, welche weniger Beachtung gefunden hat, als sie verdient. In dem gesandtschaftlichen und übrigen geschäftlichen Verkehr finden sich noch manche andere Aeußerungen Friedrichs, welche über seine eigene Darstellung hinausreichen und der größten Aufmerksamkeit werth sind. Vielleicht kommt es noch einmal zu einer Sammlung der die politische Thätigkeit des Königs bezeugenden Dokumente. Hier füge ich noch ein Actenstück bei, das wohl eins der merkwürdigsten von allen ist — eine Aufzeichnung Friedrichs über die Auflösung der Allianz mit Frankreich, in der er von seinem Entschlusse gleichsam vor sich selbst Rechenschaft ablegt. In einer Art von Disputation mit dem französischen Minister Rouillé stellt er die von Frankreich dagegen vorgebrachten Gründe so zusammen, daß sie zugleich widerlegt werden.

I.

Aufzeichnungen Friedrichs über sein Verhältniß zu Frankreich. Januar 1756.

In dem archivalischen Actenstücke geht folgendes Schreiben von Podewils an Eichel voraus:

Ew. Wohlgebohren habe hiebey die mir gestern Abendt güthigst communicirte höchsteigenhändige Königl. Pièce gehst. remittiren sollen, nach dehm ich zu meiner Direction mit meiner Handt eine Abschrifft genommen, um mich derselben gegen den Duc de Nivernois in pt. Entretiens mit mier, die jedoch seit der gestrigen Audientz bis dato noch nicht gehabt, mit guter avantage bedienen zu können.

Den 25. Januar 1756. (gez.) Podewils.

Dann folgt von der Hand des Königs:

1. Question de droit.

Argum. 1). Je n'ai point garanti l'Amerique à la France, la guerre qu'on va faire est originaire de ce pais là, donc elle ne me regarde pas.

2) Je n'ai fait qu'une alliance defensive, or la France n'est point attaquée dans ses possessions européaines, donc rien ne m'oblige a des demarches offensives[1].

---

[1]) Zwei verschiedene eigenhändige Fassungen der ersten Artikel liegen vor; die erste, die den Kern der Gedanken enthält, lautet hier: mon alliance n'est que defensive, donc je ne suis point obligé a des demarches offensives.

3) Mon alliance est prête à exspirer, donc rien ne m'oblige à agir contre mes intérêts.

Question de fait.

Argum. 1). Les deux impératrices et le roi électeur de Hanovre sont ceux contre lesquels je devrais agir en cas de guerre, ils peuvent mettre sur pied l'Autriche 100/m., la Russie 60/m., le Hanovre 40/m., je ne puis leur opposer que 100/m. hommes, je suis donc de la moitié plus faible qu'eux.

2) Doit-on entreprendre une guerre, quand on se voit à moitié plus faible que ses ennemis? non: est-il d'un général prudent de commencer une guerre, quand il est obligé de la commencer defensive? non, car c'est de toutes les guerres la plus onereuse et celle qui est exposée au plus de hazards.

3) puis je rester dans l'inaction et laisser faire à mes ennemis ce qu'ils veulent? non, car si les Russes entrent dans l'empire, je ne puis pas le souffrir et me voilà entrainé dans une guerre que je dois éviter pour la conservation de l'état.

4) Pourquoi empêcher les Russes d'entrer dans l'empire? parceque la jonction rendroit mes ennemis trop forts et que je dois les combattre plustôt un par un, que tous ensemble.

5) Comment éviter l'entrée des Russes? en faisant avec l'Angleterre le traité de neutralité, qu'elle me propose. Donc il faut le faire.

6) Vaut-il mieux pour la France, que les Russes viennent dans l'empire ou qu'ils n'y viennent pas? Il vaut mieux qu'ils n'y viennent pas, car si ils y sont appelés, c'est pour agir contre la France, donc s'ils n'y viennent pas, ce sont autant d'ennemis de moins.

7) Mais ne seroit-il pas bon de faire dépenser à l'Angleterre le plus d'argent qu'il se pourra en subsides pour la mater d'autant plus vite? Oui si l'Angleterre faisoit seule la dépense, mais ne voit on pas qu'en multipliant les ennemis de la France elle oblige à proportion la France aux mêmes dépenses pour leur resister? donc si on peut empêcher l'Angleterre de ne point faire usage de ses alliés c'est faciliter les entreprises des Français. Or si la guerre devient compliquée, il sera bien plus difficile à la terminer par la complication des intérêts, que si elle ne se fait qu'entre les deux puissances brouillées à present. Si donc je restois neutre sans faire un traité de neutralité, je n'empêcherois ni les Russes de marcher, ni toutes les suites de complications, aux quelles cette marche

donneroit lieu, donc mon traité de neutralité convient à la France tout autant, qu'il m'est indispensable dans le moment présent.

8) Si toute l'Allemagne est en guerre et en dessus dessous, est ce l'avantage de la France? non, car elle n'y gagne rien du tout, que de voir peutêtre ruiner ses alliés, qui dans d'autres conjonctures pourront lui etre très utiles, *donc la neutralité convient à tout le monde.*

2. Raisons de Maitre Rouillé pour refuter la defense de ma conduite et des motifs qui ont fait faire à Maitre Frederic la convention de neutralité pour l'Allemagne.

Maître Rouillé

1) que la Prusse n'a pas garanti strictement les possessions de la France en Amerique, qu'il falloit remarquer cependant que l'Angleterre faisoit à cette couronne une guerre offensive en Europe, qui pourroit se communiquer au continent et devenir par conséquent relative au traité de la Prusse et de la France, au cas que cette dernière fut attaquée dans le continent de l'Europe.

2) Que par une suite de la même raison, il n'avoit pas été loisible à la Prusse de transiger pour la neutralité dans le cas où la France peutêtre attaquée.

3) Que le traité de 1741 quoique prêt à échoir, ne l'étoit pas et qu'il auroit fallu attendre, qu'il fut expiré avant que de traiter avec l'Angleterre.

4) Que d'ailleurs la Prusse étoit encore liée avec la France par un autre traité qui etoit celui de l'alliance défensive, qui subsistoit entre la Prusse, la Suède et la France.

5) Que la neutralité qu'on venoit d'établir faisoit perdre à la France le fruit de toutes ses alliances qu'elle avoit en Allemagne et qu'elle avoit formée pour la défense de la Prusse.

6) Que par ce traité de neutralité l'Angleterre pourroit se servir pour la défense de ses îles de toutes les troupes, aux quelles elle donnoit des subsides en Allemagne, qu'il résultoit donc de cette démarche de la Prusse de si grandes inconvénients pour la France qu'on devoit supposer, que la Prusse avoit perdue jusques aux traces les plus légères l'attachement qu'elle avoit eu pour la France, sans quoi elle ne se seroit jamais portée à une démarche si contraire à ses véritables intérêts, que maître Rouillé était effrayé quand il pensoit que la France

se trouveroit empêché de faire la diversion de Hanovre, si sensible au roi d'Angleterre et que cet empêchement venoit du plus ancien allié du R. T. Cr., qu'il étoit donc affligeant de voir, qu'au cas que le R. de Fr. portât la guerre en Allemagne, il trouvât le plus cher de ses amis ligué contre (avec) ses ennemis pour l'empêcher d'entreprendre une défense légitime.

7) Que cette démarche de la Prusse ne pourroit pas manquer d'inspirer beaucoup de défiance a tous ses alliés du Nord et que cette démarche contribueroit beaucoup à décourager ces puissances du Nord prêtes à prendre des résolutions vigoureuses.

Conclusio.

Que le traité de neutralité paroissoit donc contraire à l'esprit de ceux qui avoient été signés entre la Prusse et la France, totalement opposé aux intérêts de cette dernière, incompatible avec l'étroite harmonie qui regnoit entre les deux cours, outrageant pour la France par les circonstances dont cet événement avoit été accompagné[1].

Que Mons. Rouillé ne comprenoit pas le motif que j'avois eu de faire ce traité si extraordinaire et qui s'accordoit si mal avec les intérêts de la Prusse.

Que si la cour de Vienne et de Russie attaquoient la Prusse, l'Angleterre ne pouvoit lui donner les secours que la France pourroit lui faire tenir.

Que comme l'engagement que la Prusse a pris avec l'Angleterre pour empêcher toute troupe étrangère d'entrer en Allemagne étoit plus grand que celui que l'on avoit avec la France, il inférait de là, qu'il falloit nécessairement que hors le corps du traité, il y eut des articles separés, parcequ'on avoit tant caché cette démarche à la France, qu'il lui étoit surprenant que m'ayant communiqué tous les projets de la France j'eusse fait ce traité sans la permission de Maître Rouillé, qui y auroit consenti si on la lui avoit demandé.

II.

Zur dritten Anfrage Klinggräffs.

Friedrichs Bemühungen für den Frieden waren, wie berührt, bei weitem stärker und anhaltender, als es den Anschein hat. Man

[1]) Im Original wird durch einen kleinen Strich (ohne Zwischenraum) angedeutet, daß nun der zweite die Motive betreffende Punkt folgen soll.

könnte selbst gegen die in seiner Geschichte vorkommende Behauptung, er habe in der zweiten Antwort der Kaiserin eine Kriegserklärung gesehen, Einspruch erheben. In der That hatte er dem französischen Hofe erklärt, sie so ansehen zu wollen. Dennoch fühlte er sich noch zu einer dritten Anfrage bewogen, die zwar wenig Aussicht darbot, aber doch sehr ernstlich gemeint war. Ich will hier die wenigen darüber vorhandenen Actenstücke zusammenstellen.

1. Eigenhändige Weisung des Königs an Klinggräff vom 26. August 1756.

P. S. Comme je n'ai plus de sûreté ni pour le présent ni pour l'avenir, il ne me reste que la voye des Armes pour dissiper les Complots de mes ennemis. Je marche et je compte de faire dans peu changer d'avis à ceux qui à présent se laissent aveugler par leur fierté et leur orgueil; mais J'ai cependant assez de retenue et de modération pour entendre des propositions d'accommodement, dès que l'on voudra m'en faire, n'ayant ni projets ambitieux, ni desirs de cupidité, les motifs de mes démarches n'étant autres que des justes mesures pour ma sûreté et mon indépendance[1].

2. Eingabe Klinggräffs vom 2. September 1756.

Mémoire.

Sa Majesté l'Impératrice Reine voudra bien se rappeler, que l'article principal du mémoire, que le soussigné a eu l'honneur de Lui présenter par ordre du Roi son maître le 20me du mois passé, a roulé sur la demande, que Sa Majesté le Roi de Prusse s'étoit crû en droit de faire, à Sa dite Majesté Impériale et Royale, savoir une déclaration formelle et catégorique, consistant dans l'assurance:

„Que Sa Majesté l'Impératrice Reine n'avoit aucune
„intention d'attaquer Sa Majesté Prussienne, ni cette
„année ci, ni celle qui vient.

---

[1]) Das Original scheint verloren zu sein; das Staatsarchiv besitzt nur eine Copie; eine andere fand ich in den Papieren Mitchells, aus denen sich auch das Datum ergiebt. — Das Schreiben Friedrichs an August III. vom 1. September (Geheimnisse des s. C. I. S. 409) wird dadurch erst verständlich.

Quoique Sa Majesté l'Impératrice Reine n'ait rien touché de cette assurance dans la Réponse qu'Elle a fait remettre au soussigné en date du 21 du mois dernier sur ce mémoire, et qu'ainsi cela n'avoit pas laissé de faire entrevoir à Sa Maj. le roi de Prusse le peu de bonne disposition que Sa Maj. l'Imp. Reine avoit pour Elle, de sorte qu'il ne Lui restoit que le seul parti, de prendre les mesures nécessaires pour sa sûreté: Cependant, ce Prince, pour donner des marques claires de son désir pour la conservation de la Paix et de la tranquillité publique, s'étoit déterminé d'ordonner de nouveau au soussigné, de revenir encore une troisième fois à la charge, pour demander à Sa Maj. l'Imp. Reine l'assurance en question, savoir:

„Que Sa dite Majesté Impériale et royale n'avoit aucune „intention d'attaquer Sa Majesté le Roi de Prusse ni „cette année ci, ni celle qui vient.“

Le soussigné a des ordres exprès du Roi son maître de déclarer à Sa Maj. l'Imp. Reine que dès qu'Elle auroit donnée nommement et positivement à ce Prince l'assurance qu'il Lui demande, il feroit tout de suite retirer ses troupes, et remettroit toutes choses dans l'Etat où elles doivent être.

C'est donc sur quoi le soussigné attend de Sa Maj. l'Imp. Reine une Réponse sur le pied qu'il a eu l'honneur de le spécifier ci-dessus.

A Vienne ce 2me de Septembre 1756.

Klinggraeff.

3. Aus einem Schreiben des Cabinetssekretärs Eichel an Podewils. Torgau, 3. September.

„Es wäre wohl so sehr zu wünschen, als es gar nicht zu hoffen stehet, daß die Kaiserin-Königin noch auf die letztere von dem Herrn von Klinggraeff zu thuende und vermuthlich nun schon geschehene declaration, annoch einen billigen entschluß faßete und diejenige Antwort von sich stellete, so des K. M. nochmals von ihr fordern, indem Höchst dieselbe noch in dem festen Entschlusse seyn und letzhin so zu sagen fast publiquement declarirt haben, daß, wenn solches annoch geschehen und die Kaiserinn die verlangte Erklärung thun sollte, so daß des Königs Majestät die desiderirte Sicherheit dabei fänden, Sie noch zur Stelle Halt machen, die Waffen niederlegen und Alles in dem vorigen Ruhestande lassen, auch die wegen der Veranstaltungen zum Kriege gemachte beträchtliche Kosten genereusement sacrificiren wollten.

4. Die Antwort des Staatskanzlers.

Réponse au Mémoire présenté par Mr. de Klinggraeff le 2me de Septembre 1756.

Mons. de Klinggraeff avait à peine présenté son dernier Mémoire daté du 2me de ce mois, qu'il parvint à Sa Majesté l'Imp. Reine la nouvelle de l'invasion de la Saxe, et du manifeste publié contre Elle en cette occasion.

Après une aggression aussi marquée, il ne saurait donc plus être question d'aucune autre réponse que de celle, que Sa Majesté pourra juger à propos de faire en son tems au dit Manifeste, la dernière, qu'Elle a fait remettre à Mr. de Klinggraeff portant tout ce qu'il a pû être combinable avec Sa dignité[1] de faire déclarer, et la proposition de laisser convertir en Trêve la Paix subsistante et fondée sur des Traités solemnels n'étant naturellement susceptible d'aucune Déclaration.

C'est ce qu'on a ordre de faire connoitre en Réponse à Mr. de Klinggraeff à Vienne le 7me de Septembre 1756.

Le Comte de Kaunitz-Rittberg.

3.

Valori.

In den Memoiren des Marquis de Valori über seine diplomatischen Negociationen findet sich ein Abschnitt: Anecdotes et raisonnements sur le parti que le roi de Prusse a pris du mois d'Août 1756. Eben von Valori könnte man besonders gut begründete Nachrichten erwarten. Denn er war ein alter vertrauter Bekannter des Königs von Preußen; noch vor der Thronbesteigung Friedrichs war er nach Berlin gekommen und bis zum Frieden von Aachen daselbst geblieben. Es giebt nichts Unterrichtenderes, als seine Berichte aus dieser Zeit. Wenn man sie durchliest, ist es, als wenn man mit Friedrich lebte. Sie sind jedoch bei weitem zu voluminös, als daß sie hätten gedruckt werden können.

---

[1]) Eine in der deutschen Uebersetzung, die wie von der Eingabe, so auch von der Antwort verbreitet wurde (vergl. Aster, Beleuchtung der Kriegswirren zwischen Preußen und Sachsen S. 66), vollkommen unverständlich gewordene Stelle.

Die Memoiren, die Valori, nachdem er abberufen worden, über seinen Aufenthalt in Berlin zusammenstellte, und zwar nicht für das Publicum, sondern für seine Kinder oder vielleicht für einen künftigen Historiker, wird man, wiewohl sie nur der schwache Abglanz dessen sind, was seine Berichte in aller Ausführlichkeit und Vergegenwärtigung enthalten, doch immer mit einer gewissen Genugthuung lesen.

Anders verhält es sich mit dem Nachtrage, der unter dem oben angeführten Titel erscheint.

Denn nicht die officielle Stellung macht den Menschen, sondern die Möglichkeit, derselben persönlich gerecht zu werden, was nicht immer von Talent und gutem Willen, sondern meistens von den Umständen abhängt.

In Valori, der die Waffen schon in dem spanischen Erbfolgekriege getragen hatte und von dem Cardinal Fleury in die diplomatischen Geschäfte gezogen worden war, lebten die französischen Feindseligkeiten dieser Epoche nicht allein gegen das Haus Oesterreich, sondern auch gegen England noch fort, sowie das Bewußtsein des föderativen Uebergewichts, das Frankreich an der Spitze der entgegengesetzten Mächte besaß. Er war recht an seinem Platze bei Friedrich, so lange der Bund von 1741, den Valori fast als sein Werk betrachtete, in Geltung blieb.

Seine zweite Gesandtschaft aber trat er in einem Momente an, als dies Verhältniß sich auflöste, ohne daß er hiervon eigentlich genau unterrichtet worden wäre. Indem sich Ludwig XV. mit Entschiedenheit von Preußen lossagte, war sein Gesandter in Berlin, der davon nichts erfuhr, noch immer der Meinung, daß es für beide Theile das Gerathenste sein würde, an dem bisherigen System festzuhalten. Und es gab hochgestellte Männer genug in Berlin, welche darin mit ihm übereinstimmten. Die Ereignisse entwickelten sich bald in einem dem geradezu entgegenlaufenden Sinne.

Valori konnte das Vertrauen nicht wieder gewinnen, das er früher bei Friedrich gehabt hatte. Einige Actenstücke von Belang sind ihm mitgetheilt worden: z. B. die Anweisung an Klinggräff zur zweiten Anfrage, wie sie mit den Zusätzen Friedrichs vorliegt, wohlverstanden jedoch ohne die chiffrirte Nachschrift. Sonst sprach Friedrich nicht mehr über Politik mit ihm, ihre Unterhaltung betraf nur gleichgültige, meist militärische Dinge. Mit Mißvergnügen bemerkte Valori, daß Friedrich den englischen Gesandten Mitchell, in welchem er seinen großen Antagonisten sah, bevorzugte.

Aber er besaß auch nicht mehr das Vertrauen seiner eigenen Regierung; die Allianz von Versailles kam ihm selbst sehr unerwartet; er fürchtete nur immer durch Aeußerungen in seiner alten Sinnesweise mit seinem Hofe in Widerspruch zu gerathen und ihn selbst zu verletzen.

An eigentliche Unterhandlung war nicht zu denken: so daß seine Depeschen aus dieser Zeit, sowie seine späteren Aufzeichnungen darüber ohne Interesse sind. Einmal hat ihm der preußische Minister Podewils eine Eröffnung gemacht, die für die Erhaltung des Friedens bedeutend werden konnte; Valori gab dem französischen Ministerium Notiz davon, erhielt jedoch keine Antwort.

Ganz unbemerkt hat doch auch diese Publikation nicht bleiben können, namentlich kommt Eine Notiz darin vor, welche viel Aufsehen gemacht hat.

Wenn Friedrich in seiner zweiten Anfrage in Wien behauptet, es bestehe ein förmliches Bündniß zwischen Rußland und Oesterreich, um ihn anzugreifen — was ohne Zweifel zu viel gesagt war —, so versichert Valori, dies sei durch eine falsche Nachricht des englischen Ministers Williams in St. Petersburg veranlaßt worden; Williams sei von jeher der Feind von Preußen gewesen; er habe seine Meldung in böser Absicht gemacht. Er giebt mit Bestimmtheit an, Williams habe den Vertrag von 1746 vor sich gehabt, ihm das Datum 1756 gegeben und zugleich den defensiven Vertrag in einen offensiven verwandelt.

Das ist nun aber sicherlich unbegründet.

Es ist von jenem dem Wortlaut nach defensiven, seiner Intention nach offensiven Vertrage die Rede, den wir oft erwähnten; Williams hat ihn schwerlich erst in Petersburg kennen zu lernen gebraucht, da er ja den Engländern zur Accession vorgelegt worden war, welche ihn eben seiner eventuell offensiven Tendenz wegen verwarfen.

Es schwebt noch ein Dunkel über dieser Sache. Wahrscheinlich hat man aus den Vorbereitungen der beiden Kaiserhöfe zu einem gemeinschaftlichen Unternehmen gegen Preußen und ihren Berathungen darüber auf einen Vertrag zwischen ihnen geschlossen, der in der That nicht vorhanden war[1]. Die Böswilligkeit Williams', die dabei im Spiele gewesen sein soll, gehört in das Reich der Erfindung.

Neben den memoirenartigen Aufzeichnungen Valori's findet sich in der Sammlung noch eine Serie von Depeschen über seine zweite Sendung, die bei der Beschaffenheit seines damaligen Verhältnisses an und für sich von keinem großen Belang sein können, aber doch auch dieses selbst nicht vollkommen darstellen.

Fast der wichtigste Act in Valori's neuer Gesandtschaft besteht in der Ueberreichung des Vertrags von Versailles. In der Meldung, welche Finkenstein dem König davon macht, erzählt er, daß der Gesandte sehr verlegen war, als er sie machte; er konnte sein Mißvergnügen nicht recht verbergen; der Minister nahm, wie er sagt, die Miene an, als bemerke er nichts davon, und antwortete dem Marquis mit aller möglichen Unbefangenheit. Valori geht in seinem Berichte über diese Zusammenkunft leicht hinweg; die Antwort des Königs, die er einige Tage später erhalten zu haben behauptet, ist aber doch zu unbedeutend, um vollkommen wahr zu sein. Nach der Weisung des Königs sollte zwar sein Dank für die Mittheilung ausgedrückt werden, aber zugleich der Wunsch, daß der von den beiden Höfen gefaßte Entschluß zu ihrer Zufriedenheit und zur Erhaltung der Ruhe von Europa, an welcher er „Part nehme", ausschlagen möge. Friedrich kannte die geheimen Artikel nicht und hielt nicht für rathsam, darnach zu fragen, weil es doch zu nichts führen würde; aber in den Worten, wie er sie gefaßt hatte, tritt die Besorgniß vor einer ungünstigen Rückwirkung des Vertrags auf den europäischen Frieden unverkennbar hervor. Bei Valori (II, 78) löst sich das Alles in allgemeiner Versicherung der

---

[1]) Dahin führen auch die Ausdrücke der Refutation S. 149: Le roi avoit eu des avis positifs d'un concert formé contre Sa Majesté. Peu importe qu'on l'appelle alliance offensive ou concert. Les effets n'en sont-ils pas les mêmes?

Freundschaft und Friedensliebe auf; darnach hatten die Maßregeln, welche der König von Frankreich dafür treffe, daß sein Streit mit England kein europäischer werde, den vollen Beifall Friedrichs — auch er wünscht die allgemeine Ruhe. Es gehört eine besondere Gabe von divinirender Rückübersetzung dazu, um den wirklichen Sinn Friedrichs herauszufinden.

Abgesehen von diesen Mängeln der Abfassung giebt das Verfahren des Herausgebers dieser Depeschen, die ich mit den Originalen in dem französischen Archiv verglichen habe, zu mancherlei Ausstellungen Raum.

In Berlin fiel es auf, mit welcher Rücksichtslosigkeit sich Valori über die Russen ausdrückte, in dem Sinne der bisherigen französischen Politik; er bezeichnete sie als „gueux miserables"; so drückt er sich auch noch in seiner Depesche aus. Es ist charakteristisch für die Epoche der Publication im Jahre 1820, daß man diese Stelle damals gestrichen hat. Im Druck heißt es in der Depesche vom 19. Juni 1756 sehr unverfänglich: la cour de Russie redouble de velléité. Valori hatte geschrieben: la cour de Russie redouble d'arrogance, à mesure qu'elle est plus recherchée, et n'est jamais si souple que quand on affecte de l'estimer à sa juste valeur.

War es das Uebergewicht Rußlands in der europäischen Politik dieser Epoche, was zu dieser höchst ungewöhnlichen Schonung, die doch alle Befugnisse eines Herausgebers überschreitet, geführt hat?

Bei Vergleichung des Buches mit dem Original fielen mir gar manche andere Abweichungen auf, für die ich keinen Grund aufzufinden wüßte; nur Eine Stelle will ich noch citiren, wo der vorliegende Druck keinen Sinn giebt, der ursprüngliche Text aber eine bemerkenswerthe Notiz enthält, die dort verloren gegangen ist.

Nach dem Einmarsch in Sachsen sprach man zwar keineswegs davon, daß der König das Land für sich behalten wolle, wohl aber davon, daß er der ernestinischen Linie in Sachsen ihr altes Uebergewicht über die albertinische zurückzugeben gedenke. Valori meint, das werde vielleicht nicht über die Imagination, aber über die Kräfte Friedrichs hinausgehen. Dann heißt es im Druck weiter:

on dit qu'il a envoyé le modèle de cette prière, Worte, die, so gefaßt, unverständlich bleiben; in dem ursprünglichen Texte heißt es: il a envoyé le modèle de la prière ordonnée et a souligné les paroles „pour notre défense et pour celle de son église“. Valori glaubt nicht an die Aechtheit dieser religiösen Anwandlung, doch veranlaßte mich die Erwähnung derselben, das Formular, das demnach unter Mitwirkung des Königs zu Stande gekommen ist, nachzusehen. In dem brandenburgischen Kirchengebet bei eröffnetem Feldzug, das überhaupt den in den Manifesten des Königs enthaltenen Ideen entspricht, liest man wörtlich: „Segne diesen zu unserm und Deiner Kirche Schutz unternommenen Feldzug mit einem solchen Ausgange, daß dadurch ein ehrlicher und dauerhafter Friede erhalten und des deutschen Vaterlandes Freiheit und Ruhe auf immer in Sicherheit gesetzt werde.“ Ist das nicht, als wäre es von Heute und Gestern? So berührt der damalige Krieg in dem kirchlichen Bewußtsein des Volkes unmittelbar unsere Tage. — Kehren wir aber zu der kritischen Erörterung der Texte zurück.

Von den Briefen des Königs von Preußen an Valori, welche der Herausgeber als vorliegend bezeichnet, hat er dann doch mehrere weggelassen, z. B. die Antwort auf die Nachricht von der Eroberung des Fort St. Philipp; sie ist vom 23. Juli, nachdem Friedrichs erste Anfrage nach Wien abgegangen war; er sagt darin, eine Nachricht vom Frieden, oder doch von Annäherung zu einem solchen, würde ihm lieber gewesen sein.

So vermißt man in dem Abdruck manche zur Sache gehörende, unentbehrliche Notizen, zum Beispiel Seite 127, daß das folgende Schriftstück ursprünglich an Podewils gerichtet war.

Von allen Differenzen zwischen den Originalen und dem Abdruck bei weitem die merkwürdigste bietet die Depesche Rouillé's vom 6. August dar.

Es ist das Schreiben, in welchem sich zum ersten Male die französische Feindseligkeit kundgiebt. Dem König wird darin ohne Rückhalt gesagt, die Rüstungen der Kaiserin seien nur die Folge der seinigen, während die Auffassung in Berlin die entgegengesetzte war. Man kündigt ihm an, wenn er Oesterreich angreife, so werde Frankreich dieser Macht zu Hülfe kommen müssen. Auch wegen einer Truppenansammlung in der Nähe von Hildesheim wird er sehr ernstlich verwarnt, weil dadurch der Churfürst von Cöln, der Bundesgenosse des Königs von Frankreich, der zugleich Bischof von Hildesheim war, bedroht werde.

So das im Druck vorliegende Schreiben; man erstaunt, wenn man das in den Acten aufbewahrte von demselben Datum vergleicht. Darin ist nur von Cöln, nicht von Hildesheim die Rede; überhaupt athmet es auch einen sehr gemäßigten Ton. Valori wird darin zu der Erklärung ermächtigt: „que les engagements du roi avec la cour de Vienne sont purement défensifs et entièrement conformes aux traités de Westphalie — mais que les Anglois pour réparer la honte des mauvais succès que leur a attiré la guerre injuste qu'ils ont fait à la France, emploient toute sorte de manoeuvres pour allumer en Allemagne une guerre injuste, que le roi a trop bonne opinion de la pénétration du roi de Prusse pour croire qu'il veuille s'associer à la cause du roi d'Angleterre et se rendre l'instrument des desseins ambitieux des Anglais.

Der Unterschied ist sehr bemerkenswerth. In der ersten Fassung, die im Archiv geblieben ist, überwiegt noch die Rücksicht auf England. Dem König soll eine sehr gemäßigte Ermahnung zugehen; in der zweiten, welche an Valori abging, tritt die Allianz mit Oesterreich auf das stärkste hervor und der König wird mit einer drohenden Verwarnung behelligt. Die beiden Fassungen drücken die verschiedenen Directionen der französischen Regierung eben in diesen Tagen aus. Die gemäßigte wurde allem Anschein nach zurückgelegt, weil sie den mit Starhemberg getroffenen Verabredungen nicht mehr entsprach.

4.
Duclos.

Von Allem, was über den Ursprung des siebenjährigen Krieges geschrieben worden, das Gelesenste ist die kleine Schrift von Duclos: Histoire des causes de la guerre de 1756.

Noch existirt in Paris der Café Procope, wo sich gegen Ende des siebzehnten und in der ersten Hälfte des achtzehnten Jahrhunderts unfern eines besuchten Theaters rührige Schriftsteller versammelten. Dieser Gesellschaft verdankte auch Duclos, ein Bretagner von Geburt, seine literarische und selbst seine gesellschaftliche Ausbildung. Er machte sich in derselben durch eine ungewöhnliche Rücksichtslosigkeit bemerkbar, die auch in seine Schriften überging. Er hat sich in mannigfachen Zweigen der Literatur versucht: er verfaßte Romane und Operntexte, zugleich aber gelehrte Dissertationen und Uebersetzungen alter Autoren. Einen gewissen Ruf verschaffte ihm seine Geschichte Ludwigs XI. Doch läßt sich fast zweifeln, ob sie ganz als sein eigenes Werk zu betrachten ist: eine handschriftliche Arbeit von Legrand lag ihm dabei vor; es ist nachgewiesen, daß er derselben in ihrem ganzen Zusammenhange und selbst im Einzelnen folgte. Als literarische Production gewann das Buch durch Freimüthigkeit und Energie des Ausdrucks Beifall, der jedoch nicht allgemein war, da der Autor Voltaire nachzuahmen und nach Effecten zu haschen schien; von politischer Seite erfuhr es sehr entschiedenen Widerspruch, es wurde sogar verboten. Dennoch gelang es Duclos, als Voltaire nach Berlin ging, und dadurch die Stelle eines Historiographen von Frankreich erledigt wurde, diese zu erhalten, und zwar im Gegensatz gegen Foncemagne, der sie — denn er war ein Mann von wirklicher Gelehrsamkeit — ohne Zweifel mehr verdient hätte. Aber Duclos galt in jener Epoche fast als der bedeutendste unter den schönen Geistern. Er war bereits Mitglied der Académie des Inscriptions und der Académie française; in der letzten, zur Stelle eines secrétaire perpétuel gelangt, übte er einen nicht geringen Einfluß aus; eine und die andere Einrichtung derselben wird auf ihn zurückgeführt.

Sobald er Historiograph geworden war, nahm er sich vor, Denkwürdigkeiten Ludwigs XIV. und XV. zu schreiben; doch hat er eigentlich nur eine Geschichte der Regentschaft, die in die letzten Jahre Ludwigs XIV. zurückgreift, dann aber einige Jahre über den Tod des Regenten hinausgeht, zu Stande gebracht. Ganz unbestritten ist seine Originalität auch in diesem Werke nicht; unter Anderem nahm er Vieles aus St. Simon, dessen Memoiren damals noch ungedruckt waren, was er denn auch nicht verschweigt, nur mit der Bemerkung, daß er dessen Einseitigkeiten vermieden habe. Er war nicht so orleanistisch wie dieser. Eigenthümlich ist ihm wie jenem das Talent der Sittenschilderung; er ergreift selbst die lächerliche Seite der Ereignisse; er glänzt in der lebendigen Erzählung der Anekdote. St. Simon ist seitdem in vollem Umfang gedruckt worden und hat bei den Franzosen allgemeine Bewunderung gefunden; mit der Tiefe und Wärme seiner Darstellung ist die von Duclos nicht zu vergleichen. Wer nimmt sich noch die Zeit, den Abweichungen, die er für rathsam hielt, nachzuspüren.

Auch über die Regierung Ludwigs XV. wollte Duclos sich vernehmen lassen; aber ihn schreckte, wie leicht zu erklären, die Nähe der Zeit: sehr gut sagt er, er wolle sich weder zu Grunde richten durch Tadel, noch herabwürdigen durch Schmeichelei. Nur Ein Stück aus dieser Regierungsgeschichte hat er abgefaßt, eben das oben bezeichnete; es ist erst lange nach seinem Tode gedruckt worden und hat dann vielen Anklang gefunden. Für manche Erzählungen, die man allgemein annimmt, ist Duclos der einzige Gewährsmann.

Es sind nicht allein die Ursachen des Krieges, mit denen er sich beschäftigt, sondern dessen ganzer Verlauf. „Tel est le tableau raccourci“, sagt er, „de l'origine, du cours et de la fin de la guerre.“ Gleich nach dem Friedensschluß ergriff er die Feder, um, wie er sagt, dieses größte, unglücklichste, demüthigendste Ereigniß der Regierung Ludwigs XV. zu schildern. Er schreibt in der Voraussetzung, daß er nicht mit der allgemeinen Meinung gehe, daß man ihm mit Lebhaftigkeit und Galle widersprechen werde: aber die Nachwelt werde sehen, daß er ihr Urtheil nur anticipirt habe. Hauptsächlich klagt er die Schwäche der Regierung und die Entzweiung in den höchsten Kreisen an. Hier nun aber nimmt er seiner Lebensstellung gemäß Partei; neben der Herabwürdigung der Uebrigen fällt die Vertheidigung desjenigen auf, der Andern als der Schuldigste erschien, des Abbé, später Ministers und Cardinals, Grafen de Bernis; er war sein College in der Academie, von einer verwandten literarischen Ader, und sein bester Freund, aber zugleich sehr wirksam in den

Geschäften. Man weiß, daß Bernis das Ministerium, zu dem er erhoben wurde, zwei Jahre darauf wieder verlor, und zwar weil er, durch das erlittene Unglück gewitzigt, Friede machen wollte. Duclos schreibt seinen Sturz seiner Entzweiung mit Madame de Pompadour zu, und es mag sein, daß sie nicht unbetheiligt dabei war; aber den größten Antheil daran hatte die Infantin von Parma, Tochter Ludwigs XV., welche die ihr in den Niederlanden in Aussicht gestellten Besitzungen nicht fahren lassen wollte und vielen Einfluß auf ihren Vater, den König, ausübte. Aus den Memoiren von Argenson entnimmt man, daß der Plan, ihre Tochter Isabella mit dem Erzherzog Joseph, späteren Kaiser, zu vermählen, bei der Allianz der beiden Höfe überhaupt von Bedeutung gewesen ist: die Gegner klagten, daß das Interesse des Staates dem der Familie aufgeopfert werde. Wenn dies Verhältniß beim Abschluß des Tractats von Versailles wirksam gewesen war, so wurde es für die Festhaltung desselben entscheidend. Dazu kam die Lage der allgemeinen Angelegenheiten. Bernis war durch die Unglücksfälle der Franzosen niedergeschlagen und zu Friedensanträgen gestimmt. Die Kaiserin Maria Theresia dagegen war durch die glücklichen Erfolge ihrer Waffen, den Entsatz von Olmütz, den Sieg bei Hochkirch, zu großen Hoffnungen entflammt, und da dann die Czarina erklärte, bis auf den letzten Mann und den letzten Pfennig bei der Kaiserin aushalten zu wollen, so ward es nicht schwer, Ludwig XV. zu einer ähnlichen Erklärung zu vermögen. Von alledem schweigt Duclos; bei ihm wird die Sache durch die Entfremdung der Frau von Pompadour von Bernis entschieden.

Wenn nun dennoch, um auf den Anfang der Unterhandlungen zurückzukommen, bei diesen der Abbé und die Dame Hand in Hand gingen: wie läßt sich das mit ihrer spätern Entfremdung vereinbaren? Duclos behauptet, der Abbé, Graf Bernis, sei von Anfang an nicht der Meinung der Frau von Pompadour gewesen: er habe ihr Vorstellungen gegen die Veränderung des Systems gemacht und ihr sogar den Rath gegeben, sich der Einmischung in die politischen Angelegenheiten zu enthalten[1]. Er erzählt, Frau von Pompadour habe

[1]) Le Comte de Bernis finit par l'exhorter à continuer de plaire à son amant, à l'amuser, à ne lui point montrer d'humeur, et surtout

der Verwendung des Abbé in dieser Sache von Anfang an widerstrebt; nur auf den ausdrücklichen Wunsch des Königs sei derselbe zum Vermittler zwischen Frankreich und Oesterreich bestimmt worden. Wenn man nun fragt, wodurch Frau von Pompadour ihrerseits bewogen worden sei, sich so entschieden für Oesterreich zu erklären: so versichert Duclos, daß das lediglich in Folge einer intimen Annäherung der Kaiserin geschehen sei. Ungern, aber auf das Andringen ihres Ministers habe sie sich entschlossen, an die Marquise zu schreiben, und zwar in einem Ton, als würde sie von ihr als eine gute Freundin oder selbst als Ihresgleichen betrachtet. Il en obtint un billet flatteur pour madame de Pompadour, à qui le comte de Staremberg s'empressa de le rendre.

Duclos hat diese Erzählung nicht erfunden; in derselben oder einer ähnlichen Fassung kehrt sie öfter wieder, zum Beispiel bei Valori; sie ist damals von Mund zu Mund gegangen. Die früheste Erwähnung findet sich in einem Schreiben des englischen Gesandten Stanley an William Pitt vom 20. August 1761[1].

In Folge der friedlichen Eröffnungen des Herzogs von Choiseul, der damals an der Spitze des französischen Ministeriums stand, war Stanley nach Frankreich geschickt worden, um die Unterhandlung darüber zu führen. Choiseul empfing ihn auf das Freundlichste und behandelte ihn mit Vertraulichkeit. Im Laufe der Discussion äußerte er nicht selten, er sei nicht Schuld an dem Kriege, besonders nicht, inwiefern er in Deutschland geführt würde; das sei allein ein Werk der Frau von Pompadour und des Cardinals, früher Abbé Bernis; seine Ansichten seien ganz entgegengesetzte. Choiseul war nicht ohne das Fürwort der mächtigen Dame zu seiner Stellung gelangt, suchte sich aber von ihrem Einfluß loszureißen. Der Herzog und seine von ihm unzertrennliche Schwester verhinderten Stanley, der Marquise näher zu treten, die ihrerseits noch

---

à éviter les affaires, qui pouvaient la perdre, en la rendant odieuse à la nation.

[1]) Bei Francis Thackeray history of the right honorable William Pitt, earl of Chatham. II. S. 597.

immer in dem intimsten Verhältniß zu Starhemberg und dem spanischen Gesandten Grimaldi stand, welche die mit England angeknüpften Unterhandlungen überaus ungern sahen. In dieser Lage wurde nun Stanley unterrichtet, und zwar, als enthülle man ihm ein Geheimniß, daß die Allianz mit Oesterreich unter der Direction der Marquise geschlossen sei; die Kaiserin schreibe ihr Briefe, in welchen sie dieselbe mit der Anrede „ma cousine" beehre; dem darauf bezüglichen Vorschlag des Staatskanzlers sei von der Kaiserin keine besondere Schwierigkeit entgegengesetzt worden, „habe sie doch einst über sich gewonnen, auch Farinelli zu schmeicheln." — Am französischen Hofe hatte sich in Folge der nachtheiligen Kriegsereignisse eine antiösterreichische Partei gebildet, in der man sich diese Anekdote erzählte.

Aber vergebens hat man bisher in den Archiven nach einer Spur dieser Correspondenz — denn Frau von Pompadour würde doch ohne Zweifel geantwortet haben — geforscht. Und die näheren Umstände, die Duclos meldet, entsprechen den Thatsachen nicht. Nicht durch ein Billet der Kaiserin, sondern durch einen Brief des Staatskanzlers wurde Starhemberg bei Frau von Pompadour eingeführt. Aber vor Allem: ein eigenhändiges Schreiben Maria Theresia's an die Churfürstin Maria Antonie von Sachsen liegt vor, worin sie ausdrücklich in Abrede stellt: an die Pompadour geschrieben zu haben. Wir dürfen wohl nicht versäumen, ihre Zeilen, wie sie aus dem sächsischen Archiv bekannt geworden sind[1], zu wiederholen und der Umstände zu gedenken, unter denen sie geschrieben sind.

Maria Antonie, Tochter des Churfürsten Carl Albert von Baiern, welcher der Kaiser der Opposition gegen das Haus Oesterreich wurde, stand doch auch mit diesem selbst in naher Beziehung; ihre Mutter war eine Tochter Kaiser Josephs I., des Oheims Maria Theresia's. Antonie vermählte sich mit dem Churprinzen Friedrich Christian von Sachsen, und gewann in diesem Verhältniß großen Einfluß auf die innere Regierung dieses Landes; auch über den Frieden von Hubertusburg stand sie in Correspondenz mit Maria

---

[1]) C. v. Weber, Maria Antonia Walpurgis, Churfürstin von Sachsen (als Manuscript gedruckt) I. S. 144.

Theresia. Als nun ihr Schwiegervater August III., König von Polen und Churfürst von Sachsen, am 5. October 1763 starb, wurde sie von dem Ehrgeiz ergriffen, die Nachfolge in Polen für ihren Gemahl Friedrich Christian anzubahnen; sie wandte sich deshalb an die beiden befreundeten Höfe von Versailles und Wien.

Sie schrieb darüber an die Kaiserin Maria Theresia, die in der Hauptabsicht mit ihr einverstanden war, und brachte dabei deren Verhältniß zum französischen Hofe zur Sprache. Die Kaiserin rieth ihr überhaupt, in der Sache nicht zu rasch vorzugehen, gab ihr aber die Versicherung, daß sie an dem französischen Hofe keinen Widerstand finden werde. Maria Antonia, deren Brief nicht vorliegt, muß dabei auch die Beziehungen der Kaiserin zur Frau von Pompadour, wovon man sich viel erzählte, erwähnt haben. Die Kaiserin antwortet ihr, daß sich das nicht so verhalte, wie sie annehme.

Vous vous trompez si vous croyez que nous avonts jamais eut des liaisons avec la pompadour, jamais une lettre, ni que notre ministre aye passée par son canal, ils ont dut lui faire la cour comme tout les autres, mais jamais aucune intimité. Ce canal n'auroit pas convenut, je lui ais fais un present plutot galant que magnifique l'année 1756 et avec la permition du roy, je ne la crois pas capable d'en accepter autrement.

Man muß nun wohl zugestehen, daß diese Worte viel zu viel sagen. Denn es ist sehr gewiß, daß die Dame allerdings die Vermittlerin der Verbindung zwischen Frankreich und Oesterreich gewesen ist. Starhemberg hat durch sie dem König die ersten Eröffnungen machen lassen; er erklärt später ihre Vermittelung für höchst wirksam und unentbehrlich. Kaunitz hat ihr mehr als einmal geschrieben. Darüber, was man den Hof machen nennt, gingen beide weit hinaus. Der Kaiserin könnte das vielleicht im Laufe der Geschäfte entfallen sein. Aber daß sie ihr nicht selbst geschrieben hat, muß man nach ihrer positiven Versicherung unbedingt annehmen.

In dem politischen Verhältniß macht das keinen sonderlichen Unterschied; nicht die Kaiserin, aber der Staatskanzler hatte der Marquise geschrieben. Mit Wahrscheinlichkeit hat man angenommen, daß das Gerücht, welches zu vergrößern liebt, den Brief des Staatskanzlers in einen Brief der Kaiserin verwandelt habe.

Duclos war durch Bernis mit diesen Vorgängen im Allgemeinen bekannt, genau aber war seine Information nicht. Wenn er erzählt, man habe in Wien ursprünglich daran gedacht, sich an den Prinzen von Conti zu wenden und auf den Rath von Kaunitz die Pompadour vorgezogen: so ist das nicht richtig. Von Conti ist allerdings die Rede gewesen. Die Wahl zwischen demselben aber und der Favorite wurde dem Gesandten überlassen: on donna au comte de Staremberg le choix de s'adresser au prince ou à la marquise. Il se détermina pour la favorite et l'évènement justifia son choix. So heißt es in dem mémoire du comte Kaunitz sur la négociation du traité secret sur l'alliance avec la France 1756. Recht leidig für den Forscher sind Autoren, welche einen Theil der Wahrheit kennen, aber ihn mit Hörensagen vermischen und dem Falschen durch das Wahre Glauben verschaffen.

Am meisten lag Duclos, wie bemerkt, daran, seinen Freund Bernis von der Schuld, die österreichischen Verträge zu Stande gebracht zu haben, die ihm Jedermann beimaß, reinzuwaschen. Dieser Versuch ist aber ein unglücklicher. Wenn gleich Bernis später das Interesse Oesterreichs von dem französischen zu trennen suchte, so ist es doch unleugbar, daß er zu dem Bundesverhältniß, das man die Allianz von Versailles nennt, das meiste beigetragen hat. Am 8. Januar 1756 berichtet Starhemberg: „l'abbé de Bernis désire fort de rester chargé de la négociation.“ Er fügt hinzu, derselbe sei sogar eifersüchtig die Sache allein in der Hand zu behalten; er wünsche seine Abreise nach Madrid verschoben zu sehen bis zum Abschluß der Unterhandlungen (que la négociation soit entièrement terminée). Er war es, — wie wir wissen, — der derselben im Februar und März 1756 die entscheidende Wendung gab. Wie sich das Verhältniß dann herausstellte, zeigen die folgenden Worte Starhemberg's: „La négociation ne pourrait guère être amenée à sa fin, si elle passe en d'autres mains que celles de l'abbé Bernis, qui par le moyen de Madame de Pompadour possède toute la confiance du roi, qui est homme d'esprit juste très au fait des intérêts des princes et très-interessé personellement à la réussite de notre affaire, qu'il regarde comme son propre ouvrage." Augenscheinlich ist, daß die Rechtfertigung von Bernis, welche Duclos versucht, wäre sie gegründet, ihn als den elendesten aller Minister brandmarken würde; er würde sich dazu hergegeben haben, eine von ihm gemißbilligte Sache mit allem Eifer des Urhebers durchzuführen. Auch in seinen deutschen Berichten meldet Starhemberg, Bernis sei der „favorabelste" von allen; er allein kenne den Sinn des Königs. Zwischen diesen drei Persönlichkeiten, dem König, Frau von Pompadour und Bernis wurde alles verabredet.

Der damalige gesellschaftliche Zustand brachte es mit sich, daß Jedermann an der Politik Theil nahm, von den Deliberationen des Conseils erfuhr, Mittheilungen machte, die voll von Geist sein mochten, aber nur nicht exakt waren. Diese sind dann von den Schriftstellern aufgenommen und unter Anderen auch von Duclos wiederholt worden. Eine Frage, welche Alle beschäftigte, war damals, ob Frankreich den Krieg nur zur See oder auch zu Lande führen würde. Man nahm an, daß der Kriegsminister Argenson für den Landkrieg sei — denn er werde dadurch mächtiger werden, — der Marineminister Machault aus demselben Grunde für den Seekrieg. Duclos giebt dann an, man habe sich für den Seekrieg entschieden: en se fixant à la guerre de mer. Richtig aber ist diese Behauptung nicht. Im Begriff nach Berlin zu gehen, fragte der Herzog von Nivernois, der davon gehört hatte, deshalb bei dem Minister Rouillé an. Dieser antwortete, im Gegentheil behalte sich der König vor, seine Feinde, die Engländer, allenthalben aufzusuchen, — zu See und zu Lande. Wir wissen, wie die gefaßte oder doch für die Zukunft vorbehaltene Absicht, Hannover anzugreifen, zu den entscheidenden Motiven, die zu dem Bunde mit Oesterreich geführt haben, gehörte.

Aus allem Dem ergiebt sich, daß die Schrift von Duclos gerade in den wesentlichen Dingen, die man aus ihr entnommen hat, kein Vertrauen verdient. Man wird sie jedoch nicht geradezu bei Seite legen dürfen. Man hört immer einen geistvollen und patriotisch gesinnten Mann reden, der im Allgemeinen unterrichtet ist, aber von dem Ausgange des Krieges betroffen, die Ursachen desselben lediglich in einem persönlichen, an sich verwerflichen Verhältnisse sucht und ihn von ganzem Herzen verdammt. Insofern ist die kleine Schrift von vieler Bedeutung. Sie verräth eine Stimmung der Opposition gegen den Hof und die Regierung Ludwigs XV., welche schon in jenem Augenblick nicht so vereinzelt war, wie Duclos meint, später aber die allgemeine geworden ist. Duclos gab ihr zuerst beredten Ausdruck.

Druck von Bär & Hermann in Leipzig.